M. COGNAT

SA VIE

SES ŒUVRES ET SES ÉCRITS

PAR

L'Abbé A. MOSER

VICAIRE

DIRECTEUR DE L'ÉCOLE PAROISSIALE NOTRE-DAME DES CHAMPS

PARIS

BLOUD ET BARRAL, LIBRAIRES-ÉDITEURS

4, RUE MADAME, 4

—

1889

M. COGNAT

SA VIE

SES ŒUVRES ET SES ÉCRITS

OUVRAGES DE M. L'ABBÉ COGNAT

CLÉMENT D'ALEXANDRIE, sa doctrine et sa polémique, ouvrage couronné par l'Académie. Paris, E. Dentu, libraire-éditeur, 1 vol. in-8° de VI-510 pages, 1859.

POLÉMIQUES RELIGIEUSES, quelques pièces pour servir à l'histoire des controverses de ce temps. 1 vol. in-12. Paris, Didier et Cie, libraires-éditeurs, 1861.

VIE DE ALEXANDRE RAYMOND DEVIE, évêque de Belley, 2 vol. in-8°. Lyon et Paris, J.-B. Pélagaud, imprimeur-libraire.

LETTRES D'UN CURÉ A SES PAROISSIENS, suivies des lettres à M. Gambetta, par un membre du bas clergé, 1 vol. grand in-12 de 32 pages. Paris, Jules Gervais et E. Dentu, libraires-éditeurs, 1883.

M. RENAN, HIER ET AUJOURD'HUI, 1 vol. in-12 et in-8°. Paris, Jules Gervais, libraire-éditeur 1886.

ÉMILE COLIN — IMPRIMERIE DE LAGNY

L'abbé COGNAT.
CURÉ DE NOTRE DAME DES CHAMPS

M. COGNAT

SA VIE

SES ŒUVRES ET SES ÉCRITS

PAR

L'Abbé A. MOSER

VICAIRE

DIRECTEUR DE L'ÉCOLE PAROISSIALE NOTRE-DAME DES CHAMPS

PARIS

BLOUD ET BARRAL, LIBRAIRES-ÉDITEURS

4, RUE MADAME, 4

—

1889

PRÉFACE

Cette biographie ne devait être primitivement, dans la pensée de l'auteur, qu'une simple notice. Mais l'abondance et l'intérêt des documents l'ont décidé à élargir son cadre. Quelques-uns lui reprocheront peut-être d'avoir écrit si tôt une vie à peine éteinte. Nous croyons que ce récit vient à son heure. Plus tard serait trop tard. Il faut avoir attaché un lambeau de son existence à quelque fait mémorable de la vie nationale, ou s'être illustré par le génie dans la carrière des lettres, des sciences, des arts ou des armes, ou bien avoir forcé l'admiration par la pratique constante des plus héroïques vertus pour espérer se survivre dans le souvenir de ses semblables. Ce livre n'aspire donc pas à l'importance d'une histoire générale. Le but qu'on s'est proposé est plus modeste; il s'agissait seulement de retracer fidèlement, dans ses grandes lignes, la vie d'un homme d'intelligence et de bien, qui s'est dépensé tout entier au service de Dieu, à la défense de la vérité et au salut des âmes.

Nous ne nous sommes pas dissimulé les difficultés de l'entreprise; la route à parcourir n'était pas sans écueil; nous y devions rencontrer quelques questions d'une nature délicate. Disciple de Mgr Dupanloup, honoré de son estime et de sa confiance, M. Cognat a pris une part active dans quelques-unes des luttes où cet illustre prélat a été engagé, et qui ont le plus passionnément agité les esprits en ce siècle. Bien que les principaux acteurs aient disparu de la scène, et que ces questions, sans rien perdre de leur gravité, aient cessé cependant de préoccuper aussi vivement l'opinion, il est à craindre que les passions qu'elles ont soulevées dans le temps ne soient qu'assoupies. Nous aurions mieux aimé laisser dans l'ombre ces débats irritants; mais le moyen de les passer sous silence, sans manquer à nos devoirs d'historien? Toutefois nous les avons rappelés avec mesure et discrétion. Nous avons raconté les faits avec sincérité, tels que nous les ont révélés les documents; nous n'avons essayé ni de les altérer, ni d'en atténuer la portée, et nous nous sommes bien donné de garde de les juger; non que nous n'ayons une opinion arrêtée sur ces questions, mais nous avons cru qu'il convenait de ne rien mêler de nous et de nos idées à l'exposé des faits. Ce que nous avons tâché de mettre en lumière et ce que nul de ceux qui ont pratiqué M. Cognat ne saurait méconnaître, c'est la parfaite droiture de ses intentions, l'absolue honnêteté de sa conscience d'écrivain.

Ce livre est écrit surtout pour les paroissiens de Notre-Dame des Champs, comme c'est pour eux qu'il a été en grande partie vécu. C'est à eux, en effet, que M. Cognat a consacré les dix-sept dernières années de son ministère, période considérable dans une vie humaine, années plus sereines et plus calmes que les précédentes, mais d'un labeur ni moins actif ni moins fécond pour le bien. Ils aimeront à revoir l'image de ces temps écoulés sous la houlette d'un pasteur, qui a marqué par de si belles œuvres son passage parmi eux et dont le nom est désormais inséparable de celui de Notre-Dame des Champs.

Nous osons l'offrir également au clergé, qui trouvera dans la vie de M. Cognat de beaux exemples de zèle et de dévouement à imiter. M. Cognat a été un des prêtres les plus éminents de son temps, un des curés les plus éclairés et les plus dévoués, dont se soit honoré le clergé de Paris, où de tels hommes ne sont pas rares.

Nous savons tout ce qui manque à notre travail. Commencé et poursuivi au milieu d'occupations multiples et diverses, tour à tour abandonné *et repris, il a toutes les imperfections d'une œuvre hâtée. Nous aurions souhaité qu'une vie si belle et si noblement remplie eût rencontré un historien plus digne d'elle. Nous pouvons nous rendre le témoignage que nul ne l'aurait écrite avec plus de cœur et un plus religieux respect. D'ailleurs nous n'avons pas entendu faire une œuvre littéraire, mais une œuvre d'édification : que ce soit là notre excuse et notre titre à l'indulgence du lecteur; trop heureux si, par l'extrême simplicité du récit, nous pouvons l'intéresser à une mémoire qui nous est chère !*

Paris, 30 mai 1889, en la fête de l'Ascension.

M. COGNAT

SA VIE, SES ŒUVRES ET SES ÉCRITS

CHAPITRE PREMIER

Enfance de Joseph Cognat. — Sa première communion. — Sa vocation. — Ses premières études. — Le petit séminaire de Belley.
— Le petit séminaire de Saint-Nicolas du Chardonnet à Paris. —
M. l'abbé Dupanloup. — Caractère du jeune Cognat; son application au travail; sa piété; ses succès; ses amitiés; ses relations
avec Ernest Renan.

Edouard-Joseph-Léger Cognat naquit le 22 mai 1821
à Montréal, petit village du département de l'Ain, situé
à quelque distance de Nantua, au pied de collines nues
et pierreuses, qu'on peut regarder comme les premières assises ou les contreforts des Alpes Juras-
siennes. C'est là qu'il passa sa vie au sein d'une famille,
modeste mais considérée et chrétienne, et [sous l'œil
vigilant d'une mère qui paraît avoir eu pour lui une
tendresse particulière. Les impressions de l'enfance
sont si vivaces qu'elles résistent même aux impressions
contraires d'un âge plus avancé, et survivent aux di-

verses émotions ou joyeuses ou poignantes du reste de l'existence. Montréal est loin d'avoir le charme pittoresque de Nantua, petite ville de quatre mille âmes, gracieusement assise au bord de son lac bleu, où elle se mire, et dominée par une ceinture de hautes montagnes, muraille gigantesque qui semble en défendre l'accès, et où se profile la flèche élancée de son clocher ; il n'a pas non plus la beauté alpestre des villages, juchés comme des nids d'aigles, sur le sommet des monts, perdus dans des berceaux de sapins et de verdure. Bâti à mi-côte et dans l'angle d'une petite colline, il est exposé en été aux ardeurs du soleil, en hiver, à tous les vents de la plaine, ce qui donne une certaine rudesse à son climat : pays d'ailleurs fertile. Il ne pouvait donc avoir par lui-même de grands attraits pour l'âme de M. Cognat, si ouverte aux beautés de la nature. Tel fut pourtant son amour pour cet humble coin de terre, qu'il le plaçait incomparablement au-dessus de tous les autres. Pour lui, rien ne valait son Montréal ; c'était son pays de prédilection ; tout y était à son gré, hommes et choses ; de fait il y comptait de fervents amis. Aussi aimait-il à venir s'y délasser de ses grands labeurs; c'était un vrai chagrin pour lui quand ses occupations ou d'autres raisons le retenaient ailleurs au temps des vacances ou que le soin de sa santé l'exilait sous un autre ciel. S'il eût été maître de sa destinée, qui sait ? il y eût peut-être fixé sa vie au grand dommage de tant d'âmes qu'il a éclairées et consolées. Il voulut du moins par un sentiment de piété filiale, y fixer sa tombe, et c'est là, entre son père et sa mère, qu'il dort du dernier sommeil.

Cette passion de M. Cognat pour le sol natal est un trait caractéristique de sa nature très particulière : âme naïve et aimante, il appartenait à cette race d'hommes de plus en plus rares de nos jours, qui savent conserver, au milieu des fiévreuses occupations et des luttes de la vie contemporaine, le culte des mœurs antiques; par ce côté il était un primitif, comme on dit aujourd'hui ; la civilisation ne l'avait pas entamé ; il était l'homme des traditions familiales; il aimait tout ce qui lui rappelait la famille: il recherchait tout ce qui pouvait affermir son union ; il écartait avec soin tout ce qui pouvait la compromettre; et comme la famille a d'intimes rapports avec le pays qu'elle habite, il les confondait l'une et l'autre dans le même amour, ou plutôt l'amour de son pays et l'amour de sa famille procédaient en lui du même sentiment.

Rien, dans sa première enfance, ne laissa prévoir ce qu'il serait un jour. Sa vie, pendant les dix années qu'il passa au pays natal, ne se distingua guère de celle des enfants de cet âge et de cette condition, sinon par une disposition déjà marquée pour l'étude et une plus grande piété. Mais aucun indice révélateur de sa vocation future. Il ne soupçonnait pas plus que ses parents les grandes choses qui devaient s'opérer en lui. Dieu cependant, dont la sagesse infinie et la toute-puissance ordonnent tout à ses fins, ne laissait pas que d'agir dans le secret de son cœur et de préparer les voies propres

à assurer l'accomplissement de ses desseins. Le jeune
Joseph approchait de l'âge où l'on commence, dans
les familles chrétiennes, à se préoccuper plus sérieusement de l'instruction religieuse des enfants, en vue
de l'acte si important et souvent si décisif de leur
première communion. Parmi ses oncles, il avait le
bonheur de compter un prêtre, alors curé d'un hameau
du diocèse de Belley qu'on appelle Saint-Blaise. Cet
ecclésiastique était un bien digne homme, pieux,
zélé, grave, non sans une légère pointe de gaieté discrète, et tout imprégné de l'esprit de ses devoirs d'état.
Il est juste de le nommer avec honneur au début de
cette vie, car il en a été la cheville ouvrière ; ou du
moins il a été un des principaux instruments dont
Dieu s'est servi pour l'ébaucher et la parfaire. Il marqua l'âme de son neveu d'une si forte empreinte qu'on
peut y reconnaître l'image et comme le geste de la
sienne propre, à moins que ces traits de ressemblance
ne soient un effet de l'affinité de ces deux âmes. Le fait
est que la ressemblance morale entre ces deux hommes
était aussi frappante que leur ressemblance physique,
et celle-ci était telle, qu'il fallait un œil exercé et attentif
pour distinguer le portrait de l'un du portrait de l'autre.

Le curé de Saint-Blaise, naturellement, se préoccupait plus que personne dans la famille, de la préparation
de son neveu à la première communion. Il ne voulut
laisser à aucun autre le soin de l'instruire dans la
science du salut, et de l'initier aux pratiques et aux
vertus de la vie chrétienne. En conséquence il le fit

venir auprès de lui. C'était un lourd fardeau dont il se chargeait, plus lourd encore qu'il ne pouvait le prévoir. Mais cet homme de foi ne s'arrêta pas à d'aussi mesquines considérations ; il était prêt, s'il le fallait, à prendre même sur son nécessaire, pour s'acquitter de la tâche qu'il avait entreprise. On ne peut douter qu'il ne mît, à la remplir, tout son cœur et tout son dévouement de prêtre.

Comment le jeune Joseph répondit-il à cette sollicitude ? Dans quelles dispositions, nouvel Eliacim, élevé à l'ombre du sanctuaire, s'approcha-t-il de la sainte table au jour de sa première communion ? Nous n'avons que des conjectures sur ce point. Mais il est facile d'inférer des soins assidus et affectueux, qui lui furent prodigués, des pieux exemples qu'il eut constamment sous les yeux, enfin de la solide piété, dont il a donné tant de preuves édifiantes pendant toute sa vie, qu'il accomplit ce grand acte avec une ferveur peu commune. Ce qu'il y a de certain, c'est que c'est en ce jour qu'il entendit pour la première fois dans son cœur l'appel distinct de Dieu. Aussitôt il s'en ouvrit à son oncle. Qu'on s'imagine l'étonnement et la joie de ce vénérable prêtre à cette révélation inattendue. Il voyait ses efforts récompensés au-delà de ses espérances. Il ne visait qu'à faire de son neveu un bon chrétien et voilà que Dieu avait décidé d'en faire un prêtre. Les larmes lui vinrent aux yeux, larmes d'amour et de reconnaissance, et il rendit grâces au ciel de cette nouvelle bénédiction accordée à sa famille.

Mais le moyen de mener à terme une telle entreprise ?
Le bon curé de Saint-Blaise était, comme tous les
curés de campagne, plus riche en vertus qu'en écus.
Or les frais d'une éducation aussi longue et aussi coû-
teuse auraient été trop au-dessus de ses modiques
ressources. Il ne fallait donc pas pour le moment
songer au petit séminaire. Cette détermination eût
été d'ailleurs prématurée ; il n'y avait pas péril en la
demeure. Il était sage de se donner le temps de la
réflexion. Son neveu était jeune ; sa vocation était
d'hier. Elle paraissait sérieuse, sans doute. Mais ne
pouvait-elle pas être l'effet d'une ferveur passagère,
qui disparaîtrait avec elle ? Cette considération seule
eût suffi à décider l'oncle de M. Cognat à le garder
encore auprès de lui, en supposant que l'insuffisance
de ses ressources ne l'y eût pas contraint. Conséquem-
ment il prit un moyen terme, qui devait tout concilier : il se fit lui-même le précepteur de son neveu ; il
lui enseigna les premières notions du latin et du grec.
De cette manière il eut le temps de lire jusqu'au fond
de l'âme de cet enfant, de cultiver le germe précieux
qu'y avait déposé le divin Maître, et de préparer, à
force d'économies, de quoi faire face aux dépenses plus
considérables de l'avenir. Il le conduisit jusqu'à la
quatrième. Pendant ces trois années, le bon curé ne
se borna pas à former l'intelligence de son élève, à
l'ouvrir aux connaissances élémentaires, qui sont la
base essentielle de toute culture supérieure, et à lui
inculquer l'amour du travail. Il s'appliqua plus encore

à développer en lui la piété, le goût des choses de Dieu, à former son caractère, à plier sa volonté par la promptitude de l'obéissance, à la discipliner et à l'assouplir par l'habitude de la docilité. Il était bon, mais sa bonté n'était pas faiblesse ; si elle savait condescendre à propos, elle ne savait pas moins, quand il le fallait, faire place à une juste sévérité ; elle n'était pas non plus aveugle ; elle savait voir les défauts et les signaler. Le maître garda même longtemps vis-à-vis de son disciple ce droit de douce réprimande, qu'autorisaient toujours, à défaut d'autres titres, la différence de l'âge et l'affection. Il n'est peut-être pas une de ses lettres à son neveu, où il ne l'exerçât, sans doute pour ne pas le laisser prescrire.

Sous cette sage et ferme discipline, le jeune Joseph contracta d'excellentes habitudes intellectuelles et morales, qui ne contribuèrent pas peu au succès de ses études et à la formation de son caractère. Il commença à pratiquer la maxime si féconde qu'il tâchera d'inculquer à ses élèves : « *Age quod agis* », et qui décuple le temps en laissant à chaque heure la part de travail assigné par un règlement ou par le maître, et en rendant de plus en plus faible celle de la fantaisie et du caprice. Il commença aussi dès lors ce travail intérieur de l'homme sur lui-même, sans lequel on ne peut s'élever au-dessus des vertus médiocres, et qui consiste à se replier sur soi-même, pour s'étudier, apprendre à se connaître, et s'amender sur les points défectueux, travail incessant et difficile qu'entreprennent ceux-là seuls qui ont souci de leur perfection morale.

Cependant le moment vint où le jeune Cognat dut quitter, non sans de douloureux déchirements, le presbytère de Saint-Blaise, pour aller continuer ses études au petit séminaire de Belley. Cet établissement fut fondé, en 1758, par Mgr Courtois de Quincey, dernier évêque de cette ville avant la Révolution ; il fut confié successivement aux religieux de saint Antoine et de saint Joseph. Remis, sous l'Empire, par le cardinal Fesch, entre les mains des Pères de la Foi, il eut, sous leur direction, une période de grande prospérité. Il était encore dirigé par eux, lorsque Lamartine y fit sa rhétorique et sa philosophie et s'essaya à la poésie, qui devait plus tard illustrer son nom. Après leur expulsion par Fouché, il devint collège municipal. Mais les charges qu'il imposait à la ville et sa décadence progressive portèrent le conseil municipal à l'offrir à l'administration diocésaine, dans la pensée que seule elle pouvait le relever et lui rendre son antique splendeur. Mgr Devie s'empressa d'accepter cette proposition, et parvint, à force d'habileté et de diplomatie, à obtenir du Conseil royal de l'instruction publique la cession du collège et sa transformation en petit séminaire. Cette autorisation une fois accordée, il se mit en devoir de lui donner une organisation plus appropriée à sa destination nouvelle ; il le dota d'un personnel de choix, et depuis lors cette maison n'a cessé de compter parmi ses professeurs des hommes d'un vrai mérite et de former des élèves dignes de leurs maîtres. Encore aujourd'hui elle est, parmi les établissements de France, un de ceux dont le corps professoral honore le plus le clergé. Et si le diocèse de Belley a fourni et fournit encore tant d'hommes remarquables aux différentes branches des sciences sacrées et profanes, s'il passe à bon droit pour l'un des plus éclairés de notre pays, il faut en faire remonter la gloire à la forte impulsion que Mgr Devie sut imprimer aux études classiques : tant est puissante et féconde l'action d'un esprit vraiment supérieur! Les efforts de cet illustre évêque furent couronnés de succès, et son nouveau séminaire fit de si rapides progrès, qu'il fallut bientôt agrandir les bâtiments, devenus trop exigus pour leur population scolaire.

Nul emplacement d'ailleurs ne pouvait être mieux choisi pour un collège ; situé un peu sur la hauteur, à une des extrémités de la ville, il jouit en abondance de l'air pur et du calme de la campagne. Il se compose de deux corps de bâtiments élégamment construits et se rencontrant en angle droit. Deux cours spacieuses, dont l'une touche à une magnifique charmille dépendante de la maison, ouvrent sur des prairies s'élevant en pente douce. Et quel site charmant et pittoresque que celui de Belley, avec ses larges horizons, bornés au loin par les belles montagnes de la Savoie et du Dauphiné, avec les promenades variées et vraiment enchanteresses de ses environs, le long du Rhône par

exemple, sur cette route qui le domine en suivant ses
sinuosités, encaissée comme lui entre de hauts ro-
chers, et agréablement surplombée par eux de distance en distance. Le petit séminaire de Belley avait
pour supérieur, en 1836, M. Bertrand, mort vicaire général de ce diocèse, et successeur immédiat du bienheureux P. Chanel, martyrisé en Océanie. C'est à cette
époque qu'y vint le jeune Cognat ; une année plus tôt, il
aurait eu le bonheur de voir le futur martyr. Ses contemporains ont conservé peu de souvenirs précis de
son court passage dans cette maison. Ils rappellent
seulement qu'il se fit remarquer dès les premiers jours
par son sérieux, sa piété et son assiduité au travail.
Nous pouvons ajouter que cette application soutenue,
jointe à une forte intelligence, ne tardèrent pas à le
mettre à la tête de sa classe.

Les débuts ne semblaient pas cependant promettre
un aussi beau résultat : la première année, il fut successivement, par ordre de trimestre, 7ᵉ, 3ᵉ et 4ᵉ en
excellence. Mais l'année suivante, il se mit d'emblée
et se maintint jusqu'au bout à la première place. Il
aurait été une des gloires scolaires du petit séminaire
de Belley et, plus tard sans doute, une des lumières
du diocèse, si d'heureuses circonstances n'étaient
venues changer le cours de sa destinée.

Un parent de M. Cognat était alors inspecteur de la
navigation fluviale à Paris. Après le sac de l'archevêché, il avait fait repêcher les archives et d'autres
objets précieux, que les insurgés avaient jetés dans la

Seine, et il avait réussi à en sauver une partie. Mgr de
Quelen, pour lui témoigner sa reconnaissance de cet
important service, lui déclara qu'il serait heureux
d'avoir l'occasion de l'obliger à son tour. L'inspecteur
se souvint de cette promesse et songea au jeune Co_
gnat; il proposa à ses parents de l'amener à Paris. Le
consentement fut accordé et les négociations aussitôt
entamées avec l'archevêque. Par une heureuse coïncidence, M. l'abbé Dupanloup, alors supérieur du petit
séminaire de Saint-Nicolas du Chardonnet, désireux
de le peupler de sujets d'espérance, faisait en ce moment explorer les établissements ecclésiastiques de
certaines régions de la France, particulièrement de
celle de l'est, où la foi est restée le plus robuste, pour
en ramener les meilleurs élèves. Mgr de Quelen lui
signala son protégé ; Mgr Dupanloup le fit examiner,
et, sur le rapport favorable qui lui fut fait, il le reçut
dans sa maison.

C'est au mois d'octobre 1838 que le jeune Cognat
franchit pour la première fois le seuil du petit séminaire de Saint-Nicolas. Le nouveau venu fit sensation.
Il n'avait pas été favorisé des dons extérieurs; il n'avait
aucun des avantages physiques qui tiennent quelquefois lieu de mérite ; il était négligé dans sa mise,
gauche dans ses manières, lent à la réplique, comme
peut l'être un pauvre garçon, fraîchement débarqué
de sa province, et dont l'esprit, plus réfléchi que léger,
manque naturellement de promptitude. Ces défauts
l'exposaient à devenir la joie de ses camarades, dont

l'œil était habitué à toutes les élégances de la vie parisienne, et l'esprit armé des traits mordants d'une fine raillerie. Cette première impression ne tarda pas à faire place à d'autres sentiments. On s'aperçut bientôt que ce provincial sans esprit ou présumé tel, en qui on était bien éloigné de soupçonner un concurrent, rachetait cette infériorité apparente par une forte intelligence et une puissance de travail peu commune, qu'il était enfin un rival redoutable, avec lequel il fallait compter.

M. l'abbé Dupanloup jugea utile de lui faire redoubler sa troisième. Cette décision rentrait dans la mesure générale qu'il avait adoptée, en prenant la direction du séminaire, de faire descendre tous les élèves d'une classe. Les résultats obtenus furent trop heureux pour ne pas mettre les nouveaux arrivants en état d'en avoir le bénéfice. Quelle intensité de vie littéraire cet habile supérieur sut répandre dans sa maison! Quelle ardeur pour le travail il sut inspirer aux maîtres et aux élèves! Cet homme avait le génie de l'éducation. On est émerveillé au récit de l'activité intellectuelle qu'il dépensa, des efforts qu'il fit pour élever de plus en plus le niveau des études. Par le plan, qui en réglait l'ordre et les matières, comme par les moyens d'émulation qu'il imagina, il n'abandonna rien ni à l'arbitraire des professeurs ni à la paresse des élèves. Mais où il excella surtout, où il est passé maître, c'est dans l'art de deviner l'enfant, et de tirer de lui tout ce qu'il pouvait donner. Que de jeunes

gens, qui sont devenus plus tard des hommes considérables ou au moins utiles, se seraient cependant stéri-
lisés dans l'impuissance, sans l'action de cet « excita-
teur » magique qui les a fait sortir d'eux-mêmes, et
leur a rendu le courage et l'énergie du travail en leur
donnant la conscience et la mesure de leurs forces ! Je
n'ai pas besoin de dire que la piété marchait de pair
avec le culte des lettres, qu'elle l'animait et le sancti-
fiait, qu'elle était enfin le grand levier de l'œuvre
éducatrice à Saint-Nicolas. M. Cognat eut ce rare
bonheur de continuer et d'achever ses études littéraires sous une telle discipline et sous un tel maître.
Celui-là n'eut pas de peine à discerner les sérieuses
qualités de son intelligence fortement trempée ; il en
surveilla de près et en seconda la direction et le développement, et il conçut pour lui des sentiments d'affection, que le temps ne fit qu'accroître. L'élève s'en
rendit digne par son application soutenue, par les
succès, qui en étaient la récompense, par le sérieux
et l'excellence de sa conduite. Il fut à Saint-Nicolas
ce qu'il avait été à Belley, un écolier modèle. Il se
distingua par un égal amour du travail et du devoir.
Cependant il eut une lutte plus sérieuse à engager
avec ses nouveaux condisciples pour la première
place ; il l'obtint souvent, mais pas toujours ; preuve
manifeste qu'il n'était pas une exception dans cet
heureux établissement, et que l'ardeur au travail y
était générale.

Le caractère de l'enseignement donné au petit

séminaire de Saint-Nicolas pendant ces années exceptionnellement brillantes, était surtout littéraire. Non pas, comme on l'a prétendu avec autant d'injustice que d'inexactitude, que M. Dupanloup voulût traiter ses deux cents élèves comme s'ils eussent été destinés « à être tous poètes, écrivains, orateurs ». Sans doute, il n'eût pas dédaigné ce résultat, s'il eût été possible ; et qui s'en plaindrait? La vérité et le bien ont-ils jamais assez de défenseurs, surtout dans un temps et dans un pays où la science et la littérature semblent conspirer leur ruine? Outre que, dans l'état de nos mœurs, c'est souvent une ressource précieuse que de savoir manier habilement la plume et la parole. Cependant, son but était plus élevé : il visait avant tout à former l'homme dans l'enfant par la culture des lettres, comme il formait en lui le chrétien par l'étude et la pratique de la religion. Il prenait les *humanités* dans leur acception la plus haute; selon le sens de ce mot, il ne comprenait qu'une culture intellectuelle, celle qui donne à l'enfant, avec les connaissances générales, certaines qualités qui sont comme la fleur exquise de la bonne éducation : la politesse, l'urbanité, la bienveillance, la douceur... Ce n'est pas à dire qu'il attachât une médiocre importance à l'étude même des langues anciennes, et qu'il se bornât à leur demander les moyens d'atteindre son but. Si, à Saint-Nicolas, on ne les cultivait pas uniquement pour elles-mêmes, on ne se contentait pas non plus d'une teinture superficielle. On en poussait l'étude aussi loin que le comportent des esprits en formation, comme l'attestent les travaux scolaires de cette époque. En France, où on aime le changement, on a rompu, sous couleur de progrès, avec ces traditions séculaires de l'enseignement classique. On a cru mieux faire en y donnant une place prédominante à l'érudition. Le résultat le plus immédiat de cette transformation a été un abaissement inquiétant du niveau des études. Assurément, tout n'était pas parfait dans l'ancien système ; mais on pouvait facilement l'améliorer ; on n'a pas eu cette sagesse : on l'a bouleversé de fond en comble ; si bien qu'on ne sait plus à quel programme s'arrêter pour réparer le mal et qu'on est aux prises avec des difficultés inextricables.

Si un tel enseignement pouvait être à certains égards dommageable aux esprits superficiels, en les rendant irrémédiablement vains, il ne pouvait que profiter aux esprits graves et réfléchis. Ces natures fortes, toujours repliées sur elles-mêmes, plus attentives aux choses qu'aux mots, cherchant par-dessus tout la précision et la justesse dans l'expression de leurs pensées, sont exposées à tomber dans une concision voisine de la sécheresse et quelquefois de l'obscurité ! Une discipline moins sévère habitue ces sortes d'esprit à sortir un peu d'eux-mêmes, à concevoir leurs idées sous une forme plus large et plus libre, à donner par conséquent plus d'ampleur et de grâce à leur langage. L'intelligence de M. Cognat était profonde ; elle allait droit aux choses ; sa pensée était tout intérieure : elle courait donc le risque de ne pouvoir se dégager du fond intime, où elle naissait, si elle n'avait appris, à l'école des grands maîtres, l'art de s'exprimer clairement et de s'embellir de tous les charmes de la parole. Nul doute que sous ce rapport cet enseignement ne lui fût particulièrement salutaire. Son esprit n'y perdit pas ses qualités foncières, la force, la pénétration, la largeur, la clarté, et il y acquit ces dons exquis qui font l'écrivain distingué. C'est la mode, dans certains milieux, d'afficher un souverain mépris pour la forme ; on le pardonnerait volontiers à ces contempteurs, si, chez eux, la pauvreté du style était rachetée par la beauté, la force et la richesse des pensées. Le malheur est qu'il n'y a guère de pensée là où il n'y a pas de style; car en somme le style n'est que le vêtement de la pensée, la manifestation du verbe intérieur. Une pensée juste, forte, gracieuse trouve nécessairement ou crée l'expression qui lui convient. Si le style est lâche, indécis, décousu, soyez sûr que ces défauts tiennent essentiellement à la pensée. Qu'importe d'ailleurs qu'elle soit ferme et profonde, si on ne peut la saisir sous son enveloppe informe ! Le plus beau diamant serait sans prix, si on ne pouvait le dégager de sa gangue. Malheur à ceux qui parlent pour ne rien dire; mais ceux-là seuls parlent bien qui ont quelque chose à dire. Aussi, disons-le hardiment, le style faible est la marque d'un esprit sans portée, comme le style fort accuse toujours un esprit vigoureux. Celui de M. Cognat l'était, à n'en pas douter, et la gymnastique lit-

téraire, à laquelle il fut soumis au petit séminaire de
de Saint-Nicolas, n'altéra pas sa vigueur native, mais
l'assouplit et l'enrichit de qualités nouvelles.

M. Cognat eut pour professeur de rhétorique M. l'abbé
Du Chêne à qui il succéda plus tard dans la cure de N. D.
des Champs. C'était un homme fort intelligent, de beaucoup d'esprit et très instruit. Autant qu'il est permis
de juger de l'enseignement d'un maître par les cahiers
d'un élève, on peut dire que celui de M. Du Chêne était
intéressant, original. Les sujets des devoirs étaient
choisis avec soin, et souvent tirés ou des événements
contemporains ou des diverses circonstances de l'année liturgique. Parole vive, incisive, spirituelle, goût
exercé et fin, sentiment délicat des beautés littéraires,
il avait tout pour plaire à ses élèves, et faire passer dans
leurs âmes juvéniles son enthousiasme et ses admira-
tions. Il était porté du reste et soutenu dans sa tâche
par l'écho que sa parole trouvait dans sa classe. Quelle
bonne fortune pour un professeur que d'avoir groupé
au pied de sa chaire un si grand nombre de jeunes
gens d'élite, à l'esprit ouvert et délié, très capable par
conséquent de goûter son enseignement et d'en tirer
profit ! Joseph Cognat fut un des plus brillants de cette
pléiade ; il dut sa supériorité sur ses camarades moins
encore au ferme bon sens et à la pénétration de son
intelligence qu'à la persévérante continuité de ses
efforts. Ses succès, l'aménité de son caractère, la grande
bienveillance de ses jugements lui avaient promptement conquis tous les cœurs. Dans une maison où le

mérite personnel était prisé plus haut que la fortune, les privilégiés de l'intelligence, qui se disputaient à chances égales l'honneur du premier rang, devaient être nécessairement l'objet de l'envie et de l'estime de tous leurs condisciples. M. Cognat bénéficia de ces heureuses dispositions ; elles lui valurent les sympathies de tous et l'amitié de ses émules. Au nombre de ces derniers se trouvaient des jeunes gens, que l'avenir réservait pour les plus hautes dignités de la hiérarchie ecclésiastique. Ils lui sont restés fidèlement attachés, et le temps n'effacera pas son souvenir de leurs cœurs. Dans ce groupe d'élite figurait aussi un nom, devenu depuis tristement célèbre, celui de M. Renan. M. Renan était, en effet, alors élève au petit séminaire de Saint-Nicolas, et c'est là qu'il s'unit avec M. Cognat de la plus étroite amitié. Il a fait lui-même, à sa manière, l'histoire de Saint-Nicolas, dans ses « *Souvenirs d'enfance et de jeunesse* » sur lesquels nous aurons occasion de revenir. Ses impressions sur les hommes et les choses diffèrent notablement, en plus d'un point, de celles de ses condisciples. Il a été particulièrement injuste à l'égard de M. Duplanloup et de la direction intellectuelle et spirituelle qu'il donnait à sa maison. Ses yeux complaisants au-delà de toute mesure ont tout grossi ou amoindri à plaisir, suivant les besoins de sa cause ; car son livre est moins une histoire qu'une thèse, qu'une apologie de son apostasie. Il vint à Paris la même année que M. Cognat, par suite de circonstances analogues. De grands traits de ressem-

blance rapprochaient ces deux natures, si dissemblables par ailleurs. Ils étaient aussi mal partagés l'un
que l'autre sous le rapport du physique ; ils avaient la
même passion de l'étude, à peu près les mêmes goûts
littéraires ; leurs caractères sympathisaient par la
même égalité d'humeur, qui les inclinait tous deux
à la douceur, et répandait un grand charme dans leur
commerce. Mais l'un était philosophe, l'autre était
plutôt un poète ; la piété du premier était profonde ;
celle du second, superficielle ; c'était une sorte de religiosité sentimentale, qui berçait sa rêverie. Le tort de
M. Renan, ou plutôt son malheur a été de se livrer à
des études trop fortes pour son tempérament ; elles
l'ont enivré, comme d'un vin généreux qui a ébranlé
sa raison. S'il fût resté fidèle aux croyances de sa
jeunesse, il eût composé des livres exquis de piété et
de prières ; il eût parlé suavement de Dieu, du ciel,
des grandes vérités consolantes de la religion ; il eût
fait les délices des femmes pieuses et des enfants, c'est-
à-dire des âmes qui ont besoin de voir les choses à
travers un léger nuage de poésie. Par leurs contrastes,
non moins que par leur point de contact, ces deux
hommes étaient nés pour s'entendre, s'aimer et se
compléter. Ils se comprirent dès leur première entrevue, et se vouèrent une de ces affections, qui semblent
devoir résister à tous les assauts. M. Cognat a conté (1),
avec l'accent de la plus poignante tristesse, à la suite
de quelles circonstances ils se virent pour la dernière

(1) Cognat, Renan, *Hier et Aujourd'hui.*

fois : séparation cruelle, dont son cœur a toujours saigné. Il n'a jamais haï personne : la haine répugnait profondément à sa nature affectueuse; mais il n'aurait pu haïr, moins que personne, celui qu'il avait tant aimé. Certes il a combattu vaillamment l'homme ou plutôt ses théories subversives et impies ; mais sous chaque coup porté on sentait la main de l'ami qui veut guérir ; son apologie de la vérité odieusement travestie se doublait toujours d'une arrière-pensée de prosélytisme à l'adresse de son adversaire ; il n'a jamais désespéré de son retour à Dieu, même après ses plus grands écarts de plume, même après cette protestation de foi à rebours, où le malheureux, par une forfanterie sans précédent, semble avoir voulu rendre impossible ou vaine toute velléité de conversion.

M. Cognat joignait à la culture de son esprit, celle de son cœur; il vivifiait l'étude par la prière. Sa piété a été aussi sérieuse que son travail, et jamais l'ardeur qu'il apportait à ses devoirs d'écolier n'a nui à ses devoirs de chrétien. Ses cahiers de retraite attestent les efforts qu'il faisait pour imprégner sa vie de l'esprit de l'évangile, pour sanctifier ses actions par la pratique des vertus de son âge et réformer les défauts de caractère que ses maîtres lui signalaient. Il reprit avec plus d'énergie la lutte contre lui-même, qu'il avait déjà commencée sous la direction de son oncle et qu'il poursuivra toute sa vie. Rien n'est plus édifiant et réconfortant que le spectacle de ce travail d'une âme sur elle-même avec ses alternatives de succès et de défaite, où l'on voit des défauts, longtemps combattus et paraissant extirpés, reparaître par de brusques retours offensifs, avant de disparaître définitivement, comme pour avertir la volonté d'être toujours en éveil. Sa grande préoccupation était de sanctifier son travail. « Travail tout pour Dieu, » écrit-il, dans ses résolutions de la première retraite qu'il fit à Saint-Nicolas et qui fut prêchée par M. Petetot, « m'humilier du peu de succès que je pourrai avoir, ne me décourager jamais et m'élever par la pensée du ciel. » Il revient sur la même pensée, à la suite de la retraite de l'année suivante, prêchée par M. de Ravignan. Il prend la résolution de ne voir que Dieu seul comme but principal dans toutes ses actions. » Ce sera, ajoute-t-il, la règle éternelle de ma conduite. » Sa vie nous dira combien il y a été fidèle. Ailleurs il dit encore : « J'ai trop visé aux succès ; plus d'enfantillage. Pour Dieu, pour Dieu seul, tout pour Dieu seul ; *nil sum, nil possum, nil mereor.* » Et plus loin : « Je me tiendrai dans toutes mes actions en présence de Dieu. *Ambula coram me et esto perfectus.* » Et encore : « Travail constant et assidu, fait pour Dieu, avec Dieu et en Dieu. »

Le soin de plaire à Dieu ne va pas sans le souci de la perfection morale, et par conséquent sans la répression, l'amendement de ses défauts. Si l'on veut avoir le secret de cette bonté naissante, dont les camarades de M. Cognat ont subi l'irrésistible ascendant, et qui s'épanouira avec le temps au point de devenir le plus grand charme de sa personne,

il faut le chercher dans ses cahiers de retraite. Son
caractère n'était pas naturellement sans aspérités ;
il éclatait parfois en vives brusqueries. Ces oublis lui
attirèrent sans doute des réprimandes et de salutaires
avis, car chacun de ses cahiers de retraite contient une
résolution sur ce point. « Humeur toujours égale, écrit-
il dans l'un d'eux ; céder toujours au jeu ; jouer souvent
pour plaire à Dieu et satisfaire mes maîtres ; sans passion. » Ailleurs : « C'est surtout en récréation que je
veillerai sur moi dans mes manières. Charité avec tous,
et égale pour tous, politesse, égard, franchise, gaieté
sans extravagance ; sacrifier quelquefois mon plaisir
pour celui de mes frères. » Ailleurs encore : « Beaucoup
de douceur avec mes camarades. Jamais de discussion.
Leur donner toujours raison, lorsque cela n'intéressera
que mes intérêts propres. Toujours un grand empressement à leur rendre service. » Ces résolutions ne res-
tèrent pas lettres closes pour lui. Il en fit une copie
qu'il se proposa de relire chaque jour à l'examen particulier, pour se rendre compte s'il y avait été fidèle.

Il ajoutait à tout cela des exercices particuliers de
piété, visites fréquentes au Très Saint Sacrement, à la
sainte Vierge, récitation quotidienne du chapelet, petites mortifications matérielles, sans parler des épreuves morales que Dieu n'a pas épargnées à sa jeunesse,
et qu'il lui offrait en esprit de pénitence. M. Cognat a
beaucoup souffert dans sa vie : pas une de ses nombreuses lettres ne contient une parole de plainte ou de
découragement. Preuve manifeste qu'il avait placé de

bonne heure, et qu'il tint toujours son cœur plus haut que les petites misères de ce monde.

On peut voir par là s'il a observé scrupuleusement, dépassé même dans leur esprit les sages conseils que son oncle lui adressait un jour. « Te voilà bientôt en âge de songer sérieusement à l'état que tu veux embrasser. Il faut que tu te mettes dans le cas de mériter que Dieu te le fasse connaître. « *Nec quisquam sumit sibi honorem, sed qui vocatur à Deo* (Saint Paul). Ce n'est pas nous qui nous devons ingérer... C'est Dieu qui doit nous appeler. Mais méritons de connaître sa volonté. C'est dans tes communions surtout... dans ces colloques d'amour avec Jésus qu'il faut solliciter cette grâce. Tu ne dois jamais passer de jour sans dire à Dieu : *Notam fac mihi viam, in qua ambulem*. Et puis adresse-toi à ton patron et surtout à la divine Mère... Prends la résolution de dire tous les jours une dizaine de chapelet ou un *Memorare* ou un *Salve*... jusqu'à ce que tu connaisses la volonté de Dieu. Oui, adonne-toi tout de bon à la pratique de toutes les vertus et particulièrement de la douceur et de l'humilité. Attendre le grand séminaire... c'est trop tard. Oh ! si tu savais qu'il faut avoir été écolier vertueux pour être un saint prêtre... » M. Cognat eut le bonheur de comprendre ces graves leçons et de les mettre en pratique. Voilà pourquoi il fut le vertueux écolier qui prépara le digne prêtre qu'il a été et qui répandra les bienfaits sous ses pas.

C'est au milieu de ce double travail de la culture de

son intelligence et de son perfectionnement intérieur qu'il acheva ses études classiques à Saint-Nicolas. Voici comment il l'annonce lui-même à son oncle, le confident habituel de ses pensées, de ses succès, de ses joies et de ses tristesses :

« Vous êtes curieux sans doute de savoir comment j'ai terminé mes études littéraires au petit séminaire. Je vous le dirai avec simplicité : je crois les avoir terminées d'une manière satisfaisante. J'ai eu pour interrogateur de mon dernier examen M. Trognon, précepteur des enfants du roi. Il a bien réussi, puis est venue la distribution des prix. J'ai été choisi avec deux de mes condisciples pour y faire l'éloge de la France sous le triple point de vue religieux, littéraire et militaire. On a cru convenable à mon genre et à mon caractère de me donner l'éloge militaire. Nous avons lu ces discours devant une assemblée très imposante et très distinguée où paraissaient en première ligne : Mgr l'Archevêque, l'internonce du Pape, M. Molé, M. le préfet de la Seine et M. l'ambassadeur de Sardaigne, etc. Tous ces messieurs ont donné de grands éloges à nos discours... Puis ils nous ont couronnés. Pour ma part j'ai eu trois prix et trois accessits. Celui qui m'a fait le plus de plaisir c'est le 1er prix d'honneur qui m'a été donné par M. Molé. Il ne me manquait qu'une seule chose parmi ces triomphes, mais une chose qui, je vous l'avoue, m'a fait de la peine. J'étais là seul, sans parents... Et ces prix ne m'eussent été doux que sous leurs yeux. »

CHAPITRE II

Le grand séminaire. Séminaire de philosophie. — Aspect de la maison d'Issy ; sa physionomie ; son enseignement ; son esprit. — M. Pinault. — Séminaire de théologie ; le caractère de son enseignement ; M. Le Hir. — Application de M. Cognat ; — son sous-diaconat ; sa maladie ; rupture de ses relations avec M. Renan. Les Carmes. — Le sacerdoce.

« Voilà plus de quarante ans que j'ai quitté cette maison d'Issy, berceau de mon sacerdoce, et les souvenirs toujours vivants que j'en garde avec un charme toujours nouveau me redisent chaque jour que les deux années que j'y ai passées sont les plus belles, les plus pures et les plus heureuses de ma vie. »

Ces paroles de M. Cognat expriment à merveille le sentiment de tous ceux qui ont eu le bonheur de faire les premières années de leur noviciat ecclésiastique dans cette maison bénie. Les impressions qu'on y éprouve, imprégnées de piété, d'innocence, de fraîcheur, de poésie, se rattachent à un ensemble de circonstances qu'on ne rencontre nulle part ailleurs. La diversité des âges, des goûts, des nationalités, des costumes même (quelques-uns ne prennent pas la

soutane en entrant, pour se réserver), la nouveauté du
genre de vie, l'élan de tous vers un but commun, l'enthousiasme dans les mêmes espérances, la perspective
souriante quoique encore lointaine de l'idéal rêvé, la
candeur et la tenue modeste de tous ces jeunes hommes,
la sérénité de leurs visages, reflet de la pureté de leurs
cœurs, enfin la fraternité vraie, faite de charité, de
condescendance, d'estime mutuelle et de politesse, qui
les unit, donnent à la communauté une physionomie
très particulière. C'est là ce qui frappe l'adolescent,
qui sort de son collège, aussi bien que l'homme du
monde qu'une vocation tardive pousse au séminaire.
Ce qui ne les surprend pas moins, c'est de voir que les
professeurs ou les directeurs, comme on les appelle,
sont astreints au même règlement, mangent à la même
table, suivent les mêmes exercices qu'eux. Ils voient
en leurs maîtres des exemplaires vivants, qu'ils doivent prendre pour modèles. C'est un périlleux honneur pour ces hommes que d'être ainsi à toute heure
du jour sous le regard d'une jeunesse qu'ils doivent
former à la vertu, et dont quelques-uns pourraient
s'autoriser de la plus légère de leurs défaillances dans
l'observation de la règle pour en prendre à leur aise
avec elle. Une telle mission demande un grand amour
de Dieu, une haute idée de la dignité sacerdotale,
beaucoup d'abnégation, de dévouement et de tact.
Proclamons-le à leur gloire, dût en souffrir la modestie de ces maîtres vénérés et aimés, les fils de
M. Olier apportent toutes ces qualités dans l'accom-

plissement de leur tâche. Ils ont le plus grand respect pour la liberté morale des jeunes gens, qu'ils doivent préparer et conduire au sacerdoce. Ils ne leur imposent d'autre joug que celui de la règle, d'autre sanction de la règle que leur propre conscience, éclairée des lumières de la foi. Rien n'est plus propre à élever, à ennoblir les âmes qu'une telle discipline, si respectueuse de la liberté. Aussi est-ce merveille de voir avec quelle fidélité sont observées au séminaire les moindres prescriptions du règlement. Les infractions légères, *quas parum cavit natura*, y sont rares ; plus rares encore, pour ne pas dire absolument inconnus, les écarts graves qui entraînent l'exclusion.

Ce qui ajoute au charme de cette vie si heureuse, si libre dans les limites de la règle, volontairement acceptée et allègrement observée, si épanouie et toute en Dieu, c'est la beauté du séminaire et de ses dépendances. La maison d'Issy est située sur la route de Paris à Versailles, dans le village du même nom, un peu au-delà de l'enceinte fortifiée de la capitale. Elle fut l'habitation suburbaine de la reine Marguerite de Valois, la première femme de Henri IV, dans les dernières années de sa vie. Elle passa ensuite à différentes familles parisiennes avant de devenir la propriété définitive des Sulpiciens. C'est M. de Bretonvilliers, successeur de M. Olier, qui la donna à la compagnie de Saint-Sulpice, en souvenir du séjour qu'y fit son fondateur. Le principal corps de bâtiment, tout en longueur, avec un pavillon central, n'a pas changé d'as-

pect ; on a seulement transformé l'intérieur selon les
exigences de sa nouvelle destination, et ajouté quelques constructions latérales. Celles-ci ont disparu, il y
a à peu près une dizaine d'années, et sur leur emplacement on a élevé d'autres constructions de dimensions plus vastes et de formes plus élégantes. La science
et l'expérience s'y sont associées pour adapter tous les
perfectionnements de l'architecture moderne aux
besoins d'un séminaire. Le parc, un des plus beaux
qu'on puisse voir, est resté sans modification : il est tel
que l'a dessiné Le Nôtre. Il est divisé en deux parties
d'inégale étendue et d'aspect très différent par la
route stratégique, qui relie le fort d'Issy à Paris et
sous laquelle il faut passer pour aller de l'une dans
l'autre. La première se compose de parterres ver-
doyants, bordés de fleurs et séparés par de larges
allées s'entrecroisant à angle droit; au centre une
pièce d'eau, sur le côté un charmant petit bosquet,
dissimulant l'inégalité du terrain en cet endroit. La
seconde s'étend en vastes pelouses et en allées touf-
fues, formées par des arbres séculaires. Le bas est
réservé à la culture ; le haut est en prairies. De cette
partie supérieure on a une vue superbe sur Paris ;
c'est là qu'en été, aux grands congés, les séminaristes
aiment à venir le soir contempler le théâtre futur de
leur ministère apostolique. Pour enlever au parc son
caractère profane, les Sulpiciens l'ont orné de statues
religieuses et de pieux oratoires, chers à la piété des
séminaristes. Deux sont à remarquer: l'un est celui où

Bossuet, Fénelon, M. de Noailles et M. Tronson disser-
tèrent longuement sur la question du quiétisme et for-
mulèrent les trente-quatre articles dits « articles
d'Issy. » Il est décoré de deux bustes et d'une plaque
commémorative de ce fait. L'autre est la chapelle de
Lorette ; c'est une reproduction exacte de l'intérieur
de la chapelle qu'on vénère dans ce lieu célèbre de
pèlerinage. Elle s'élève au centre du parc, à l'extrémité d'une allée d'arbres épais ; elle est entourée de
cellules et de tombes sulpiciennes. Elle tient une
grande place dans la piété des fils de M. Olier ; elle est
le centre de leur dévotion. Ils savent faire passer ces
sentiments dans l'âme de leurs disciples. Ceux-ci aiment à venir dans ce sanctuaire invoquer Celle qu'ils y
ont priée avec tant de ferveur. Un des plus grands,
Mgr Dupanloup, y portait toujours ses manuscrits
avant de les livrer à l'imprimeur.

La chapelle actuelle est postérieure aux événements
de 1871. L'ancienne fut incendiée pendant la Commune. Le séminaire d'Issy fut, à cette triste époque, le
théâtre d'une lutte acharnée et sanglante entre les insurgés et l'armée de la France. Chacune des innombrables fenêtres de la maison était devenue une meur-
trière, d'où un feu nourri faisait pleuvoir la mort sur
nos bataillons. Grâce à un mouvement rapide, les insurgés furent pris à revers et, se voyant ainsi entre
deux feux, se décidèrent à lâcher pied. Cette surprise,
due à l'inexpérience de leurs chefs, abrégea une lutte,
qui aurait pu être plus préjudiciable au séminaire. Il en

fut quitte pour quelques portes enfoncées, des fenêtres
brisées, des murs perforés et maculés de sang. Quelques Sulpiciens furent témoins de ce carnage. Ils vécu-
rent pendant plusieurs semaines au milieu des fédérés.
Ils furent héroïques de courage, d'abnégation, de sang-
froid. Ils parvinrent même à désarmer la fureur de
ces bêtes fauves, à force de bonté et de mépris de la
mort. Aussi quelques-uns d'entre eux purent avec leur
connivence traverser les lignes des insurgés. Ce
voyage fut une vraie épopée où ils coururent les plus
sérieux dangers.

La maison d'Issy sert de maison de campagne au
séminaire de Saint-Sulpice : ces deux maisons n'en
font qu'une, l'une est la succursale de l'autre. On fait
à Issy les études philosophiques et scientifiques nécessaires à l'étude de la théologie, qui est l'objet de l'enseignement à Saint-Sulpice. Issy est donc, dans un
sens très réel, l'école préparatoire de Saint-Sulpice.
La durée normale des études est de deux ans. Cependant la loi n'est pas absolue : les jeunes gens qui ont
fait leur philosophie au collège ou qui viennent du
monde, peuvent être dispensés du cours des sciences
et aller à Saint-Sulpice à la fin de leur première année
d'Issy.

Le caractère de l'enseignement est très variable ; il
dépend des professeurs ; il a été tour à tour éclectique
et scolastique. Il n'est pas même rare de voir les
deux professeurs obéir chacun à une tendance opposée
et émettre, à la grande joie des séminaristes, des opi-

nions différentes dans les mêmes questions, suivant
le système qui a leur préférence. Cependant, depuis
quelques années, il s'est produit un mouvement très
accentué en faveur de la philosophie traditionnelle
des grandes écoles catholiques, si décriée en France.
Certains professeurs l'ont même embrassée avec un
grand enthousiasme et poussaient si loin leur engoue-
ment pour elle qu'ils n'étaient pas éloignés de la présenter comme l'expression absolue de la vérité ! Il y a
là assurément une exagération évidente, qu'explique
une ardente conviction ; mais cette exagération ne
doit pas nous empêcher de reconnaître la grandeur et
la beauté d'une doctrine que recommandent les plus
grands noms. Si elle n'est pas la vérité, elle en est
proche parente. En tout cas, elle a la confiance de
l'Église, et cette considération a bien sa valeur. Elle
tend de plus en plus à devenir la philosophie officielle
des séminaires et du clergé, depuis que Léon XIII l'a
recommandée à l'attention du monde catholique.

Les questions philosophiques ont le don de pas-
sionner les esprits au séminaire d'Issy. Les discussions
y sont ardentes, sans sortir jamais des limites de la
modération. Les récréations se passent à disserter sur
la leçon du jour ou sur quelque grande question ; on y
joue rarement. Je ne sais si les jardins de l'Académie
ont entendu de plus doctes entretiens sur de plus
hauts sujets. Le goût de la discussion est développé
par les exercices scolaires de l'argumentation et en-
tretenu par l'institution des conférences. Primitive-

ment, la compagnie de Saint-Sulpice, dont le but
principal est la direction spirituelle des jeunes clercs,
devait se borner à les conduire aux cours théologiques
de la Sorbonne et leur expliquer l'enseignement reçu
dans des conférences. Peu à peu, la conférence prit de
l'extension ; elle devint même si importante qu'elle
tint lieu de cours, et qu'on se dispensa finalement
d'aller en Sorbonne. Les conférences d'Issy sont un
reste de cet ancien usage. Seulement, elles n'ont plus
le même caractère. Les séminaristes sont divisés par
groupes, et chaque groupe est présidé par l'un d'entre
eux, désigné à cet effet et investi de l'autorité même
du professeur. On y revient sur les questions traitées
dans le cours ; on les discute librement ; chacun a le
droit d'émettre son avis et peut le donner sans gêne.
Le chef de la conférence dirige les débats et, quand il
comprend bien son rôle, il sait leur donner de la vie
et de l'intérêt.

C'est au mois d'octobre 1841, après avoir terminé sa
rhétorique, que Joseph Cognat entra au séminaire
d'Issy. A cette époque, le petit séminaire de Saint-Nicolas du Chardonnet n'avait, pas plus qu'aujourd'hui,
d'année de philosophie ; ce n'est qu'au petit séminaire
de Notre-Dame des Champs que cette classe devint le
couronnement des études classiques. Elles se termi-
naient à Saint-Nicolas à la rhétorique, au sortir de
laquelle les élèves prenaient deux directions différentes. Les uns allaient faire leur philosophie dans
quelque collège de l'État, les autres prenaient le che-

min du grand séminaire. Joseph Cognat fut de ces derniers.

Le régime du séminaire d'Issy était fait pour répondre aux inclinations de son cœur et aux aptitudes de son esprit. Sa piété trouva à se satisfaire dans une maison où tout tend à la développer. Il avait une tendre dévotion au Saint-Sacrement et à la sainte Vierge. Ses notes de retraite ne sont pas seules à en témoigner : ses cahiers de devoirs ne l'attestent pas moins. Chacun d'eux porte en tête quelque invocation pieuse à l'adresse de Marie, comme pour lui consacrer le fruit de ses travaux, et nombre de pages sont ornées avec soin de quelque emblème religieux, rappelant l'adorable mystère de la Sainte Eucharistie, preuves manifestes, encore que naïves, de ses préoccupations habituelles. On voit qu'il ne perdait pas un seul instant de vue le but sublime vers lequel il tendait, et que sa foi et ses espérances s'avivaient sous l'action de la grâce divine. Comment, en effet, ces dispositions ne se seraient-elles pas affermies et développées au séminaire d'Issy, où ces deux dévotions sont particulièrement en honneur, et dont la pensée fondamentale se traduit dans cette formule, inscrite sur presque tous les murs : *Ite ad Jesum per Mariam* : Allez à Jésus par Marie. Aussi se fit-il remarquer, dès le principe, par sa piété sincère, mais sans ostentation, et dans cette maison où la ferveur est chose commune, il se plaça du premier coup parmi les plus fervents.

Il prit pour directeur de sa conscience M. Pinault,

de légendaire mémoire. M. Pinault professait à Issy les sciences mathématiques et physiques, qu'il enseignait à l'École normale, avant d'entrer dans la compagnie de Saint-Sulpice. C'est une des physionomies les plus extraordinaires qu'on ait vues à Issy. Sa foi ardente égalait son originalité. Ses mortifications étaient effrayantes. Il poussait aux dernières limites le mépris de soi. Il rappelait, par certains côtés, un supérieur de la Solitude (1), M. Mollevault, un autre transfuge de l'Université et l'un de ses plus savants hellénistes. Quand ces esprits ardents se donnent au service de Dieu, ils ne le font pas à demi; ils apportent à s'anéantir en Dieu la passion intense qu'ils mettaient à s'élever par l'étude. M. Mollevault en était venu à faire si peu de cas de son savoir qu'il dédaigna de se faire connaître de deux hellénistes, que sa grande réputation avait attirés auprès de lui. On raconte un trait analogue de M. Pinault. Il est l'auteur de plusieurs traités de mathématiques. On lui doit entre autres un ouvrage élémentaire très estimé qui était en son temps le seul ayant quelque valeur. Il fit graver en tête de son livre une image de la Sainte Vierge. L'Université voulait l'adopter, mais à la condition que l'image disparût. L'éditeur lui demanda de la supprimer. « Je m'en garderai bien, répondit-il, c'est ce qu'il y a de mieux dans l'ouvrage. » Sa maxime favorite était celle-ci : Le rien de tout et le tout de rien. »

(1) La Solitude est la maison du noviciat des prêtres de Saint-Sulpice. Elle est située dans une enclave du parc d'Issy.

Il y ramenait toutes ses conversations avec une grande puissance d'imagination ; il la développait sous toutes les formes et d'une manière très saisissante ; il y portait une âpreté d'éloquence qui rappelait celle de Pascal s'acharnant à abîmer la raison humaine. La langue qu'il parlait était rocailleuse ; mais quel ferme bon sens et quelle lucidité d'intelligence !

Aussi se tromperait-on étrangement si l'on croyait que de tels hommes sont exposés à donner une fausse direction aux âmes qu'ils sont chargés de conduire dans les voies de Dieu. Il y a plus d'une manière d'aller à lui ; les formes de la sainteté varient à l'infini. Ils le savent, et ils subordonnent leur direction aux besoins et aux dispositions de chacun. M. l'abbé Cognat n'eut qu'à se louer de la sagesse des conseils de M. Pinault et qu'à s'applaudir d'y avoir été fidèle.

Pendant la première année qu'il passa à Issy, M. Cognat conçut le désir d'entrer chez les Jésuites. Cette idée lui revint pendant les vacances et il s'en ouvrit à M. Pinault, en lui faisant part des impressions que produisaient sur lui les maximes et les plaisirs du monde. Son directeur, sans l'encourager dans son dessein ni l'en détourner, en prit seulement prétexte de lui rappeler les moyens de maintenir sa ferveur et de vivre dans le monde comme n'y vivant pas. « Je ne m'étonne pas du tout, mon bon ami, de l'effet qu'a produit sur vous la vue des jouissances apparentes de ce bas-monde où vous avez trouvé à votre arrivée des

amis d'enfance; je ne m'en effraie pas, j'en prends
seulement occasion de vous faire remarquer que mille
fois heureux donc sont ceux qui, appelés à être prêtres
de Jésus-Christ, ont le bonheur, comme les Jésuites,
de n'avoir plus avec ce monde anathématisé d'autres
rapports que ceux du saint ministère, pour y faire une
irréconciliable guerre à la chair et au sang ainsi qu'à
Satan et y sauver le plus d'âmes que l'on pourra, portant partout à cet effet la parole de vie et n'ouvrant la
bouche que pour discourir de Dieu à ceux qui l'oublient
ou l'offensent. Aussi, ne renoncez pas à l'espoir d'aller
un jour chez les Jésuites : on a vu des choses en apparence plus impossibles arriver néanmoins au bout de
plus ou moins de temps; d'ailleurs, rien ne soutient
au milieu du monde comme la pensée qu'on le quittera
bientôt, comme aussi rien ne tente plus les séminaristes
de se rapatrier avec cet implacable ennemi de Jésus-
Christ, comme la pensée que c'est là où l'on ira bientôt
se plonger pour en faire son élément et son séjour. »

Il passe ensuite à des conseils pratiques qui sont le
résumé des devoirs d'un séminariste en vacances :

« Il n'y a pas de prêtre assuré de se sauver dans le
monde et d'y répondre à sa vocation que ce prêtre intérieur et pieux que le monde ne pouvant concevoir
ni comprendre, n'est pas tenté d'attirer dans les rangs
de ses amateurs, les uns ivres de plaisirs et d'occupations diverses, les autres accablés de chagrin et souvent de désespoir. C'est donc la piété qui est la
sauvegarde du prêtre; voilà pourquoi saint Paul se

contente de dire à Timothée : « *Exerce te ad pietatem.* »
Tenez donc inviolablement à vos exercices de piété,
mais surtout à ne jamais manquer votre oraison, et de
plus, non seulement à la faire, mais à tâcher sincèrement à la bien faire. Mon attrait, ce me semble, si
j'étais dans une position semblable à la vôtre, serait
de traiter durant l'oraison avec Notre-Seigneur, la
très sainte Vierge et saint Joseph de la vanité de tous
les prestiges méprisables dont le monde se sert pour
entraîner tous les hommes à leur perte. Sondez aussi
pendant cet exercice votre cœur ; parcourez-en tous
les replis à la faveur des lumières de la foi, et
vous verrez qu'il n'y a rien d'exagéré dans ce que vous
me dites que vous êtes porté à croire de l'éloignement
inconcevable de l'homme pour Dieu et les choses de
Dieu, et à penser que cet éloignement ne fait que
croître incessamment par tout ce qui entre en l'âme
par les sens. Voilà pourquoi il faut tenir ceux-ci conti-
nuellement fermés par la mortification et, de plus, souvent examiner son intérieur, pour arrêter le mauvais
effet de ce qui aurait pu entrer... »

De tels conseils, marqués au coin de la sagesse et
de l'expérience, joints à l'esprit de docilité de
M. l'abbé Cognat, ne pouvaient que faire tourner à son
avantage l'épreuve des vacances. Ils attestent aussi les
progrès sérieux qu'il avait faits dans la voie de la perfection chrétienne ; car ils supposent un tempérament
moral déjà vigoureusement trempé.

M. l'abbé Cognat ne s'appliqua pas avec moins

d'ardeur à l'étude de la philosophie qu'à l'acquisition des vertus propres à engendrer le prêtre dans le séminariste. La philosophie allait à son tour d'esprit. Aussi n'eut-il aucune peine à se plier aux habitudes intellectuelles qu'elle exige de ses disciples. Il eut pour professeurs dans cette science MM. Manier et Gothofray. L'enseignement de M. Manier se rapprochait beaucoup de la philosophie éclectique, alors en vogue dans l'Université. On peut juger de son enseignement par le manuel philosophique qui porte son nom. Ce manuel est tombé dans un complet discrédit sous les coups redoublés de la scolastique. Cependant il n'était pas sans mérite. Il se faisait remarquer par l'ordre, la clarté et l'enchaînement logique des matières. Il était aussi suivi d'une esquisse de l'histoire de la philosophie, où les systèmes étaient analysés et appréciés. Cette innovation était un mérite de plus. Mais la doctrine était lâche et les démonstrations manquaient de vigueur. Ces défauts étaient trop sensibles pour ne pas sauter aux yeux même des débutants. Ils furent fatals au manuel, dont le fond, du reste, était bien souvent en contradiction avec l'enseignement du professeur, quand le professeur n'était pas l'auteur du manuel.

Quoi qu'il en soit, M. Cognat suivit les cours de philosophie avec un égal intérêt. Il se plia sans effort à la terminologie barbare d'un latin plus barbare encore. Il mit à reproduire l'enseignement de ses maîtres une application incroyable. Ses cahiers étaient tenus avec le plus grand soin. Ils sont d'un fini achevé. Rien qu'à

les voir, on juge qu'il se livrait avec plaisir à l'étude
de la philosophie. Qu'il y ait fait de sérieux progrès,
on peut le conjecturer de ses efforts et de son ouverture
d'esprit, mais non de comparaisons avec ses confrères
résultant de compositions, tout principe d'émulation
étant supprimé au grand séminaire. Une chose cependant indique qu'il avait été distingué par ses maîtres,
c'est qu'il fut désigné pour présider une conférence.

C'est au milieu de ce double travail de l'intelligence
et du cœur, de la philosophie et de la piété, qu'il
acheva ses deux années à Issy, après avoir reçu la
tonsure vers la fin de la seconde année. La tonsure est
le premier pas dans la cléricature; elle n'engage pas
définitivement, mais elle consacre le clerc à Dieu qui
devient son héritage. Cependant elle produit l'émotion
des premiers pas, et l'impression des autres ordres
n'est guère ni plus douce ni plus profonde.

Au mois d'octobre 1845, M. l'abbé Cognat passa de la
maison d'Issy à celle de Paris, pour y commencer sa
théologie. Cette transition marque une étape importante
dans la vie d'un séminariste de Saint-Sulpice; non qu'il
y ait une grande différence de régime dans ces deux
maisons sœurs; mais celle de Paris ouvre devant lui
de nouveaux horizons; elle lui montre plus près le but
à atteindre. Dans trois ans ou quatre ans au plus, ce
jeune homme de vingt ans sera prêtre, il sera investi
de la plus haute dignité qui se puisse concevoir ; il
gravira pour la première fois les marches de cet autel
où le Dieu du ciel descendra à sa voix. On comprend

qu'il faille lui remettre constamment ce grand but devant les yeux, qu'il faille en faire le centre unique où viennent converger toutes ses pensées, toutes ses études, tous ses efforts. On l'avait traité jusqu'ici comme un jeune homme encore; il faut maintenant le traiter comme un homme, sur lequel on aura une grave décision à porter, et qui aura lui-même un parti non moins grave à prendre. On ne néglige rien pour l'éclairer sur l'importance des engagements sacrés et irrévocables qu'il sera appelé à contracter dans un avenir prochain. C'est pour cela qu'on place à côté de lui un guide expérimenté, qui doit l'aider de ses lumières dans l'étude et la poursuite de sa vocation, l'arrêter, s'il n'est pas sûr de lui-même, dissiper ses craintes, si elles n'ont pas de sérieux fondements, prendre enfin une large part de responsabilité devant Dieu et devant les hommes, dans sa détermination. Aussi, est-ce en toute connaissance de cause et avec la plus entière liberté qu'il s'engagera à tout jamais au service des autels.

Les sciences sacrées, objet de l'enseignement des grands séminaires, sont aussi variées qu'intéressantes. Leur domaine est immense; il est universel, comme Dieu, à qui elles se rapportent, car quel que soit leur objet immédiat, en définitive, c'est toujours de Dieu qu'il s'agit, de Dieu ou de ses œuvres dans l'ordre de la nature aussi bien que dans l'ordre de la grâce : et qu'y a-t-il en dehors de Dieu? Aussi n'est-il aucune science, quelque étrangère qu'elle soit en apparence à la théologie, qui n'ait des rapports plus ou moins intimes avec elle. Cependant le programme des séminaires ne comprend que l'étude de la théologie dogmatique et morale, de l'écriture sainte, de quelques langues sacrées, comme l'hébreu et le syriaque, nécessaires à une intelligence plus complète du livre inspiré, enfin de l'histoire ecclésiastique. L'enseignement de ces sciences, s'adressant indistinctement à tous, est forcément élémentaire, bien qu'il s'élève parfois très haut; mais, à Saint-Sulpice, il est donné avec beaucoup de distinction par des professeurs de choix, dont plusieurs feraient bonne figure dans une chaire de l'enseignement supérieur. Ainsi, au temps de M. Cognat, le cours d'écriture sainte était fait par M. Le Hir, un des plus savants exégètes de ce siècle, qui joignait à une connaissance approfondie des textes une science linguistique et philosophique très étendue.

Deux choses contribuent à la force des études dans une maison : la science de ceux qui distribuent l'enseignement, l'intelligence et le degré de culture de ceux qui le reçoivent. Sous ce dernier rapport, Saint-Sulpice est exceptionnellement favorisé. Il ne se recrute pas seulement dans le diocèse de Paris, mais dans tous les diocèses de France, dont plusieurs lui envoient chaque année un ou deux de leurs meilleurs sujets; il lui en vient même de toutes les parties du monde, et il est rare qu'on n'y voie pas une colonie d'Américains, d'Irlandais et d'Écossais. La jeunesse des écoles lui four-

nit sans doute son plus fort appoint ; mais il n'est pas
d'année où l'armée, la magistrature, l'Université, en
un mot toutes les carrières libérales n'y aient un représentant.

On conçoit aisément que ce mélange des âges, des
nationalités, des goûts, des aptitudes ne doit pas être
sans influence sur l'esprit général de la maison, et sur
le développement des intelligences. Aussi se remue-t-il
à Saint-Sulpice plus d'idées en un mois que dans tout
autre séminaire en un an.

M. l'abbé Cognat se montra dans un tel milieu ce
qu'il avait été jusque-là, un travailleur consciencieux,
fort attaché à tous ses devoirs, épris de l'amour de
Dieu, et tendant de toute l'énergie de son âme, vers le
but suprême de ses désirs. Il s'abreuva avec délices aux
sources abondantes et pures de la science sacrée ; il en
cultiva avec ardeur toutes les branches, mais principalement la théologie et l'écriture sainte. Il suivit même
avec intérêt et profit le cours d'hébreu de M. Le Hir :
mais il ne paraît pas avoir poussé bien loin l'étude de
cette langue ; en tout cas, les occupations impérieuses,
qui le saisirent au sortir du séminaire, l'obligèrent à y
renoncer. Il se délassait de ces travaux absorbants et
austères par la lecture de quelque sermonnaire, en
particulier de Bourdaloue, dont il se délectait, aux ap-
plaudissements de son oncle. Il mena toutes ces occupations de front avec la préparation du baccalauréat ès
lettres, qui ne dut pas lui demander de grands efforts
après ses fortes études littéraires et philosophiques. Il

en subit les épreuves le 15 janvier 1845. Je ne résiste pas au plaisir de citer la lettre où il est heureux d'annoncer son succès à son oncle, parce qu'elle met en relief un des traits de son caractère, dans l'expression naïve de sa joie, et qu'elle est intéressante en elle-même à plus d'un titre.

« Enfin, j'ai reçu le baptême universitaire aujourd'hui 15 janvier 1845. Ce n'est pas sans préparation ni sans sueurs. J'ai tâché d'apporter à cette *auguste* cérémonie les dispositions convenables. Néanmoins rassurez-vous, la grâce de l'Université n'a pas été assez efficace pour faire couler dans mes veines le sang et l'esprit de cette illustre et antichrétienne compagnie et j'en suis sorti comme j'y étais entré, c'est-à-dire chrétien et acolyte de la sainte Église Catholique, Apostolique et Romaine. En suis-je sorti victorieux sous d'autres rapports? Oui, et je me hâte de vous l'annoncer pour vous faire sortir de l'inquiétude. J'avais dit un *Memorare* si fervent à la Sainte-Vierge qu'elle m'a fait tomber entre les mains des examinateurs que j'aurais choisis moi-même, si l'on m'avait laissé le choix. Il y avait entre autres M. Ozanam, frère du supérieur de la maison des Maristes à Paris, professeur d'éloquence en Sorbonne, homme aussi recommandable par sa religion, je dirai même par sa piété que par sa science et son talent. Je me suis présenté avec les livrées dont m'a couvert l'Église et je crois que ce saint habit ne m'a pas nui. C'est aux yeux de bien des gens faire preuve de courage, que d'oser se montrer, le front

haut, avec la soutane, et sous ce point de vue, au moins
elle inspire du respect et de l'estime. J'espère de la
grâce de Dieu n'avoir jamais à rougir d'elle, ni elle de
moi. — Nous étions 42 aspirants; 21 ont été éliminés à
l'épreuve de la version, et la moitié du reste à peu près
à l'examen oral. Une chose très remarquable et qui
proteste contre les calomnies répandues sur le compte
des petits séminaires, c'est que, dès que les candidats
voient arriver une soutane, aussitôt ils l'entourent et
veulent être à ses côtés, pendant la composition, afin
d'avoir un conseiller dans les cas difficiles. Ce phénomène étrange s'est reproduit pour moi, et m'a convaincu
que l'on croit les élèves ecclésiastiques au moins aussi
forts que ceux des collèges. »

Quatre mois plus tard, M. l'abbé Cognat avait une
épreuve autrement importante à affronter; il était
appelé au sous-diaconat. Quelles que soient la certitude de sa vocation, la fermeté de sa volonté et sa
confiance en Dieu, il est impossible de se résoudre à
faire un pas aussi décisif sans éprouver de secrètes
et vives appréhensions. Les présomptueux seuls le
font d'un cœur léger et sans hésitation, parce qu'ils
sont incapables de mesurer la portée de cet acte.
M. l'abbé Cognat était un esprit trop sérieux et trop
réfléchi pour ne pas trembler à la pensée de l'engage-
ment irrévocable qui allait l'enchaîner pour toujours
au service de Dieu. Mais plus on sent la grandeur du
sacrifice, plus on a de mérite à le faire, plus aussi on
est heureux de l'avoir fait. C'est ce qu'exprime excel-

lemmen M. l'abbé Cognat dans la lettre qu'il écrivit à son oncle à l'occasion de son sous-diaconat.

« Me voilà donc sous-diacre, mon très cher oncle, et devenu pour jamais l'esclave de Jésus-Christ et de son Église. Ce pas m'a coûté beaucoup ; je l'avais toujours redouté et je ne sais comment la divine Providence a réussi enfin à m'enchaîner. Mon existence désormais est lancée dans une direction dont je ne puis plus dévier. *Necessitas mihi incumbit.* Et pourtant cette vue, qui plus d'une fois m'avait effrayé et resserré le cœur, fait maintenant mon bonheur et ma plus douce consolation. Il est vrai que d'après un vieil adage, aussi vrai que trivial, tout nouveau, tout est beau. Pourtant j'espère de la grâce de Jésus-Christ que toujours je presserai avec bonheur sur ma poitrine les chaînes que l'amour a formées. Je me suis mis par la pensée dans toutes les hypothèses possibles ; j'ai envisagé la mission du prêtre sous ses couleurs les plus sombres, et je me suis convaincu qu'après tout là est le vrai bonheur. On m'a fait au séminaire la réputation de philosophe, et si la philosophie consiste à regarder la grandeur morale comme la seule grandeur, le bonheur de la vertu et du dévouement comme le seul solide et véritable, la gloire de Dieu comme la seule désirable et le salut de ses frères comme la seule ambition vraiment noble et grande, je l'avoue, j'ai toujours aimé cette philosophie-là, dès que j'ai commencé à penser et à réfléchir un peu sur moi-même et sur ce qui m'entoure. Il est vrai, c'est encore un peu de la théorie chez moi, je réalise

peu dans la pratique ces convictions de mon âme; mais
au moins dans ma faiblesse j'aime à m'en nourrir; ce
sont comme les accents d'une poésie divine, qui bercent
délicieusement mon cœur, et peut-être en restera-t-il
quelque chose quand la froide réalité viendra me
mettre en présence du devoir et du sacrifice que maintenant je ne vois que de loin. Oh ! mon cher oncle,
je ne voudrais pas passer stérile et sans vertu sur
cette terre arrosée du sang de mon Dieu ! C'est la
seule pensée qui m'ait rendu lourd et pesant le fardeau
de sous-diaconat... »

Quelques semaines plus tard, il quittait le séminaire
de Saint-Sulpice pour n'y plus rentrer, bien qu'il n'eût
pas encore terminé le cours de ses études théologiques.
Il fut atteint, pendant les vacances, d'une maladie grave
qui mit sa vie en danger. La convalescence fut longue
et le condamna à un repos complet. Au reste,
Mgr Affre avait sur lui des desseins particuliers qui
s'accordaient bien avec ce prolongement des vacances.
Il le destinait à l'École ecclésiastique des Hautes Études,
qu'il se préparait à ouvrir dans l'ancien couvent des
Carmes de la rue Vaugirard, et qu'il inaugura, en effet,
le 4 novembre 1845. Il fit part de ses intentions à l'oncle
de M. l'abbé Cognat, dans une lettre où il marquait la
plus grande sollicitude pour la santé de son neveu.
Cette lettre est un témoignage trop flatteur à l'égard de
celui qui en est l'objet, pour ne pas trouver place ici :
« J'ai appris avec bien de la peine, Monsieur le Curé,
l'accident de votre cher neveu, et avec une grande joie

l'état rassurant de sa convalescence. Je vous prie de lui dire qu'il travaille avec pleine confiance à rétablir sa santé, sans s'inquiéter du retard que va nécessiter sa maladie.

» Je désire du reste qu'à son retour votre neveu entre aux Carmes, où il pourra se préparer à la licence et terminer sa théologie. Il aura des soins plus particuliers et pour sa santé et pour son instruction théologique, littéraire et philosophique. »

Le prélat ajoutait en *post-scriptum :*

« Mille choses affectueuses à votre neveu. »

C'est de cette époque que date une des plus grandes tristesses de M. Cognat. En même temps que lui quitta le séminaire de Saint-Sulpice un ami tendrement aimé, M. Renan. Celui-là non plus ne devait pas y rentrer, mais pour d'autres motifs. Pendant que se dénouait pour lui la crise morale, qui devait aboutir à une désertion complète de la foi catholique, M. Cognat était retenu loin de Paris par les soins de sa santé. Son absence lui valut deux lettres où son malheureux ami lui révélait l'état de son âme et lui annonçait la résolution de ne pas rentrer au séminaire. Il était encore forcé de garder le lit lorsqu'il les reçut. L'une d'elles l'agita si vivement qu'il fallut la lui enlever des mains. Ces deux lettres lui servirent plus tard à rétablir contre les assertions fantaisistes de M. Renan la véritable cause de sa défection. Il en consigna une autre plus générale, mais non moins vraie, dans un cahier de notes intimes. « Je connais, écrivait-il à la date du

23 mai 1847, un esprit très distingué, une âme pure de vices, qui aime la vérité, qui la cherche et s'en éloigne chaque jour. J'en gémis devant Dieu, parce que je l'aime, mais je ne puis m'empêcher de reconnaître que l'orgueil le perd et peut-être hélas sans retour. » Il cite à l'appui de cette réflexion ces paroles de saint Augustin, qui s'appliquent parfaitement au cas de M. Renan et de tant d'autres de nos contemporains : *Dei gratiam et ipsi philosophi mererentur, nisi elati inflatique superbia, inaniter conarentur istam vitam beatam ipsi sibi facere quod solus Deus veraciter cultoribus suis post hanc vitam se largiturum esse promisit... Nam quædam acutissima et excellentissima ingenia tanto in majores errores ierunt, quanto præfidentius tanquam suis viribus cucurrerunt, nec suppliciter nec veraciter Deum, ut sibi viam ostenderet, petiverunt.* (Saint Augustin, *Ep.* 155.) Les philosophes eux-mêmes mériteraient la grâce de Dieu, si, enflés d'un vain orgueil, ils ne stérilisaient pas leurs efforts à se forger dans cette vie un bonheur, que Dieu seul, dont la parole ne trompe pas, a promis d'accorder après cette vie à ceux qui l'honorent... Car on a vu de fins et excellents esprits tomber dans des erreurs d'autant plus grandes qu'ils ont eu plus de confiance à courir comme de leurs propres forces, et n'ont pas demandé à Dieu, avec de sincères supplications, de leur montrer la voie. »

M. Cognat passa deux années aux Carmes. Il y mena de front l'étude de la théologie et la préparation de la licence. Il se présenta aux épreuves de cet examen dans le courant du mois d'avril 1847. Voici avec quelle joie naïve il écrivit son succès à son oncle.

« Je me hâte de vous annoncer, avant que vous l'appreniez par les journaux, un événement, qui, j'en suis sûr, vous fera le plus grand plaisir. Vous ne vous doutez pas sans doute de quoi il s'agit, ni à quoi doit aboutir tout ce préambule. Le voici en deux mots : je suis licencié ès-lettres. Vous voilà bien étonné, aussi étonné que moi. Cependant rien de plus historique, je suis licencié dans toutes les formes, et les murs de la Sorbonne pourraient au besoin vous attester avec le diplôme, qui me sera bientôt délivré, que, depuis mercredi 7 avril jusqu'au 11 du même mois, j'ai subi les épreuves terribles de cet épouvantail universitaire. Nous étions trente-quatre candidats ; quinze seulement ont été admis à l'examen oral et treize sont sortis vainqueurs du combat. J'ai été le 3ᵉ reçu par rang de mérite... C'est un succès pour la maison d'avoir vu recevoir tous ceux qu'elle a présentés. M. Cruice est au comble de la joie, Monseigneur est lui-même fort content. Il m'a reçu avec beaucoup de bonté, quand je suis allé lui porter cette nouvelle. Il nous a congédiés après un assez long entretien, où il nous a parlé comme un père et nous a donné pour souvenir l'un de ses ouvrages avec sa signature. »

Quelques mois le séparaient de son ordination sacerdotale. Délivré des préoccupations de son examen de licence, il partagea son temps entre les soins d'une classe qui lui fut confiée et la préparation de son sacerdoce. Le moment vint enfin de se présenter à l'onction du Pontife. Le jour heureux entre tous, objet de tous les désirs de sa jeunesse, but suprême de ses espérances d'enfant, combla son âme d'une joie profonde, de délices célestes, que ceux-là seuls connaissent qui les ont éprouvées. Mais il n'oublia pas les obligations graves que Jésus-Christ impose à ses prêtres en échange de ses faveurs. Il les médita sérieusement avant de les assumer, et il les consigna par écrit afin d'en rafraîchir souvent sa mémoire. Je rapporte ici ses réflexions, parce qu'elles sont le programme qu'il s'est efforcé de suivre et qu'elles montrent la haute idée qu'il se faisait de la vie sacerdotale :

« Il y a parmi les hommes trois règles de conduite : la passion, la raison, la foi. Se conduire par passion, c'est renoncer à la nature et à la condition d'être raisonnable. N'avoir d'autre règle, ne vouloir d'autre règle que la raison, c'est s'exposer à des erreurs, à des illusions sans nombre. Il n'y a pour l'homme qu'un moyen d'être juste en tout et partout, autant qu'il est donné de l'être à la faiblesse de la nature humaine, c'est la foi. Toute autre règle de morale que l'Évangile est ou criminelle ou incomplète et insuffisante. C'est à cette divine foi que je dévoue ma vie et mon existence en entrant dans la tribu sacerdotale, cette nation sainte, ce peuple de conquête que Jésus-Christ a laissé sur la terre pour y continuer son œuvre.

Comment prêcher la foi qui seule peut sauver le monde, même au point de vue temporel, si je ne la pratique pas moi-même, si je n'en fais pas la règle de ma conduite. Je ne dois ni ne puis raisonnablement me mettre en contradiction avec ma vocation. Le Prêtre c'est Jésus-Christ perpétué visiblement dans sa doctrine, dans sa morale. Si je fais un mélange sacrilège dans mes croyances et ma conduite de ce qui est de Jésus-Christ et de ce qui est d'ailleurs, je ne suis pas prêtre. Il ne s'agit pas d'être éclectique en fait de christianisme. Il faut prendre tout ou tout laisser. Mon Dieu, mon Sauveur et mon Père, je crois fermement que vous êtes la voie, la vérité et la vie. Je veux être votre disciple, non pas un disciple incomplet qui prend et laisse dans les enseignements de son maître, mais qui accepte tout sans reculer devant les conséquences. Ainsi par exemple vous avez dit : *Unum est necessarium*, je crois fermement cette vérité et avec votre grâce je veux la pratiquer. Vous avez dit : *Bonus pastor animam suam dat pro ovibus suis*. Dès ce moment j'adhère à cet oracle, je prends la résolution d'en faire la règle de ma conduite vis-à-vis des âmes que vous daignerez confier à mon ministère. Je ne m'appartiens plus, j'appartiens à Jésus-Christ, qui m'a tiré de la poussière pour me placer parmi les princes de son peuple. *Justus ex fide vivit* : le juste vit de la foi. Son royaume, ses prétentions ne sont donc plus de ce monde. Je ne dois donc rien espérer ici-bas. Ce n'est pas ici-bas qu'est ma récompense. *Videmus nunc per*

speculum et in œnigmate ; nunc autem facie ad faciem.
Dans le ciel, et dans le ciel seulement est la récompense, le repos, le bonheur. Tout ce qui est du monde
visible, tout ce qui appartient à ce monde visible n'est
point mon héritage. Or le monde n'a que trois espèces
de biens à donner, si l'on peut donner le nom de biens
à des choses qui trompent, qui meurent et font mourir : la jouissance des sens par les plaisirs du corps,
la jouissance de l'orgueil par les honneurs et la réputation, la jouissance de la possession par les richesses et l'argent. Je dois pour suivre Jésus-Christ,
ma voie, ma vérité et ma vie, pour avoir droit à mon
héritage céleste, renoncer à toutes ces choses qu'il a
maudites, parce qu'elles corrompent l'âme et éloignent
de Dieu ; je dois être pur et mortifié, pauvre et dénué
de richesses, humble et sans ambition. »

Tout serait à citer dans ces notes intimes relatives
à son ordination ; mais il faut se borner. Les lignes
qui suivent, les résument toutes. M. Cognat les a écrites
après la cérémonie de l'ordination :

« O mon Dieu, c'en est fait, je suis prêtre pour l'éternité. L'onction sainte a consacré mes mains et le caractère sacerdotal a été imprimé en mon âme en caractère
ineffaçable. O mon Dieu, prêtre depuis quelques instants, je me jette à vos pieds, je vous demande au nom
de Jésus, votre fils, par l'intercession de Marie, votre
Mère et la mienne, de ne pas permettre que le fardeau
du sacerdoce qui m'a été imposé, soit un fardeau inutile. Je ne vois pas de malheur comparable à celui

d'être inutile à votre gloire, ô mon Dieu, quand on a entre les mains la vie et la mort. O Dieu qu'ai-je au ciel et que désiré-je sur la terre, si ce n'est vous, ô le Dieu de mon cœur et mon Dieu pour l'éternité! Jésus, je vous aime, je me consacre de nouveau à vous! ma vie, c'est vous, ma gloire, c'est votre gloire; vous êtes mon tout pour le temps et pour l'éternité: »

Une vie, s'inspirant de si nobles sentiments, de pensées si profondément chrétiennes, ne pouvait être qu'une vie hautement sacerdotale, et tel fut le caractère constant de celle de M. l'abbé Cognat.

CHAPITRE III

L'heure était venue pour M. Cognat d'entrer dans les
fonctions du ministère sacerdotal. Elles sont de deux
sortes : les unes, plus actives, ont pour objet la sanctification des âmes par l'administration des sacrements
et par la prédication ; les autres, plus spécialement intellectuelles, ont pour objet l'enseignement à ses
degrés divers. Les fortes études de M. Cognat le dési-
gnaient tout naturellement pour celles-ci, et le stage
qu'il y fit, acheva de le préparer à exercer les autres
avec distinction.

Le prêtre est avant tout l'homme de Dieu, ayant la
sublime mission de relier la terre au ciel par la chaîne

d'or de la prière. Son état est donc par excellence un état saint. Il doit y apporter une pureté absolue de mœurs, une piété sincère et éclairée, un grand esprit d'abnégation et de dévouement, un amour de Dieu et des hommes, allant, s'il le faut, jusqu'au sacrifice de lui-même. Chargé de travailler à la sanctification des âmes, comment le ferait-il efficacement, s'il n'était pas lui-même saint? Sans doute c'est Dieu qui sanctifie; le prêtre n'est que l'instrument de sa grâce; mais il fait souvent dépendre sa grâce de son instrument. Le plus grand génie, avec ses seules lumières, échouera là où un prêtre, moins éclairé, mais d'une vertu éminente, opérera des merveilles. Voilà pourquoi le prêtre doit avoir plus de souci de sa sanctification personnelle que de l'acquisition des connaissances humaines et plus compter sur le secours de Dieu que sur son propre mérite; un prêtre saint, mais ignorant, vaut toujours incomparablement mieux qu'un prêtre instruit sans piété.

Gardons-nous cependant de penser, sur ce beau prétexte, que la piété suffit communément au prêtre, et que la science est pour lui un bien superflu, sinon un avantage dangereux. Sans doute Jésus-Christ a choisi, pour propager ses doctrines, ce qu'il y avait de plus faible au monde, des esprits simples et grossiers ; mais c'était le temps des miracles, et son dessein de confondre la sagesse des hommes par la folie de la croix, afin de ne laisser apparaître dans son œuvre que l'action divine. Il a renouvelé encore ces prodiges dans le cours

des siècles et il ne cesse de les renouveler au sein de
son Église, lorsque l'intérêt des âmes l'exige. Mais depuis ces lointaines origines et à part ces cas particuliers, il n'a pas dédaigné d'associer à son œuvre les
lumières de la raison et les ressources de la science.
Pour combattre les hérésies et faire triompher l'Evangile de leurs attaques, Dieu a suscité, aux premiers siècles de l'Eglise, une pléïade de puissants esprits, qui,
armés du double glaive du génie et de la vertu, ont
défendu victorieusement la vérité contre ces sacrilèges
novateurs, et depuis ces temps glorieux, des légions de
docteurs se sont transmis de main en main, jusqu'à nos
jours, le flambeau de la science sacrée et profane. Le
prêtre, disciple de ces grands hommes et de ces grands
saints, doit s'inspirer de leurs exemples, et, en même
temps qu'il vise à la sainteté, il doit enrichir son esprit
de toutes les connaissances propres à donner de l'effica-
cité et même, s'il le peut, de l'éclat à son ministère, non
pas dans la sotte et coupable pensée de s'en attribuer
la gloire, mais pour la faire rejaillir sur l'Église. Crain-
drait-on que la science nuisît à la piété ! Non, la piété
sera d'autant plus solide et profonde qu'elle sera plus
éclairée, et son action d'autant plus puissante, qu'elle
s'appuiera sur une plus ferme raison. La science
enfle, dit-on ; oui, la science sans Dieu, mais celle qui
a son principe en Dieu, a son contrepoids dans la
piété ; et cette science porte plutôt à l'humilité qu'à
l'orgueil. Je crois d'ailleurs que le vent enfle plus
encore que la science, et qu'une piété qui affecte de

mépriser la science n'est peut-être pas exempt d'orgueil. L'épi, quand il est plein, baisse la tête; quand il est vide, il la lève superbement.

C'est surtout dans les temps troublés, comme le nôtre, que le prêtre doit être orné de science. La science jouit d'un tel crédit auprès de nos contemporains, qu'ils ne jurent que par elle. Et, chose plus grave, ils l'ont tellement accaparée à leur profit, tellement laïcisée, si je puis dire, qu'ils en ont fait l'antithèse de la foi, et sont parvenus à la présenter à la foule avec ce caractère menteur. De là, pour le prêtre du xixe siècle, la nécessité impérieuse de ne pas se contenter d'une instruction superficielle, mais de devenir au moins l'égal, par la science, des contempteurs de la foi, pour que ses ennemis ne puissent mettre sa croyance sur le compte de son ignorance. Il doit être à même de déjouer leurs sophismes, de réfuter leurs erreurs et d'amener les fidèles à avoir confiance en ses lumières. Et comme notre siècle, malgré ses prétentions scientifiques, est un siècle superficiel et léger, qu'il a l'oreille délicate et n'accorde son audience qu'à ceux qui parlent bien ; le héraut de l'Évangile ne doit pas dédaigner de condescendre à cette faiblesse et de lui servir la vérité dans un langage qui lui plaise, sans se départir jamais cependant de la décence et du bon goût. C'est bien souvent le seul avantage des ennemis de l'Église ; il importe de le leur ravir et de le faire tourner au profit de la bonne cause.

M. l'abbé Cognat entrevit de bonne heure ces vérités, et, avant qu'il ait eu l'occasion d'y réfléchir, il dut à sa docilité, comme nous l'avons vu jusqu'ici, de se préparer de la bonne manière à être un jour un prêtre vraiment utile. Lorsqu'il connut mieux les conditions du ministère sacerdotal, qu'il put se rendre mieux compte des besoins et des périls de notre temps, il sentit plus que jamais combien l'Église avait besoin de prêtres pieux et solidement instruits, et il résolut d'en être un. Aussi accueillit-il avec joie la proposition qui lui fut faite d'enseigner la philosophie au petit séminaire de Notre-Dame des Champs. Enseigner, c'est apprendre deux fois, dit-on. Il entendit bien que cet adage ne fût pas vain pour lui.

De fait l'enseignement est un excellent apprentissage pour le prêtre et il serait désirable que tous eussent le goût et la possibilité de passer par cette excellente discipline. Non seulement il fortifie et étend les connaissances en forçant à revoir pour l'enseigner ce qu'on a déjà appris, mais il trempe encore plus vigoureusement l'esprit, lui donne de la précision, l'habitue à la réflexion, lui forme un jugement sain, au contact journalier des grands écrivains et des grands penseurs, qu'on goûte avec d'autant plus de profit qu'on les étudie avec plus de maturité. Et puis on contracte, dans le milieu studieux d'une maison d'éducation, des habitudes de travail qu'on porte partout et qui décuplent le temps ; on entreprend un ensemble d'études sérieuses d'histoire ou d'Ecriture sainte, ou de patristique, etc., qui viennent quelquefois se condenser en un ouvrage intéressant, mais qui, dans tous les cas, donnent une valeur réelle à celui qui les a faites.

C'est dans de semblables dispositions que M. l'abbé Cognat vint prendre possession de sa chaire de philosophie au petit séminaire de Notre-Dame des Champs. Cette maison avait reçu l'héritage du petit séminaire de Saint-Nicolas du Chardonnet. Celui-ci était devenu trop petit pour le nombre toujours croissant de ses élèves; les cours, trop resserrées entre les bâtiments, manquaient d'air et d'espace. L'administration diocésaine se résolut donc à le transporter dans un local plus vaste et plus aéré. C'est ainsi que la maison de Notre-Dame des Champs devint l'unique petit séminaire de Paris. Quelques anciens élèves de Saint-Nicolas s'attachèrent à ses débris et tentèrent de le sauver d'une ruine totale, en attendant des jours meilleurs où l'on pourrait le restaurer. Leurs espérances ne furent pas vaines; grâce à leurs efforts, leur chère maison s'est relevée et bien qu'elle n'ait pu pendant longtemps s'affranchir d'une sorte de vasselage vis-à-vis du petit séminaire de Notre-Dame des Champs, elle n'en est pas moins aujourd'hui dans un état très prospère.

Le petit séminaire de Paris, passant de Saint-Nicolas du Chardonnet à Notre-Dame des Champs, altéra légèrement l'esprit primitif de l'ancienne maison, ou plutôt continua les traditions de M. l'abbé Dupanloup. Il n'admettait pas exclusivement que des élèves ecclésiastiques; il était accessible aux familles, qui voulaient avant tout pour leurs enfants une éducation chrétienne. De là son caractère de maison mixte. Une conséquence de ce nouvel état de choses fut l'adjonction aux classes littéraires du cours de philosophie, que n'avait pas l'ancien Saint-Nicolas. Cette chaire, fondée sous M. l'abbé Millault, le digne collaborateur de Mgr Dupanloup, son successeur immédiat dans les fonctions de supérieur, aujourd'hui curé de l'église de Saint-Roch, fut illustrée par Mgr Darboy, qui l'occupa avec distinction pendant un an, à ses débuts dans le diocèse de Paris. C'est cette chaire qui fut confiée à M. l'abbé Cognat; il y professa de l'année 1849 à l'année 1852.

La philosophie qu'il enseigna ne se distingue guère de celle qui s'enseignait alors dans les grands séminaires, de celle même qu'il avait étudiée avec M. Gothofray à Issy, et qui n'est guère autre chose que la philosophie scolastique. Sur la fin de sa vie, en plusieurs circonstances, il parut être un tenant du cartésianisme. Cependant son enseignement ne rappelle cette doctrine que pour la combattre. Ainsi son cours ne brilla point par l'originalité de la doctrine, originalité qui est un mérite fort problématique — mais par la distinction et la lucidité de l'exposition qui est bien de lui. Il empruntait à la philosophie scolastique le fond de son enseignement, et il le présentait à ses élèves sous une forme personnelle. C'est merveille de voir avec quel soin il préparait ses classes; il ne livrait rien au hasard de l'improvisation; il écrivait intégralement tout son cours. Il était sûr ainsi de donner un enseigne-

ment sérieux, intéressant, et de le donner d'une manière utile pour ses élèves. Ceux-ci lui rendirent en
affection ce qu'il leur donnait en dévouement ; touchant échange de bons procédés qui font autant d'honneur aux élèves qu'au maître et auquel le maître était
fort sensible ! Il s'en ouvre avec abandon dans une de
ses lettres :

« Ma petite classe est composée de l'élite de la rhétorique de l'année dernière. Nous n'avons gardé que
les élèves laïques et ceux que nous destinons à l'école
des Carmes. Je suis un peu comme le hibou du bon
La Fontaine, et je trouve que *mes petits sont mignons,
beaux, bien faits et jolis sur tous leurs compagnons.* Ce
qu'il y a de certain, c'est que nous faisons bon ménage :
ils se disent contents de moi, et moi je me déclare
enchanté d'eux. Les matières philosophiques me
plaisent beaucoup, vous le savez, et je crois, sans vanité, que Dieu m'a donné un peu d'aptitude pour les
cultiver, sinon avec éclat, au moins avec fruit. »

Un de ses prédécesseurs dont nous venons de parler,
M. l'abbé Darboy, avait rompu avec la tradition : il enseignait la philosophie en français. M. Cognat, esprit
sans doute plus timoré, ne crut pas devoir suivre cet
exemple. Il revint au latin, ou du moins il rédigea ses
cours en cette langue, ne recourant au français que
pour l'exposition et la réfutation des systèmes philosophiques modernes ou étrangers. Peut-on inférer de là
qu'il faisait son cours en latin? C'est au moins une
présomption induisant à le supposer.

M. l'abbé Cognat n'attachait pas moins d'importance et n'apportait pas moins de soins à l'accomplissement d'autres devoirs qui incombaient tour à tour à tous les professeurs de la maison. Ses instructions de catéchisme étaient préparées avec le sérieux que comporte un si grave enseignement. Il eut à traiter les sujets les plus variés et les plus importants de la religion, tels que ceux-ci : *Divinité de Jésus-Christ prouvée par les vertus qu'il a pratiquées pendant sa vie, — Caractères distinctifs de la véritable Église, — Unité de l'Église catholique, Catholicité de l'Église.* Quelques-uns même étaient entièrement philosophiques, tels que les suivants : *Du rationalisme allemand, — Du crime de l'indifférence philosophique en matière de religion.* De tels sujets présentaient un danger, ils invitaient à faire étalage d'érudition. M. Cognat sut résister à la tentation, ou plutôt son ferme bon sens l'y rendait inaccessible. Sa grande préoccupation était de se mettre à la portée de son jeune auditoire, tout en traitant la question à fond. Ses instructions furent remarquables par la netteté de la pensée, la limpidité du style, l'heureuse disposition des parties et la force des arguments. Cet ensemble de précieuses qualités ne contribuait pas médiocrement au vif intérêt qu'elles excitaient.

M. Cognat était d'humeur facile avec ses collègues, sinon d'un caractère toujours accommodant, mais les aspérités de son tempérament s'alliaient à une bienveillance qui les faisait promptement oublier. Quiconque l'a connu a été frappé de son air de bonté toute paternelle. Elle parut avec éclat dans une circonstance particulière de sa vie de professeur. Son extérieur peu avantageux avait produit sur les élèves la même impression qu'autrefois sur ses condisciples. La distinction de son esprit et l'aménité de son caractère l'avaient bien vite effacée; mais elle reparaissait de temps à autre. Un jour à la lecture spirituelle, le supérieur, oubliant que son professeur de philosophie était présent, laissa échapper un mot malheureux que l'esprit malicieux des élèves ne manqua pas d'appliquer à M. Cognat. Il s'éleva dans l'assistance un rire irrévérencieux à son adresse; tous les regards étaient tournés vers lui. Il fit bonne contenance ; il eut l'air de ne pas comprendre le sens de cette émotion inaccoutumée; le calme se rétablit aussitôt. Il en fut si peu affecté qu'il n'en dit mot à personne et ne demanda aucuns sévices contre les élèves, comme il était en droit de le faire.

Le travail de sa classe ne l'absorbait pas tout entier; il lui restait encore des loisirs. Il les employa à ses études personnelles, et, en particulier, à la préparation de son doctorat. Mgr Dupanloup, qui lui portait autant d'intérêt que d'affection, le pressait vivement à affronter les épreuves de cet examen. « Il est essentiel, lui écrivait-il à la date du 13 novembre 1851, de vous réserver, en dehors de votre enseignement et de votre classe, tout le temps qui vous est nécessaire pour la préparation de votre doctorat, qu'il faut absolument passer le plus tôt possible, afin que votre carrière soit achevée, et que vous puissiez, une fois docteur, vous

tourner du côté où il plaira à Dieu de vous appeler. »
Dans une autre lettre, antérieure à la précédente, le
prélat lui demandait quel sujet de thèse il avait choisi
et lui proposait à tout hasard la question des auteurs
latins, païens ou chrétiens. Le sujet était bien vaste,
il prêtait aussi beaucoup à la polémique. A ce double
titre, il devait être écarté. D'ailleurs, le seul moyen de
faire une thèse sérieuse et de valeur, c'est de choisir,
dans l'ensemble de ses études habituelles, l'idée ou le
fait le plus saillant, et de faire converger sur ce point
unique et central, comme autant de rayons lumineux,
tous les résultats de ses recherches et de ses méditations. Dans ce cas, le sujet de thèse n'est pas difficile à
trouver. Il se détache de lui-même et sans effort de cet
amas de documents, comme le fruit mûr de l'arbre qui
le porte. Mais une thèse faite sur commande et sur un
sujet donné ne peut produire rien qui vaille, sinon
beaucoup de peines et de cuisantes déceptions à son
auteur. M. Cognat le comprit et il s'arrêta au seul
parti qu'il fût sage de prendre.

Il avait un goût très prononcé pour la philosophie :
il l'avait beaucoup étudiée et il l'enseignait. Il était
donc tout indiqué qu'il dût traiter un sujet philosophique. Son choix tomba sur un philosophe platonicien de
l'école d'Alexandrie, Clément, né dans le paganisme et
converti à la religion chrétienne, dont il devint un illustre défenseur au IIe siècle. Il étudia à l'occasion des
ouvrages de cet écrivain, *les Stromates*, la question de
l'accord de la foi et de la raison. Ce sujet était à peu

près inexploré alors ; il pouvait tenter la plume de
M. l'abbé Cognat. Il se mit courageusement à l'œuvre ;
la carrière à parcourir était longue ; tous ses loisirs
étaient consacrés à compulser, non seulement les ouvrages de ce docteur, mais encore tous ceux qui, de
près ou de loin, pouvaient le renseigner sur le temps,
le milieu où il avait vécu, sur les circonstances qui
avaient donné naissance à ses écrits : vaste enquête,
dont la poursuite demandait un fonds respectable
d'érudition première, une grande pénétration d'esprit,
un jugement sain et beaucoup de labeurs. M. Cognat
avait tout cela. Aussi prit-il cœur à son travail, et l'intérêt le soutint contre toute lassitude et les difficultés
qui le forcèrent à l'interrompre. « Pour moi, écrivait-il
au plus fort de ses recherches, je réussis fort bien à me
porter admirablement. Je travaille comme un homme
qui prend son temps et compte sur l'avenir. Mes jours
s'écoulent au coin du feu ; je devise avec Clément
d'Alexandrie sur les rapports de la raison et de la foi, de
la science et de la religion. Je prends goût à cette conversation avec les anciens et je ne m'aperçois que je suis
de ce monde qu'au soin que prend M. X... de me le rappeler en m'invitant quelquefois à ses soirées et à ses
dîners. » Pendant toute cette période de son travail pré-
liminaire, il fit une ample moisson de textes tirés des
écrits de Clément d'Alexandrie, et ces matériaux s'a-
massèrent avec ordre et méthode dans plusieurs
cahiers, où il lui fut facile de les retrouver, lorsqu'il put
mettre la main à la rédaction définitive de son étude.

Le temps lui manqua, en effet, pour le mener à terme durant son séjour au petit séminaire. Il avait beau être économe de ses heures inoccupées ; les exigences multiples d'une maison, où les professeurs doivent payer de leur personne en dehors de leurs classes, les rendaient rares et brèves. De telles études, d'ailleurs, s'accommodent mal du partage de l'esprit ; elles le demandent tout entier. Cette insuffisance de loisirs le préoccupait beaucoup ; il y voyait un écueil pour l'exécution de son œuvre caressée. Les lettres datées de cette époque expriment un certain malaise qui provient sans doute de cette impossibilité de hâter la composition de sa thèse. C'est ce que laisse entendre une lettre, que lui écrivit Mgr Dupanloup en réponse à celle où M. Cognat lui faisait part de ses ennuis. « Vous comprenez, lui disait-il, et vous savez à quel point je compatis à vos peines ; mais je crois que vous n'avez en ce moment qu'une chose à faire ; c'est de demeurer au petit séminaire dans les conditions qui vous sont imposées et d'y remplir de votre mieux possible vos fonctions de professeur de philosophie, et celles qui vous seraient confiées par surcroît.

« Je ne vous en dis pas davantage, ajoute-t-il. Vous savez mon cœur pour vous et la part que je prends à des peines que je sais être les plus sensibles qu'on puisse avoir en ce monde. » La ligne de conduite, que l'évêque d'Orléans lui traçait en terminant, indique assez clairement la nature des peines et des griefs de M. Cognat.

L'intérêt que Mgr Dupanloup lui exprimait dans cette lettre n'était pas une simple condoléance ou une de ces formules banales de politesse, dont on se sert pour se débarrasser d'un importun, sans le froisser. C'était une sincère affection qui s'affirma plus d'une fois par des actes et particulièrement en cette circonstance. Il le prie de le venir voir à Orléans pour l'entretenir de tout ce qui l'intéresse. Dans l'intervalle, M. Cognat, las de lutter contre les difficultés qui encombraient sa voie, avait résolu d'entrer aux Carmes pour consacrer tout son temps à la préparation de son doctorat. Il soumit son dessein à Mgr Dupanloup qui l'approuva fort « et me traita, dit-il, avec cette bonté et cette paternité qui le caractérisent. » Son départ du petit séminaire fut donc décidé. Restait à le faire agréer du supérieur. M. Millault entra de bonne grâce dans ses vues, le laissa partir un mois plus tôt qu'il ne le demandait, lui maintint ses droits d'ancienneté, et lui facilita les moyens de faire face à ses dépenses.

Tout paraissait donc sourire à ses projets, et cependant ses lettres de cette époque sont empreintes de tristesse et accusent une certaine inquiétude. On sent une âme qui n'est pas à l'aise, et semble encore incertaine de sa voie. « Une fois docteur, je ne sais quelle détermination je prendrai ; *Deus providebit*. Ce qu'il y a de certain, c'est qu'il me restera toujours un refuge à Orléans et peut-être aussi à Belley. Mais ce sont là des pis-aller auxquels je n'aurais recours que dans une nécessité extrême.

« Ma classe est fort nombreuse, j'ai seize élèves.
C'est en ce moment avec mes livres ma seule consolation. »

Ces paroles indiquent assurément une profonde
souffrance morale. Mais on voit que M. Cognat savait
y faire diversion par ses livres, qui donnent à leurs
amis de si grandes jouissances dans la prospérité, de
si douces consolations dans l'épreuve, et qu'il oubliait
aisément son chagrin au milieu de ses élèves : preuve
nouvelle des liens d'affection qui l'unissaient à eux. Son
séjour aux Carmes ne fut pas long. Celui qui a été sa
Providence, tant qu'il a vécu, Mgr Dupanloup, travail-
lait activement pour lui. Son projet était de lui confier
la direction du journal « *l'Ami de la Religion.* » Il est
probable que le prélat avait jeté depuis longtemps les
yeux sur M. Cognat pour cette œuvre, ce qui n'est pas
un mince honneur, et c'est sans doute pour cela qu'il
l'exhortait avec de si vives instances à préparer son
doctorat, ce titre devant couronner sa carrière et lui
donner plus d'autorité. Mais quand il vit le découragement de M. Cognat, les obstacles qui encombraient sa
route et ralentissaient sa marche, il prit le parti de
couper court à toutes les difficultés en brusquant la
situation. Il exposa son projet à M. Cognat, qui s'empressa d'y donner les mains, et aussitôt des démarches
furent faites dans ce sens auprès de l'archevêque de
Paris. Elles ne tardèrent pas à aboutir au résultat
désiré, et le 7 mai 1852, M. Cognat recevait cette lettre
de Mgr Dupanloup :

« Mon cher ami,

» Je reçois une bien bonne lettre de Mgr de Paris. Voici ses propres paroles : Il ne veut pas vous donner votre excorporation de peur que l'*Ami de la Religion* ne vous perde ; mais il vous donnera un *exeat* : ce que je regarde moi-même comme assurément très préférable.

Voici ses paroles elles-mêmes.

« M. Cognat sera complètement à votre disposition » au moyen d'un *exeat* : une excorporation pour Belley, » pourrait nous l'enlever à tous les deux.

» Vous voyez donc, mon ami, que l'affaire, si elle n'est pas absolument finie, est au moins en très bon train. Il faut avoir cet *exeat* le plus tôt possible. Il est extrêmement probable que j'irai à Paris mercredi prochain. Vous viendrez me prendre au chemin de fer à 2 h. 40 min. et nous tâcherons de finir l'affaire immédiatement.

» Si vous voyez Mgr l'archevêque d'ici là, vous savez au moins dans quels termes précis vous vous trouvez.

» J'ai bien béni Dieu de cette conclusion,

» Tout à vous bien tendrement en N.-S.

» † Félix, *Évêque d'Orléans.* »

Conformément au conseil contenu dans cette lettre, M. l'abbé Cognat travailla à hâter la délivrance de son *exeat*. Il l'obtint enfin, et Mgr Sibour daigna le lui en-

voyer lui-même en l'accompagnant de quelques paroles
d'encouragement et d'affection.

« Mon cher enfant, lui écrivit-il, je vous donne un
exeat, afin d'entrer dans le dessein de Mgr l'Évêque
d'Orléans. Mais il est bien entendu que, si vous cessiez
d'être appliqué à l'objet pour lequel je vous le délivre,
vous rentreriez dans ma juridiction.

» Montrez-vous toujours digne, mon cher enfant, de
la confiance de Mgr Dupanloup, et vous serez toujours
digne aussi de la mienne et de ma tendre affection. »

† M. D. Auguste, Archevêque de Paris.

Dès qu'il fut en possession de son *exeat*, M. Cognat se
rendit auprès de Mgr Dupanloup et s'entendit définitivement avec lui sur l'affaire de l'*Ami de la Religion*.
Aussitôt il se mit en devoir de faire honneur à ses
nouvelles fonctions. On ne s'improvise pas directeur
d'un journal religieux, qui touche à tant de questions
graves, délicates et complexes. On a beau avoir du
talent; cela ne suffit pas ; il faut connaître à fond tous
les rouages d'un mécanisme aussi compliqué que celui
d'un organe de publicité, être au courant des choses
et des hommes du jour, avoir une idée nette de l'esprit
du temps, afin de pouvoir trancher les questions dé-
battues avec compétence, et les résoudre avec tact et
un jugement éclairé.

De plus, M. Cognat était un nom inconnu ; jusqu'ici il n'avait rien publié encore. Il était donc de

toute nécessité qu'il se posât au moins par quelques travaux avant qu'il se jetât tête baissée dans la mêlée ardente des polémiques. Il le comprit parfaitement, et il employa le temps qui le séparait de son entrée officielle dans la direction de « l'*Ami de la Religion* » à se faire la main par quelques vigoureux articles. C'est ce qu'il nous raconte lui-même dans une lettre du 23 octobre 1853 :

« Avant un mois, dit-il, je serai nommé officiellement directeur de « l'*Ami de la Religion* » ; mais il faut que je me fasse connaître et que je n'aie pas l'air de tomber des nues. J'écris donc des articles. Trois ont paru et ont fait une certaine sensation. Monseigneur veut que je les réunisse en brochure avec le quatrième qui va paraître mardi, pour les envoyer à tous les évêques de France et quelques cardinaux de Rome... Ils sont dirigés contre M. Bonnetty. En ce moment je m'occupe d'une série d'autres articles sur un livre du P. Cahour, et j'ai terminé ce soir le premier. — Outre ces travaux urgents, il faut que je prépare des matériaux pour les faire traiter à mes collaborateurs ; il faut que je me mette au courant des affaires de l'Église de France et de la *politique sacrée*. »

Enfin, après quelques semaines de préparation plus immédiate, il se sentit prêt à entrer dans ses nouvelles fonctions. Il succéda à l'abbé de Valette, nommé premier aumônier au lycée Napoléon. Voici en quels termes l'*Ami de la Religion,* sous la signature de M. de Riancey, présenta au public le nouveau directeur :

« M. l'abbé de Valette est remplacé, comme directeur, par M. l'abbé Cognat. Il ne nous appartient pas, on le comprend, de faire ici l'éloge du talent de notre ami et de notre collaborateur. Nos lecteurs ont, d'ailleurs, dans leurs plus récents souvenirs, les remarquables écrits de ce savant ecclésiastique sur les doctrines philosophiques de M. Cousin, sur les Annales de philosophie chrétienne, et sur les questions soulevées par M. l'abbé Gaume, lesquels ont reçu les témoignages des plus hautes approbations.

» Avec M. l'abbé Cognat, comme avec M. l'abbé de Valette, notre œuvre persévérera telle qu'on la connaît, en essayant de se fortifier davantage, tout en demeurant dans le même esprit.

» L'*Ami de la Religion* conservera avec soin cette ligne de modération, de prudence et de fermeté tout ensemble, à laquelle il s'est toujours efforcé de demeurer fidèle. Il espère s'y maintenir par la docilité la plus respectueuse et la plus dévouée envers l'Episcopat, par la soumission la plus entière, l'obéissance la plus filiale et un attachement sans réserve et sans borne au Saint-Siège. »

Nous voilà loin de la préparation paisible du doctorat, des temples sereins d'où le sage contemple superbement les humains. Le doctorat n'était plus qu'un rêve lointain ou du moins un projet définitivement ajourné. M. Cognat se trouvait lancé, sans l'avoir voulu ni recherché, dans la bataille des idées, dans une vie d'émotions journalières et de fébrile activité. Il y fit bonne contenance ; son caractère vigoureux s'accrut de nouvelles forces et son esprit acquit plus d'ampleur et plus de souplesse.

Il a défini lui-même, en termes excellents, l'idée qu'il se faisait de ses devoirs d'apologiste de la religion, en définissant le rôle même de l'apologie.

« L'apologie, dit-il dans l'Introduction de son livre *Traditionalisme et Rationalisme*, n'est pas seulement une partie essentielle de l'enseignement catholique, c'en est la partie la plus difficile et, à certains égards, la plus indéfinie et la plus ondoyante. Elle exige une connaissance approfondie non seulement du dogme, qui est immuable, et des principes constitutifs de l'Église qui ne se peuvent modifier, mais encore de la science humaine qui est progressive, des erreurs qui sont variables, des intérêts qui se déplacent avec la civilisation, avec les mœurs, les idées et les préjugés d'un temps ou d'un pays. Le champ de la théologie, quelque vaste qu'il soit, est pourtant circonscrit ; il ne sort pas de la philosophie, de l'Écriture, des symboles, de la patrologie et de la tradition. Le domaine de l'apologie n'a de limites ni dans les temps, ni dans l'espace ; il est, comme l'Église que l'apologie doit défendre, catholique, universel. Le poste de l'apologiste est sur toutes les voies qui conduisent l'homme à Dieu, pour en aplanir les obstacles et en renverser les barrières qu'y élève, dans la succession des âges, la force toujours mouvante, toujours agissante des passions et de l'erreur.

» L'apologiste catholique est donc plus encore qu'un théologien ; deux qualités lui sont essentielles : la science des principes et la connaissance non moins indispensable des besoins de l'esprit, des tendances, des erreurs de ceux à qui il s'adresse et du temps où il vit et combat. »

Bien que Mgr Dupanloup ait pris une si large part à la nomination de M. Cognat à *l'Ami de la Religion*, il refusa cependant d'être son inspirateur, et lui laissa toute la liberté de sa plume et la responsabilité de ses opinions. C'est ce qu'il lui déclara dans une lettre datée du 14 août 1852, lorsque M. Cognat l'informa qu'il acceptait définitivement la direction de l'*Ami de la Religion*, et lui demandait ses conseils.

« Mon cher ami,

« C'est une véritable satisfaction pour moi d'apprendre que vous vous chargez définitivement de la direction de l'*Ami de la Religion*; je ne doute pas que votre zèle, votre talent, vos fortes études et votre fidélité aux saines et grandes doctrines, ne vous mettent à même de travailler utilement à cette œuvre importante et de rendre par là de véritables services à l'Église.

» Je ne vous refuserai jamais, quand je le pourrai, les conseils que vous voulez bien me demander, mais n'y comptez pas trop cependant. Malgré ma bonne volonté, mon cher ami, vous devez comprendre qu'à la distance où je suis et avec les occupations qui m'accablent, il ne m'est pas possible de répondre, comme je le voudrais, à tous les désirs de votre bonne confiance. Depuis trois ans, mes pauvres yeux malades, le poids des affaires, et je dois l'ajouter, le peu de goût que j'y ai, ne m'ont pas permis de lire une seule des feuilles publiques, et sauf ces trois dernières semaines, je dois l'avouer, je n'ai pas même pu, depuis que la charge de l'Episcopat pèse sur moi, lire une seule fois l'*Ami de la Religion*; ce n'était assurément, ni l'estime ni l'affection qui me manquaient pour les rédacteurs, non plus, je puis l'ajouter, que le zèle pour la bonne cause, dont je savais qu'ils défendaient les intérêts avec cette mesure, avec cette fermeté courageuse et patiente, si digne de leur foi et de leur vertu. N'attendez donc de moi guère plus à l'avenir.

» M. Gaduel consent volontiers à travailler quelquefois pour vous, comme il l'avait fait déjà précédemment. Mais vous comprenez que c'est uniquement sous sa responsabilité. Je ne doute pas d'ailleurs que ce ne soit toujours avec cette modération et cette sûreté d'esprit que vous avez pu remarquer en lui.

» Pour moi, je ne vous donnerai aujourd'hui qu'un conseil, et il est probable que, si vous m'en demandez encore dans l'avenir, je vous donnerai toujours le même.

» Combattez pour l'autorité et pour le respect; et que jamais ni les violences auxquelles vous pouvez être exposé, ni les entraînements de la polémique, ne vous les fassent oublier.

» Ces deux grandes et saintes choses sans lesquelles

il n'y a ni société, ni religion possibles, sont hélas ! aujourd'hui indignement attaquées, et souvent par ceux-là mêmes qui devraient les défendre.

» Avant tout, le respect pour le Saint-Siège et pour son autorité suprême ; jamais une ligne, jamais un mot, jamais une pensée, de près ni de loin, qui porte l'atteinte la plus légère à cette Autorité principale, qui est le lien et la force de toutes les autres dans l'Église. Mais je n'ai rien à vous recommander à cet égard, que votre foi, votre esprit, votre cœur, votre éducation sacerdotale, ne vous aient dit avant moi.

» Je n'ai pas à vous recommander non plus de conserver le respect de l'Épiscopat : vos sentiments sur ce point me sont aussi connus, et vous sentez à cet égard tout ce qu'il faut sentir.

» Mais vos sentiments ne sont plus hélas ! les sentiments de tous ceux qui se donnent aujourd'hui si fastueusement le nom de catholiques ; le mépris public de l'Épiscopat et de ses droits les plus sacrés, les plus basses calomnies contre l'Église de France, le dénigrement acharné de ses gloires les plus pures, l'oubli le plus ingrat de ses plus grands bienfaits, sont en ce moment à l'ordre du jour parmi des hommes qui ont reçu d'elle le baptême, les enseignements de la foi, le sacerdoce même. Vous aurez donc ici une lutte à soutenir, une lutte douloureuse. Hélas ! ce n'est donc pas assez des combats du dehors, il faut les craintes et les tristesses du dedans ! Il y a les ennemis déclarés et il y a aussi les faux frères, nous dit saint Paul. Enfin que

Dieu vous donne sa sagesse : vous en aurez grand besoin.

« Pour moi, au défaut des secours que je ne pourrai
vous offrir, je prierai de tout mon cœur pour vous,
afin qu'au milieu de la défaillance générale, vous
demeuriez ferme et digne d'être véritablement nommé
l'ami de la religion.

» *Mensuram nominis imple.*

» Tout à vous en Notre-Seigneur.

» † Félix, *Évêque d'Orléans.* »

CHAPITRE IV

L'*Ami de la Religion* est avant tout un journal religieux. Il a gardé ce caractère à travers les différentes
transformations qu'il subit avec le temps. On peut
faire remonter son origine jusqu'à la Révolution. Il fut
fondé, sous le Directoire, en l'année 1786, avec le titre
d'*Annales religieuses, politiques et littéraires*, auquel
il ajouta, dans le second semestre de la même année, le
mot *catholiques*, sans doute pour se séparer plus nettement des *Constitutionnels*. Quatre ans plus tard, il
éprouvait une première transformation, et prenait le
titre d'*Annales philosophiques, morales et littéraires*,
ou suite des *Annales catholiques*. En 1804, il changea
de nouveau son titre, et ne fut plus que les *Annales
littéraires et morales*. Enfin dix ans plus tard il deve-

naît, entre les mains de M. Picot, l'*Ami de la Religion et du Roi*; puis en dernier lieu, simplement l'*Ami de la Religion, journal et revue ecclésiastique, politique et littéraire.* Ces changements de noms n'accusent pas des variations essentielles, mais seulement des nuances; il eut toujours pour objet la défense de la Religion contre les ennemis soit du dehors, soit du dedans. A travers les révolutions et les vicissitudes des temps et des partis, il demeura fidèle à son programme, contenu dans ces paroles de l'Épître aux Colossiens qu'il porte en épigraphe : « *Videte ne quis vos decipiat per philosophiam et inanem fallaciam.* (II. v. 8.) Prenez garde qu'on ne vous séduise par les faux raisonnements d'une vaine philosophie. » L'introduction, dans laquelle les rédacteurs exposèrent leur dessein, s'inspire de ces paroles. Je ne résiste pas au plaisir de la citer : « C'est à la gloire de la Religion, y disent-ils, et au triomphe des bonnes mœurs que ces Annales sont consacrées. Notre dessein est d'attacher aux vrais principes, non seulement les hommes naturellement religieux, mais les gens du monde, les philosophes eux-mêmes, en leur montrant la religion si puissante dans ses moyens, pour faire le bonheur des peuples en général et des citoyens en particulier; et néanmoins si douce, si aimable, si étrangère à tous les fanatismes, qu'ils ne puissent s'empêcher de l'aimer, de la désirer, de voir enfin en elle, ce que les sages de tous les siècles y ont vu, le premier lien des nations, le plus solide appui des lois, et le moyen le plus simple, comme le plus sûr, de rendre les hommes vertueux et heureux.

» Or, pour remplir un pareil dessein, il était nécessaire de mêler aux articles de religion, ceux d'une politique bien entendue et d'une littérature épurée. Il fallait encore varier de telle sorte nos sujets, que cet ouvrage fût constamment le recueil des principes et celui des faits les plus propres à piquer la curiosité des gens de bien et à les maintenir libres, purs et inviolables dans la foi de leurs pères et dans la soumission des lois divines et humaines.

» Tel est le but de ce journal, et ce qui doit justifier son titre d'*Annales religieuses, politiques et littéraires*, si le succès de nos travaux répond à la grandeur de notre entreprise. »

Primitivement, la rédaction était anonyme; ce n'est guère que dans la dernière période de son existence, que les rédacteurs signèrent leurs articles. Il fut longtemps mensuel; il parut ensuite deux fois, puis, trois fois par semaine, le mardi, le jeudi et le samedi, après avoir été quotidien sous la direction de M. Dupanloup. Il était publié en fascicules de quarante-huit pages, puis de seize pages in-12, enfin de vingt-quatre pages in-8°. Ces fascicules formaient plusieurs volumes chaque année. Rien n'est plus curieux que le ton, le style et le titre des articles dans les *Annales*. C'est le genre déclamatoire de la fin du xviiie siècle, mis en vogue par Rousseau, mais accentué par ses maladroits imitateurs. On n'avait pas idée de la simplicité aisée, qu'on recherche par-dessus tout aujourd'hui, et dont Voltaire cependant avait déjà donné d'excellents modèles. On y lit, par exemple, un long article sur le *Culte public en général*, divisé en plusieurs discours; un autre sur la *Spiritualité de l'âme* ; un autre sur la *Charité des Ministres de Jésus-Christ*, un autre sur l'*Examen journalier de nos actions*, ce dernier sous forme de lettre, etc. Cette forme était très fréquemment employée. Les communications des abonnés, insérées dans le journal, avaient aussi un caractère tout particulier. Tout cela donne à cette feuille, dans ses commencements, un air très prononcé d'archaïsme, qui ne manque pas de saveur. On ne connaissait pas encore le fait-divers, la chronique, le feuilleton, moyens imaginés pour allécher le lecteur et piquer sa curiosité. Mais le journal gagnait en sérieux ce qu'il perdait en futile intérêt : il n'en était ni moins lu ni moins instructif ; ce n'est pas trop s'engager que de dire qu'il en était certainement plus utile et plus moral. *L'Ami de la Religion* a tenu tout ce qu'il a promis dans son introduction ou article-programme, comme on dirait aujourd'hui. Il est peut-être le recueil le plus complet, le plus riche en documents relatifs à l'histoire de l'Église de France depuis la Révolution. Il a été l'écho de toutes les grandes questions qui se sont posées, l'historien de tous les faits importants qui se sont passés dans le cours de son existence de plus d'un demi-siècle. Il a pris part aux luttes qui ont eu pour objet la restauration du culte et le maintien de

6

l'orthodoxie contre les prêtres et les évêques constitutionnels en notre pays, et surtout il a pris vaillamment
la défense des droits de l'Église contre les prétentions
de l'État dans les questions d'enseignement, qui ont
agité la plus grande partie de ce siècle et qui sou-
lèvent encore aujourd'hui les polémiques les plus ardentes.

Celle qu'avait fait naître alors le *Ver rongeur* de
l'abbé Gaume au sujet de l'usage des auteurs païens
et chrétiens dans l'enseignement classique, n'était pas
encore éteinte, lorsque M. l'abbé Cognat prit en main
la direction de l'*Ami de la Religion*. Naturellement ce
journal s'était mêlé aux débats provoqués par cette
question, et s'était rangé parmi les partisans des auteurs païens. Son nouveau rédacteur n'eut pas à
prendre position ; elle était prise, et, par conséquent,
sa ligne de conduite toute tracée. La bataille était finie ;
il n'y avait plus que quelques derniers coups de feu,
échangés entre les vaincus battant en retraite et les
vainqueurs. Mais M. l'abbé Cognat avait pris part à la
lutte ; il avait soutenu son opinion avec sa netteté habituelle. La tactique des adversaires des auteurs profanes consistait à se donner comme les victimes de leur
dévouement au Saint-Siège. Si on s'acharnait contre
eux dans cette lutte, où ils ne furent pas heureux, il
faut bien le reconnaître, ce n'est pas à cause de leurs
sympathies pour les écrivains chrétiens, mais uniquement à cause de leur ultramontanisme ; la preuve qu'ils
en donnaient était, en effet, péremptoire, sans ré-

plique : c'est qu'ils étaient combattus à la fois par
« d'éminents prélats, des prêtres vénérables, des catholiques zélés, dont tout le monde connaît le talent
et admire la vertu, d'une part, et de l'autre par tous les
journaux impies, voltairiens, universitaires et gallicans.

Le bon sens de M. l'abbé Cognat ne se contint pas
en présence de tels arguments, et il répliqua avec une
verve et une logique qui dut embarrasser fort M. Gaume.

« Comment, s'écriait-il, M. Gaume a-t-il pu s'aveu-
gler assez pour ne pas voir la conclusion naturelle
du fait qu'il signale avec tant de complaisance ?

» S'il est vrai que tant de cardinaux, d'archevêques,
d'évêques se sont rencontrés avec les journaux impies,
voltairiens, universitaires et gallicans, dans la ré-
probation du système classique et pédagogique de
M. l'abbé Gaume, qu'est-ce que cela prouve ?

« N'est-il pas évident, — et comment M. Gaume a-t-il
pu ne pas le voir ? — que le terrain sur lequel une
telle rencontre a été possible, n'est pas, ne peut pas
être le terrain de l'impiété, du voltairianisme, etc., etc.

» Comment M. Gaume n'a-t-il pas vu que, si c'était
le terrain de l'impiété, du voltairianisme, les impies,
les voltairiens se seraient trouvés seuls contre lui sur
ce terrain, et qu'on n'y aurait pas rencontré avec eux
Leurs Éminences N.N. S.S. les cardinaux de Besançon,
de Bourges, de Lyon, de Bordeaux, N.N. S.S. les archevêques de Rouen, de Tours, les évêques de Chartres,
de Marseille, de Nevers, de Viviers, de Châlons, d'Or-

léans, de Strasbourg, etc., etc., sans parler de tant
d'autres évêques qui ont manifesté leurs sentiments
moins publiquement, quoique non moins énergiquement; ou plutôt, sans parler de l'Épiscopat tout entier, qui, maintenant les anciens programmes d'étude
dans les séminaires, a protesté en masse et de la
manière la plus éclatante contre l'absurde et *gigantesque révolution* dont M. Gaume s'est fait le prédi-
cant. »

M. l'abbé Cognat ne se contente pas de faire sentir
l'impertinence de cette tactique, il en fait ressortir
l'énormité.

» Comment n'a-t-il pas senti ce qu'il y avait de coupable dans ce rapprochement fait à plusieurs reprises
et de propos délibéré entre des voltairiens et des
évêques? Comment n'a-t-il pas rougi de donner à entendre par ce rapprochement qu'il y a entre les sentiments des uns et l'approbation des autres sur cette
question, une secrète et pernicieuse affinité? De quel
droit ose-t-il faire une telle injure à nos pères dans la
foi ?... »

Puis il enferme son adversaire dans les serres de ce
gênant dilemme :... Ou bien M. Gaume pense que
N. N. S.S. les évêques ont aperçu cette affinité de leurs
sentiments avec l'impiété, le voltairianisme, ou bien il
pense qu'ils ne l'ont point aperçue.

« Dans le premier cas, ils seraient des prévarica-
teurs; dans le second, des aveugles.

» M. l'abbé Gaume a trop de conscience pour ad-

mettre la première hypothèse, et à Dieu ne plaise que
nous voulions la lui imputer.

» Mais pourquoi faut-il qu'il ait assez de confiance
en son propre esprit et assez peu de respect envers
l'Épiscopat, pour supposer et insinuer dans l'esprit
de ses lecteurs, la seconde hypothèse? »

Il faut avouer qu'il n'était pas facile de sortir de là;
mais M. Cognat alla plus au fond des choses et montra
ce qu'en dernière analyse il y avait au fond de tout
cela, c'est-à-dire pas autre chose que la tactique éternelle des partis.

« On attaque le bon sens sur tous les points, dit-il,
en littérature, en histoire, en philosophie, en morale,
et l'on trouve habile, par une détestable insinuation, de
confondre tous ses adversaires les plus respectables,
sans excepter l'Épiscopat lui-même, avec les ennemis
de Dieu et de l'Eglise, parce que, dit-on, ils se rencon-
trent avec les ennemis de Dieu et de l'Eglise sur le
même terrain.

« Et l'on espère intimider ainsi les religieux défenseurs du bon sens, et leur imposer au moins le silence!

« Franchement, la manœuvre est étrange. Quoi!
parce que vous ne garderez aucune mesure, parce que
vous donnerez à l'histoire les plus incroyables démentis, parce que vous outragerez le bon sens en même
temps que nos évêques, parce que vous soulèverez
par vos observations une clameur universelle contre
vous, il faudra nous taire! Nous devrons renoncer à
défendre la raison, parce que vous l'attaquez; ou bien

vous nous direz des injures, vous nous accuserez
d'être d'accord avec les ennemis de Dieu et de l'Église !

« A ce compte, plus vous diriez d'absurdités, plus
vous seriez inattaquable, et votre inviolabilité serait
dans l'énormité même de vos erreurs.

« Ainsi, parce qu'il vous a plu de dire que deux et
deux font cinq, nous ne pourrions pas dire que deux
et deux font quatre, parce que le siècle et les universitaires sont de notre avis contre vous, et que cela est un
scandale ! »

Et il pousse ce raisonnement par l'absurde jusqu'à
ses dernières conséquences, tournant et retournant le
poignard dans la plaie de son adversaire.

Il revient sur le même sujet dans le numéro suivant
de l'*Ami de la Religion*, et son indignation, poussée à
bout par la persévérance de son contradicteur dans
les mêmes affirmations, atteint à des mouvements
d'une véritable éloquence.

« Nous le disons avec une profonde douleur : porter
avec une telle obstination au tribunal de l'opinion publique une accusation qui atteint aussi manifestement
nos premiers pasteurs, c'est fouler aux pieds les intérêts les plus sacrés de la vérité et du respect au profit
d'une déplorable tactique.

« Les évêques français ne sont pas dévoués au Saint-
Siège ! Quel n'a pas dû être, à cette nouvelle étrange,
l'étonnement, je ne dirai pas de la France, mais du
monde catholique tout entier, mais du pontife bien-
aimé qui règne aujourd'hui avec la triple couronne de

la bonté, de la sainteté et du malheur, sur la chaire immuable de saint Pierre ?...

» Les évêques français sont d'accord avec les ennemis du Saint-Siege ! Mais quand vit-on jamais, je ne dis pas en France, je ne dis pas en Europe, mais dans tous les temps et dans tous les lieux, un épiscopat plus franchement, plus ouvertement dévoué au Père commun des fidèles, plus empressé à lui donner dans la bonne comme dans l'adverse fortune, dans la joie comme dans la douleur, les témoignages d'un inaltérable amour ? Qui donc avait imprimé dans le cœur des prêtres et des fidèles de France ce sentiment profond qui les a entraînés en masse, aux jours si près de nous, vers celui qui leur représente Jésus-Christ sur la terre ?

» Les évêques français font cause commune avec les ennemis du Saint-Siège ! Mais leurs actes et leurs écrits ne témoignent-ils pas chaque jour du contraire ? Qu'on lise en particulier, comme l'a dit S. E. le cardinal de Bordeaux, les conciles provinciaux célébrés parmi nous pendant ces dernières années, et les brefs de N. S. P. le Pape. On y verra que jamais la fille aînée de l'Église ne s'est montrée plus affectueuse et plus obéissante pour l'Église mère et maîtresse ; que jamais, en retour, elle n'en a reçu plus de témoignages d'affection et de gratitude. Il est, d'ailleurs, tels de ces vénérables évêques les plus indignement signalés à la méfiance publique, qui, dans des temps où il y avait du courage à parler, n'ont pas hésité un instant à se jeter dans la

mêlée des opinions les plus violentes, pour y défendre,
avec la foi, les divines prérogatives et la souveraineté
temporelle du Saint-Siège. Et tout cela, ce langage et
ces actes ne seraient que des formules de politesse, un
calcul de politique ou d'ambition ? M. Gaume n'ira pas
jusque-là, mais alors que deviennent sa phrase équivoque et ses insinuations si déplorablement calculées ?

« Non, non, nos évêques ne sont pas ce que vous dites. Ce qu'ils ont condamné en vous, ce sont vos témé-
rités et vos erreurs ; ce n'est pas votre *esprit romain*,
pour parler votre langage ; ils ont défendu les Papes,
les traditions de l'Église et ses institutions attaquées
par vos nouveautés scandaleuses. »

Les nombreux articles publiés par M. Cognat, dans
l'*Ami de la religion*, se recommandent par la variété des
sujets, la vigueur de la dialectique, la modération du
ton, la clarté élégante et la force du style. Beaucoup
d'entre eux se rapportaient à des questions de philosophie. C'est ainsi qu'il traita successivement des *rapports de la raison et de la foi ; — de l'affaiblissement
de la raison, — des droits de la raison, — de la philosophie et de la renaissance religieuse ; — de la philosophie
française au dix-huitième et au dix-neuvième siècles,
— de la philosophie et du christianisme*, à propos de
M. Cousin, — *du rationalisme militant dans la presse,
de la révolution dans la science*, à propos de MM. J. Simon, Cousin, Vacherot, Renan, — *de l'existence et de
la personnalité de Dieu*, à propos de MM. Janet, E. La-
boulaye, Ch. de Rémusat, Ch.-H. Martin, etc., etc. Il

réunit ces différents articles en un volume sous le titre de « *Traditionalisme et rationalisme* » (1).

Il y joignit d'autres articles de critique littéraire, morale et philosophique, allant moins directement au même sujet, mais s'y rattachant cependant par certains côtés.

C'est ce qu'il exposa lui-même en ces termes :

« Les pièces que ce livre contient manquent, à première vue, d'unité. Questions, adversaires, style même, tout paraît différent, pour ne pas dire opposé. J'ose dire toutefois que cette diversité n'est qu'à la surface. Au fond, si l'on veut y regarder de près, il n'y a qu'une question traitée : grand problème, il est vrai, qui enferme en son sein tous les autres ! La question des rapports de l'ordre naturel avec l'ordre surnaturel, de la foi avec la raison, de l'autorité avec la liberté, dans le triple domaine de la science, de la religion et de la politique. Il n'y a, non plus, qu'un seul but poursuivi : l'union sans confusion, la distinction sans séparation de l'ordre naturel avec l'ordre surnaturel, et la réconciliation dans la justice et la vérité, dans l'autorité et la liberté du monde moderne avec le catholicisme.

» Là est l'unité vivante de ce livre. La diversité qu'il présente m'a été imposée par les circonstances où j'ai écrit et par les adversaires opposés qu'il m'a fallu com-

---

(1) *Traditionalisme et rationalisme*, quelques pièces pour servir à l'histoire des controverses de ce temps, par M. l'abbé Cognat. Paris, Didier et Cie, 1864.

battre. Les uns, comme je l'ai dit ailleurs (1), nient l'ordre surnaturel, et ils considèrent la religion, non comme un fait divin et surnaturel, non comme une institution d'origine divine, mais comme un produit de la nature et de l'activité humaine : ce sont les *ra-tionalistes* ou partisans exclusifs de la raison.

» Les autres, par un excès opposé, suppriment, ou du moins dépriment l'ordre purement naturel, en refusant à la nature humaine, en dehors de l'enseignement extérieur et traditionnel de Dieu, toute autorité connue, principe et règle de croyance et de conduite : ce sont les *traditionalistes* ou partisans exclusifs de la tradition. »

L'ensemble de ces articles est loin de représenter l'œuvre entière de M. Cognat à l'*Ami de la Religion*. Il serait fastidieux de la faire passer sous les yeux du lecteur. Elle renferme d'ailleurs des travaux d'inégale importance. Mais il est impossible de passer sous silence une série de douze ou treize articles, publiés du 6 septembre 1853 au 20 mai 1854, les plus remarquables peut-être qui soient sortis de sa plume et qui ont été pour lui une source de tristesse et d'amertume.

Je rapporterai les faits tels qu'ils me sont apparus, avec la plus scrupuleuse impartialité, mais avec discrétion, écartant avec soin tout ce qui pourrait éveiller les susceptibilités des survivants de ces longs débats, et des âpres polémiques dont ils furent l'occasion.

(1) *Clément d'Alexandrie, sa doctrine et sa polémique.* Paris, 1859, chez Dentu.

L'Église catholique d'Angleterre attirait alors vers elle tous les regards. Le Saint-Siège venait d'y rétablir la hiérarchie ecclésiastique, mesure dont la sagesse et l'opportunité étaient unanimement louées. Le Dr Wiseman, vicaire apostolique dans le district de Londres, avait fait tous ses efforts pour obtenir de Rome ce rétablissement, et avait été créé, à cet effet, cardinal, avec le titre d'archevêque de Westminster. Une réaction religieuse protestante coïncida avec ce retour de l'Église catholique d'Angleterre à la hiérarchie. Cette réaction eut-elle pour cause unique ou principale l'éclat que l'on donna au rétablissement de la hiérarchie? Quelques-uns l'ont affirmé. Son Eminence le cardinal Wiseman a soutenu l'opinion contraire ; il était mieux renseigné que personne, et mieux que personne à même de savoir à quoi s'en tenir sur ce point. Nous devons donc nous ranger à son témoignage.

Depuis longtemps, on pressait l'*Ami de la Religion* de traiter, lui aussi, cette question, et de mettre ses lecteurs au courant des événements religieux qui se déroulaient au delà du détroit. Son directeur n'était pas inactif ; il était aux informations.

Or, pour parler pertinemment de faits qui se passent dans un pays étranger, il faut avoir des renseignements pris sur les lieux mêmes et des renseignements sûrs. On le mit en rapport avec un certain abbé Ivers, prêtre catholique anglais, qui exerçait les fonctions du ministère avec autant de zèle que de succès dans la chapelle de Saint-Alexis à Kentish-Town, archi-diocèse de Westminster, paroisse qu'il avait en partie créée avec ses propres ressources et où il avait été nommé par Mgr Greffitz. Les références que M. Cognat reçut ultérieurement sur les antécédents et le caractère de ce prêtre étaient des plus flatteuses.

Il avait étudié au Collège des Nobles à Rome ; il avait suivi les cours de droit canon du cardinal Fornari ; il avait été chargé, sous Grégoire XVI, de composer plusieurs mémoires sur la situation de l'Église en Angleterre ; il avait été, depuis, appelé à faire l'éducation de deux princes royaux en qualité de sous-précepteur ; il avait, en Portugal, pendant une insurrection, rendu des services signalés aux religieux de la Compagnie de Jésus. Il était enfin dans des termes plus que courtois avec plusieurs évêques de France, et de hauts personnages ecclésiastiques.

C'était, en un mot, un homme fort intelligent, instruit, estimé, paraissant animé des meilleures intentions. Ces titres étaient plus que suffisants pour inspirer confiance à M. Cognat et le décider à recevoir les communications qui lui étaient faites. Telle fut l'origine des matériaux qui firent le fond de son travail sur l'Église catholique en Angleterre, non sans avoir subi un sévère contrôle et de profondes modifications au profit de la modération, comme le reconnut, plus tard, le correspondant de M. Cognat.

Mais pour bien comprendre les événements qui vont suivre, il est nécessaire de donner ici une courte analyse des articles qui en furent l'occasion, et d'indiquer

dans quel esprit et dans quel but ils furent écrits. Je
laisse ici la parole à M. Cognat qui a résumé lui-même
son travail dans un mémoire, composé pour rétablir
dans leur vérité les faits altérés par ses adversaires.
Ce mémoire est sans doute un plaidoyer en sa faveur ;
mais j'ai eu soin d'en contrôler attentivement les assertions, et je puis me porter garant de leur exactitude. Les textes, d'ailleurs, parleront assez d'eux-
mêmes. « Les catholiques anglais, dit-il, en Angleterre
comme partout, comme dans tous les temps, se parta-
gent en trois classes : les exaltés, les modérés et les
tièdes. Unanimes dans les choses de la foi, ils sont divisés sur plusieurs questions secondaires, notamment
sur le rétablissement de la hiérarchie ecclésiastique et
sur la politique à suivre en face de leurs adversaires
protestants.

» Relativement à la question du rétablissement de la
hiérarchie, il y a trois sentiments différents : les
tièdes pensent que ce rétablissement en lui-même n'a
pas été favorable aux intérêts de l'Église et que c'est
un acte regrettable, bien que légitime et légitimement
accompli ; les modérés jugent que ce rétablissement
était non seulement légitime, mais opportun et nécessaire ; que ce n'est pas à ce rétablissement lui-même
qu'il faut attribuer la recrudescence des colères et des
persécutions anglicanes, mais à certains actes privés
des exaltés, dont la conduite, dans cette circonstance et
depuis, a manqué souvent de sagesse et de prudence.
Enfin les exaltés sont d'accord avec les modérés sur la

question de la hiérarchie ; mais ils apprécient différemment les actes particuliers qui ont accompagné le rétablissement de la hiérarchie et pensent que les catholiques anglais doivent se montrer énergiques dans leur conduite vis-à-vis des protestants et tenir peu ou point de compte de leurs préjugés religieux et de leurs convictions politiques.

» *L'Ami de la Religion* s'est mis du côté des modérés, conformément à ses convictions et à la ligne de conduite qu'il a suivie dans tous les temps. Ranimer les tièdes, soutenir les modérés, donner des conseils aux exaltés, telle a été mon intention.

» Pour cela, je me suis appliqué à peindre la situation telle qu'elle était ; à signaler les périls de cette situation très tendue ; (j'ai commencé à écrire en septembre 1853) ; périls considérables non pour l'existence de l'Église, qui ne peut périr, mais pour les progrès et la sécurité de son influence salutaire et pour le développement du catholicisme dans la Grande-Bretagne.

» J'ai dû, dans cette exposition, éclairer le présent par le passé et donner à mes conseils l'autorité de l'histoire.

» Mais j'ai eu soin dans la rédaction de mes articles de respecter toujours l'autorité, d'éviter les questions de personnes, principalement à l'égard de Son Éminence le cardinal Wiseman et des évêques d'Angleterre. »

Telle a été l'intention de l'auteur, tel est le sens de ses articles, telle est l'idée sommaire de son travail.

Ces articles eurent un retentissement extraordinaire, non seulement en France, mais encore en Allemagne, en Italie et surtout en Angleterre où les conseils de modération, qu'ils contenaient, ne furent pas sans effet sur les exaltés. M. Cognat reçut de nombreuses lettres de félicitations de la part d'évêques de France et de hauts personnages, sans parler des encouragements fréquents qui lui furent donnés pendant la publication de son travail.

Un membre du parlement et du gouvernement anglais écrivait à un catholique éminent de Paris : « Connaissez-vous l'auteur de ces admirables articles sur le catholicisme en Angleterre qui ont paru dans l'*Ami de la Religion?* Je n'ai jamais rien lu de mieux dit, ni de plus juste, ni de plus sensé. Plût à Dieu qu'une telle sagesse pût trouver accès dans le cœur de M. L. ** et de ses amis, que l'expérience du sort de Jacques II ne détourne pas d'une conduite imprudente qui ne saurait aboutir qu'à des calamités. »

Mgr Graveran, évêque de Quimper, lui écrivait :

« Puisque l'occasion s'en présente, je vous dirai que j'ai lu avec un grand intérêt vos articles sur la position de l'Église en Angleterre. Je préfère ce tableau sévèrement véridique aux peintures étudiées et trompeuses que nous trace un enthousiasme très ardent, très louable, mais pas toujours assez éclairé. »

Un autre évêque lui écrivait encore d'une autre extrémité de la France : « J'ai remarqué particulièrement, Monsieur l'abbé, vos articles sur l'Angleterre ;

ils m'ont paru dans le vrai et m'ont plu beaucoup. »

Enfin il recevait encore le témoignage suivant d'un troisième évêque de France :

« Il me semble que vous avez parlé dans vos articles sur l'Angleterre avec respect du rétablissement de la hiérarchie : les conseils de modération que vous donniez aux catholiques m'ont paru bons. Est-ce qu'il ne nous convient pas en toute chose de nous conduire avec prudence et charité? Je ne connais pas assez en détail la situation de l'Église d'Angleterre pour juger si quelques-unes de vos observations pouvaient blesser des susceptibilités personnelles, mais je crois que l'ensemble et le ton étaient irréprochables. »

Ces éloges confirmaient M. Cognat dans la pensée que son travail était bon et utile, et rien ne lui faisait prévoir l'orage qui allait se déchaîner contre lui. A peine, en effet, son dernier article eut-il paru, qu'il fut accusé d'avoir critiqué les actes du Saint-Siège dans le rétablissement de la hiérarchie ecclésiastique en Angleterre, de s'être permis de blâmer les évêques de ce pays en particulier Son Éminence le cardinal Wiseman, d'avoir voulu leur donner des leçons, en leur reprochant de jeter leurs titres ecclésiastiques à la tête de leurs concitoyens protestants; enfin d'avoir reçu ses renseignements d'un prêtre suspendu. Or, rien n'était plus contraire à la vérité que ces diverses assertions : qu'on en juge plutôt. Voici comment M. Cognat parle du rétablissement de la hiérarchie, dès le début de son travail (numéro 5577, 8 septembre 1853) :

« Depuis longtemps les catholiques anglais appelaient de leurs vœux le rétablissement de la hiérarchie ecclésiastique. Les laïques le désiraient vivement, mais les prêtres bien plus encore. Il résulte des documents officiels qu'un des principaux motifs qui aient porté le Saint-Siège à opérer ce changement était son désir de modifier la position du clergé secondaire... Les temps de persécutions étaient passés et l'on sentait que l'on ne pouvait, sans injustice et sans danger pour la foi, laisser les prêtres à l'état de simples missionnaires. Et en effet les personnes sages et prévoyantes voyaient avec effroi un protestantisme caché, c'est-à-dire l'indifférence et même l'aversion pour l'autorité de Rome, s'infiltrer toujours davantage dans l'Église d'Angleterre. Il fallait donc sortir de cette position vicieuse, qui eût pu à la longue dégénérer en schisme. Il fallait par quelque mesure générale définir l'autorité et les droits de tous. Il fallait, en un mot, rétablir la hiérarchie, et par là même le droit canon. » (*Ami de la Religion* (s. 161, p. 581-582.)

Ailleurs (n° 5637), M. Cognat revient encore sur le même sujet et s'exprime en ces termes :

« Nous l'avons dit et nous tenons à le répéter : ce rétablissement de la hiérarchie était devenu nécessaire pour le bien de l'Église en Angleterre, et, comme tous les actes émanés du Saint-Siège, il mérite la reconnaissance des catholiques. Si donc, à dater de cette époque, il s'est fait contre l'Église catholique une réaction qui dure encore, *ce n'est pas au fait du rétablissement* de la hiérarchie qu'on doit l'attribuer, mais aux imprudences de certains catholiques qui ont trop souvent exaspéré l'opinion publique. » (Id. t. 163, p. 213.)

Il a consacré deux articles, les nᵒˢ 5663 et 5671 à prouver longuement la nécessité du rétablissement de la hiérarchie en Angleterre, en exposant les graves motifs qui ont déterminé le Saint-Siège à hâter ce rétablissement.

« Longtemps, dit-il, avant la déplorable révolution qui força le Saint Père à chercher un refuge dans les États du plus pieux des souverains, la cour de Rome s'était occupée du rétablissement de cette hiérarchie. Tous ceux, qui désiraient le bien de l'Église, appelaient ce changement de leurs vœux les plus ardents ; car il était indispensable pour confirmer le retour de la paix et de la concorde entre le clergé séculier et pour garantir la position du clergé secondaire en instituant canoniquement le système paroissial. » (Id. t. 163, p. 749).

Après avoir établi, à l'aide de documents authentiques et par des faits, l'existence de ces deux maux, à savoir la division qui avait existé entre le clergé séculier et le clergé régulier, et la situation précaire du clergé secondaire, il conclut ainsi (nᵒ 5671) :

« Le Saint-Siège comprit la gravité du mal, il résolut d'y porter un remède ; et l'on ne peut trop louer la sagesse et le désintéressement des vicaires apostoliques, lesquels, sans se préoccuper d'un pouvoir qui pouvait flatter l'amour-propre, furent les premiers à seconder les sages intentions du souverain Pontife. Le rétablissement ecclésiastique était donc impérieusement exigé en Angleterre par les besoins de l'Eglise. » (t. 164, p. 135.)

Enfin il constate les bons résultats de cette mesure, et il trouve un motif d'espérance pour l'avenir et une force pour le présent dans cette organisation *hiérarchique* qui demeure et qui soutient les catholiques anglais.

On voit, par ces extraits, qu'on pourrait encore multiplier, combien il était inexact et injuste de prétendre qu'il avait désapprouvé le rétablissement de la hiérarchie en Angleterre et critiqué le Saint-Siège d'avoir accompli cet acte nécessaire.

Il n'était pas moins injuste de l'accuser d'avoir manqué de respect vis-à-vis des évêques anglais Il n'a parlé d'eux qu'en termes courtois et modérés.

Qu'a-t-il avancé en effet? Il a dit d'une part que des abus s'étaient introduits dans les rapports des vicaires apostoliques avec le clergé soit régulier, soit séculier, et d'autre part que l'on avait quelquefois affecté imprudemment d'opposer aux protestants les titres des évêques.

Il est important de remarquer ici, relativement au premier fait, que l'auteur des articles n'a entendu parler que des anciens vicaires apostoliques et non pas de ceux qui depuis sont devenus évêques titulaires.

« *Longtemps avant* la déplorable révolution, dit-il, qui força le Saint Père à chercher un refuge dans les États du plus pieux des souverains, la cour de Rome s'était occupée du rétablissement de la hiérarchie. »

Il indique ensuite quelques-uns des motifs principaux, qui déterminèrent, *longtemps* avant cette époque, le Saint Siège à s'occuper de cette grave question. Les faits qu'il rapporte sont des faits historiques consignés dans des mémoires adressés à Grégoire XVI, et dans une correspondance entre un gentilhomme anglais et le R. P. Nowden, ancien provincial des Jésuites en Angleterre (n° 5663, t. 163, p. 749-751).

Ce qui prouve encore que l'auteur voulait parler seulement des anciens vicaires apostoliques, c'est qu'après avoir signalé les abus, qui s'étaient glissés dans l'administration de quelques-uns d'entre eux, il ajoute : « *il y avait peu de temps* que les catholiques étaient sortis de l'état de persécution : à peine étaient-ils connus de leurs concitoyens, et l'opinion publique, qui commençait à les observer attentivement, n'avait pu se prononcer d'une manière formelle contre ces criants abus. » (n° 567, p. 134.)

Par rapport au second fait, c'est-à-dire aux titres ecclésiastiques, nulle part l'auteur n'a reproché aux évêques d'Angleterre d'en avoir fait eux-mêmes un usage imprudent :

« Nous ne voyons pas, dit-il, pourquoi les *catholiques anglais, tout en reconnaissant, comme c'est leur devoir, les titres ecclésiastiques de leurs évê-*

ques, iraient tous les jours et à toutes les heures, jeter ces titres à la tête des protestants, qui composent les dix-huit vingtièmes de la population d'Angleterre ; d'autant plus qu'ils doivent nécessairement savoir, qu'un tel procédé est, aux yeux des protestants, un sanglant outrage ; qu'ils le regardent comme une déclaration implicite, mais solennelle que les catholiques veulent insulter la Reine, qu'ils méprisent la loi, foulent aux pieds l'opinion publique, et sont, par conséquent, des ennemis de la constitution et des traîtres à la patrie. Évidemment, de telles démonstrations ne sont pas exigées par la foi et ne sauraient avoir d'autre résultat que d'exposer l'Église aux dangers les plus redoutables. » (n° 5637.)

Ailleurs il dit encore : « Un prélat, se disant archevêque de Westminster, *pourvu qu'on ne jetât pas* ce titre comme une sorte de défi à la tête du protestantisme, n'aurait guère attiré sur sa personne les regards du peuple anglais. » (n° 5673, p. 175, t. 164.) Qu'y a-t-il de plus clair que de tels textes et comment a-t-on pu y voir un blâme à l'adresse des évêques d'Angleterre?

Il a eu, en particulier, les plus grands égards pour la conduite personnelle du cardinal Wiseman, dont il vante la science, l'autorité universelle et méritée, les services rendus à l'Église. Il le disculpe de l'éclat donné à l'audience, qu'il eut, avant son départ pour Rome, avec lord Russel, éclat qui fut donné non par le cardinal lui-même, mais par quelques catholiques zélés et indiscrets (t. p. 137.) S'il constate la divergence des opinions des catholiques anglais sur l'opportunité de la présence d'un cardinal à Londres, s'il incline à croire que cette présence ne serait pas sans inconvénient, et s'il révèle les moyens employés par les exaltés pour induire le Souverain Pontife à croire que tous les catholiques anglais appelèrent de leurs vœux le retour à Londres de Mgr Wiseman, revêtu de la dignité cardinalice, il a soin de ne pas faire intervenir dans ces faits le prélat. Il attribue même à son courage la crainte que montra le ministère de s'opposer énergiquement à son retour. « Il est hors de doute, dit-il, qu'on agita, dans le conseil des ministres, la question de savoir si l'on intimerait au cardinal l'ordre de sortir, dans les vingt-quatre heures, du territoire anglais. On recula devant cette mesure violente, parce qu'on se rappela que la violence a rarement réussi aux persécuteurs de l'Église, et que Mgr Wiseman, qui avait eu le courage d'affronter le péril pour se rendre au poste que lui assignaient son devoir et la volonté du Souverain Pontife, aurait celui d'y rester et de ne céder qu'à la force. On craignit donc de lui donner l'auréole du martyre, et par l'espoir de lui ôter tout prestige, on chercha par tous les moyens à le rendre l'objet de l'animadversion populaire. Cette politique machiavélique fut d'abord déconcertée par le courage et la constance que déploya le Prélat pour maintenir le droit et la justice devant les violences de ses adversaires, etc. » (ib. ibd., p. 175-176.)

Il me semble que ce langage n'est pas celui d'un détracteur, mais au contraire, qu'il assigne au cardinal un rôle des plus beaux et des plus honorables. Il se peut, sans doute, que les principes de modération, que soutenait M. Cognat, fussent en contradiction avec la ligne de conduite politique que crut devoir adopter Mgr Wiseman. Mais il n'y a là rien qui dépasse le droit d'un écrivain catholique, rien qui soit contraire au respect et qui sorte des limites d'une discussion honnête et légitime.

Du reste, en prêchant ces principes de conciliation et de prudence, en désapprouvant certains actes, il s'est abstenu de blâmer les intentions et de nommer les personnes. Et afin d'écarter toute équivoque sur la nature de la modération qu'il recommandait aux catholiques d'Angleterre, il prit soin de la définir. « Il est, dit-il, plusieurs sortes de modérations. Quelle est celle qu'on nous dit indispensable et que nous croyons nécessaire aux catholiques en Angleterre? Cette modération serait-elle par hasard la servilité envers le gouvernement, la faiblesse devant les exigences populaires, en un mot, la pusillanimité? Non, assurément. La modération dont il s'agit est celle qu'a constamment pratiquée l'Église, cette enclume qui a usé tant de marteaux. Elle consiste à garder une sage mesure en toutes choses, et veut, d'un côté, que l'on soit immuablement décidé à ne sacrifier aucun principe, de l'autre, qu'en défendant les principes on emploie des moyens propres à atteindre ce but et non pas à le compromettre. »

Rien n'est plus sensé qu'un tel langage, et on ne s'explique pas qu'on ait pu accuser celui qui l'a tenu d'avoir cherché à semer la division.

Quant au dernier grief articulé contre lui, à savoir qu'il tenait ses renseignements d'un prêtre suspendu, ce que nous avons dit plus haut de son correspondant le réfute d'une manière péremptoire. Cet ecclésiastique était alors desservant de la chapelle Saint-Alexis à Kentish-Town, aimé et honoré de ses supérieurs et de ses ouailles. Il fut suspendu après les événements que nous allons raconter ; mais rien ne faisait pressentir sa conduite ultérieure et par conséquent on ne peut sans prévention et sans injustice faire un crime à M. Cognat d'avoir été en relation avec lui, alors qu'il était dans le devoir.

Ainsi, en portant cette triple accusation contre M. Cognat, on ne pouvait pas contredire plus directement ses paroles, ni méconnaître plus manifestement ses intentions. Aussi, fort de sa conscience et de la droiture de ses vues, il aurait fait bon marché de ces contradictions aussi peu fondées que malveillantes ; il se serait contenté de rétablir les faits, sans se soucier autrement d'un incident si commun dans le journalisme. Mais celui-ci prit tout à coup une gravité exceptionnelle par l'intervention inattendue du cardinal Wiseman. Par une lettre adressée à l'*Univers*, le 15 mai 1854, et publiée par ce journal, l'archevêque de Westminster donnait une improbation publique aux articles de M. Cognat. Je n'ai pas à entrer dans l'examen de cette lettre, dont la formule de condamnation ne peut du reste s'étendre à tous les détails des articles incriminés, et que le cardinal paraît avoir écrite *ab irato,* sans doute sous l'impression fâcheuse des commentaires malveillants des journaux. n'ayant peut-être lu que des fragments des articles, en tout cas, sans avoir eu ces articles sous les yeux, comme il le déclare lui-même. Le caractère manifestement non canonique de cette lettre laissait à M. Cognat le droit de répondre et de se disculper. Il ne le fit pas, par égard pour la dignité du cardinal. Il se contenta de lui écrire, pour protester de la pureté de ses intentions, de ses sentiments de respect et de vénération pour sa personne et l'engager à relire son travail, l'assurant que sa religion avait été surprise et qu'un examen plus attentif le ramènerait à une appréciation plus bienveillante et plus juste. Mgr Wiseman lui répondit une lettre pleine de bonté, dans laquelle il lui promettait de lire plus à loisir et avec attention les articles qu'il lui avait envoyés, et se reconnaissait implicitement (1) pour l'auteur de la lettre adressée à l'*Univers.*

Ce point, insignifiant en apparence, est à remarquer, car il eut une importance incroyable, comme nous allons le voir.

(1) Voici textuellement ce passage de la lettre : « Je les lirai donc (les articles) avec attention et je vous répondrai franchement. En attendant, permettez-moi de vous dire que je n'ai jamais voulu vous imputer de mauvaises intentions, mais je suis sûr que vous-même n'avez pas compris le but des renseignements qu'on vous a fournis de l'Angleterre. »

M. Cognat remercia le cardinal de la lettre dont il l'avait honoré : « J'ai reçu, dit-il, avec reconnaissance et respect la lettre que Votre Éminence m'a fait l'honneur de m'adresser.

» Je suis heureux de recevoir de sa bouche le témoignage que mes intentions ne sont point en cause dans une affaire qui, à ma grande douleur, a pu causer de la peine à un prince de l'Église que je vénère et que j'admire.

» Je suis heureux surtout de la promesse que vous daignez me faire de signaler les parties de mon travail qui vous paraîtront dignes de quelques observations. Mon seul désir étant de servir l'Église, même à mes dépens, si Dieu m'en juge digne, j'espère de la grâce divine que jamais je ne manquerai au respect ni ne trahirai la vérité pour un intérêt misérable de parti ou d'amour-propre. »

Ainsi l'incident était clos ou près de se clore ; mais voici qu'au moment où l'orage paraissait conjuré, il éclata avec une violence nouvelle et prit des proportions que rien ne faisait prévoir.

Pour montrer la nécessité du rétablissement de la hiérarchie en Angleterre, M. Cognat avait, dans un de ses articles, parlé de certains abus commis autrefois par les vicaires apostoliques, et, entre autres faits, il citait le cas de tel prêtre qui, après avoir vieilli au service des autels, et peut-être jeté les premiers fondements de son église, en était brusquement arraché par le vicaire apostolique du district et condamné, au declin de ses jours, à languir dans la plus extrême détresse. « Peut-être était-il assez heureux, ajoutait-il, pour trouver à se placer pendant la semaine dans quelque bureau, en qualité de commis; puis, le dimanche venu, il reparaissait à l'autel, pour célébrer les saints mystères! »

Mgr Wiseman crut trouver, dans ce passage, ce qu'il appelle « la clé du travail de M. Cognat. » « Cette dernière circonstance, dit-il, désigne la personne en question aussi clairement que si son nom était exprimé. Il n'y a qu'un seul prêtre dans cette situation, c'est-à-dire qui soit employé dans un bureau toute la semaine, et qui monte à l'autel le dimanche. »

Dans cette persuasion, pour éclairer M. Cognat sur l'honorabilité de son correspondant et la valeur de ses informations, il rappela certains détails de la vie de ce prêtre, et dit, entre autres choses, qu'il avait été « renvoyé » d'une compagnie religieuse. Notons, en passant, que la lettre originale portait le mot français « renvoyé » et non le mot anglais *sent away* ou *dismissed* ou *expelled*. Cette remarque est importante, car, dans cette singulière affaire, ce sont les plus petits détails qui ont joué le principal rôle. Soit inadvertance, soit faute typographique, la traduction substitua au mot « renvoyé » qui n'avait pas besoin d'être traduit, le mot « expulsé. » Le prêtre si visiblement désigné dans la lettre du cardinal, M. Boyle, intenta un procès en diffamation à Mgr Wiseman, devant la cour d'assises de Guildford. Le délit n'était pas facile à prouver; le cardinal avait bien pesé ses termes pour ne pas dépasser les bornes de la justice et de la charité. L'accusation s'appuyait sur la traduction et non pas sur l'original, que le juge écarta obstinément, et toute l'argumentation de l'avocat du demandeur, M. James, roula sur le mot « expulsé », substitué au mot « renvoyé », employé par l'auteur.

Restait à établir l'authenticité de la lettre. Les tribunaux anglais sont moins exigeants que les tribunaux français sur la preuve de l'authenticité. Ils se contentent de l'affirmation par serment d'un témoin. Voici donc ce qui se passa : L'abbé Ivers, le correspondant de M. Cognat, savait que ce dernier avait reçu une lettre du cardinal Wiseman. Il fit le voyage de Londres à Paris pour venir voir cette lettre. Elle n'avait aucun caractère confidentiel, M. Cognat pouvait la montrer sans manquer aux devoirs de la discrétion. Il permit donc à l'abbé Ivers d'en prendre connaissance et cela d'autant plus innocemment qu'il ne pouvait alors prévoir l'usage qu'on ferait contre Mgr Wisemann de cette communication ; mais il refusa de lui en donner ou de lui en laisser prendre copie. La cour de Guildford n'admit pas la déposition de M. Ivers, déclarant avoir vu entre les mains de M. l'abbé Cognat une lettre du cardinal où celui-ci se reconnaissait pour l'auteur de la lettre à l'*Univers*, et ne consentit pas à interroger le cardinal. L'avocat du docteur Boyle s'appuya principalement sur ces deux motifs pour interjeter appel de la cour

d'assises à la cour de l'Échiquier. L'appel fut admis;
l'appelant eut gain de cause et la cour l'autorisa à intenter au cardinal un nouveau procès. Le témoignage
de M. Ivers dut donc être entendu aux nouvelles assises de Kingstown. Il déclara avoir reçu de M. l'abbé
Cognat communication d'une lettre écrite par Son
Éminence, qui y parlait, disait-il, comme étant l'auteur de la lettre publiée par l'*Univers*. Il se produisit
ici un grave incident, qui détermina en grande partie
la décision du jury.

Dans l'intervalle des deux procès, Mgr Wiseman, de
passage à Paris, avait fait demander à M. Cognat, par
l'intermédiaire du nonce, la lettre qu'il lui avait
écrite, et qu'il aurait à produire au cours des débats
de Kingstown. M. Cognat ne crut pas devoir résister
aux instances qui lui furent faites; il remit la lettre
au cardinal, etn'en conserva qu'une copie authentique.
Ce sacrifice était la plus grande preuve qu'il pût donner
de son dévouement à la cause du cardinal, car cette
lettre était, pour M. Cognat, par son contenu et par
sa forme, l'arme la plus puissante contre ses détrac-
teurs. Or, au moment de la déposition de M. Ivers,
l'avocat de Mgr Wiseman produisit l'original de la lettre.
Mais M. Ivers prétendit et déclara sous serment que
cette pièce différait sur plusieurs points de celle qu'il
avait vue entre les mains de M. Cognat. Son témoignage fut admis et le cardinal non seulement fut condamné, mais se trouva sous le coup d'une accusation
légale de faussaire.

L'archevêque de Westminster ne pouvait assurément pas accepter ce verdict infamant. Il résolut donc d'en appeler de la décision de la cour des assises de Kingstown, afin d'établir juridiquement l'identité complète de la lettre produite dans les débats par son avocat avec celle que M. Cognat avait reçue et avait montrée à M. Ivers. Pour établir ce fait, le témoignage de M. Cognat était indispensable, et il n'hésita pas à donner au cardinal l'*affidavit* dont il avait besoin pour obtenir de la cour un *bill nisi*, c'est-à-dire l'autorisation d'assigner M. Boyle pour qu'il se présentât et eût à répondre à la demande d'avoir un nouveau procès.

La suite de cette affaire sort de notre objet; le rôle de M. Cognat s'arrête là; mais il souffrit longtemps encore de l'émotion que lui causèrent et le procès intenté au cardinal et l'accusation obstinément portée contre lui d'en avoir été la cause. La vérité est que ses articles en ont été l'occasion très lointaine; mais il serait aussi injuste qu'inexact d'en faire remonter la responsabilité jusqu'à lui. L'erreur du cardinal sur le correspondant présumé de M. Cognat, la substitution volontaire ou accidentelle dans la traduction du mot *expulsé* au mot « *renvoyé* » inséré dans le texte anglais, la déposition de M. Ivers, sont les seules causes immédiates de ce procès scandaleux, où le monde catholique eut la douleur de voir un prince de l'Église traîné devant un tribunal protestant par un prêtre interdit.

CHAPITRE V

M. l'abbé Cognat perd sa mère. — Il tombe malade et quitte Paris.
Il est nommé supérieur de l'Infirmerie Marie-Thérèse. — Carac-
tère divers des défenseurs de la religion. — M. L. Veuillot. —
L'*Univers* jugé par lui-même. — But de la brochure. — L'*Univers*
intente un procès à l'auteur de la brochure. — Débats du procès.
— Mort de Mgr Sibour. — Transaction imposée à M. Cognat.
— Visite au château d'Angerville. — Clément d'Alexandrie. —
Objet de l'ouvrage. — Son succès. — Jugement de M. Villemain.

La direction de l'*Ami de la Religion* fit passer
M. l'abbé Cognat, comme on vient de le voir, par les
plus poignantes émotions de la vie de journaliste. Il
eut aussi, pendant cette même période, vers la fin de
l'année 1853, la douleur de perdre sa mère. Cette mort
lui fit au cœur une blessure que le temps ne put fermer.

« Pour tous, dira-t-il plus tard, la mort d'une mère
est une des plus grandes douleurs de ce monde ; pour
le prêtre il n'y en a pas de plus cruelles et humainement parlant de plus irrémédiables. »

Il ne parlait jamais de sa mère sans larmes aux yeux.
De la maison qu'il habitait, aux vacances, dans son
pays natal, on aperçoit le cimetière où elle repose ; il

se réserva l'appartement, dont la fenêtre ouvrait précisément de ce côté, afin d'avoir toujours les yeux et la pensée tournés vers celle dont son cœur inconsolé regrettait l'absence et qu'il aspirait à revoir un jour. Ce qui ajouta à l'amertume de sa douleur, c'est de n'avoir pas été auprès d'elle à ses derniers moments pour lui fermer les yeux. Dans une épreuve aussi pénible, les marques de sympathie ne lui ont pas fait défaut, pour l'aider à supporter le poids d'un tel coup. « Mon bon et cher ami, lui écrivait Mgr Dupanloup, je connais cette douleur, c'est une des plus grandes de la vie; c'est vous dire combien je compatis à votre cœur.

» Je dirai pendant neuf jours la sainte messe pour votre chère mère. J'irai vous voir très tôt. »

Cette tristesse, ces émotions, et le travail forcené auquel le condamnait, sans trêve ni merci, la direction du journal, avaient ruiné peu à peu ses forces. Durant les débats de la cour de Kingstown, où se déroulait l'affaire Wiseman, sa santé fortement compromise par une attaque d'hémiplégie, l'avait obligé de quitter Paris et d'aller chercher dans les montagnes et aux eaux d'Aix un peu de repos et un régime réparateur. A son retour, il reprit son travail accoutumé, mais au bout de quelques mois, il fut contraint de quitter définitivement une œuvre désormais au-dessus de ses forces. Le 7 mars 1855, il rentrait dans la juridiction de l'archevêque de Paris, qui lui donna un poste très doux pour se refaire, l'aumônerie de l'infirmerie Marie-Thérèse. Mais, pour un esprit aussi actif que le sien, le repos absolu était chose impossible. Il employa les loisirs de sa nouvelle situation à mettre la dernière main à un ouvrage dont ses fréquents démêlés avec l'*Univers* lui avaient donné l'idée et dont un autre amassait depuis longtemps les matériaux.

Les défenseurs de la religion ont toujours suivi deux tendances diverses : les uns, esprits calmes, posés, maîtres d'eux-mêmes, s'inspirent des sentiments de la charité chrétienne dans le soutien de la vérité; les autres, esprits bouillants, pleins de fougue et d'impatience de l'erreur, la combattent avec un emportement, ennemi de tous ménagements pour les personnes. Les premiers, sans sacrifier aucun principe, prêchent la concorde, la modération, la conciliation ; les seconds affectent l'inflexibilité de leurs principes, n'entendent pactiser pas plus avec les tenants de l'erreur qu'avec l'erreur elle-même, et les enveloppent dans le même anathème qu'elle, parce que, pas plus qu'elle, ils n'ont droit à leur respect. De là chez les uns, une grande égalité d'humeur, beaucoup de bienveillance pour les personnes, un ton de bonne compagnie, qui évite de blesser ou d'humilier ceux qu'ils combattent; chez les autres, l'habitude du persiflage, du sarcasme, de l'ironie, de la raillerie sanglante, mêlés, comme un piment de haut goût, au raisonnement. La méthode de ceux-là est plus propre à réfuter l'erreur, à éclairer les esprits de bonne foi égarés par l'ignorance ou des préjugés d'éducation et de milieu ; la méthode de ceux-ci est plus faite pour venger la vérité outragée par des écrivains ou des politiques sans pudeur, qui la méconnaissent sciemment et de parti pris, et la travestissent honteusement au profit des plus vils intérêts ou des plus mesquines ambitions. L'une satisfait mieux aux besoins de l'intelligence ; l'autre flatte davantage notre secret désir de voir châtier le vice heureux ou l'erreur insolente, et flageller les excès de la force triomphante. Si la première est plus conforme à l'esprit de l'Évangile, la seconde peut se réclamer de Jésus, chassant à coup de fouet les vendeurs du temple ; mais, par là-même, la première est toujours de mise, tandis que la seconde ne paraît devoir être qu'une exception, lorsqu'on a à combattre des hommes sciemment et publiquement pervers et des docteurs de mensonges. D'ailleurs, affaire de tempérament.

L'inconvénient de la première méthode est d'atténuer peut-être le sentiment d'indignation intérieure que l'erreur doit inspirer à tout homme droit; celui de la seconde est de porter à exercer les mêmes sévérités contre de simples divergences d'opinions que contre des erreurs voulues et grossières ; à prendre à partie des hommes fortement attachés à la vérité, mais la voyant sous un autre jour que soi. Un autre danger, plus grave encore, c'est de n'envisager quelquefois la vérité que légèrement, et, partant, de s'exposer à glisser soi-même, à son insu, dans de nombreuses erreurs de détail plus ou moins importantes. Tertullien et saint Jérôme eux-mêmes n'y ont pas échappé malgré leur génie et leur vaste savoir.

Cette dernière méthode, on le sait, a été principalement celle du journal l'*Univers* sous la direction de M. L. Veuillot. M. Veuillot, né dans l'incrédulité, a apporté dans le journalisme l'ardeur d'un converti. Esprit vigoureux, delié et absolu dans ses idées, écrivain puissant et habile, tempérament de lutteur, il tourna au service de la vérité religieuse les armes redoutables de la raillerie fine et mordante que Voltaire avait mise au service du mensonge. Ce fut donc une véritable joie parmi les catholiques, lorsqu'ils virent cet homme se précipiter audacieusement au-devant de leurs ennemis tout-puissants, leur jeter le sarcasme à la figure et déverser le ridicule sur eux, sur leurs prétentions et leurs doctrines. Il leur rendit ainsi le courage en leur montrant par son exemple que les puissances du siècle, devant lesquelles ils tremblaient jusqu'ici, n'étaient pas si redoutables qu'ils le croyaient. Sous ce rapport, son rôle a été bienfaisant, et cela explique l'influence énorme qu'il a conquise et longtemps exercée sur une partie du clergé et sur les laïques. Le malheur est qu'il ait tourné ses armes puissantes contre des hommes qui ne pensaient pas sur tous les points comme lui, mais qui avaient la même foi que lui et le même amour de l'Église.

Voici du reste, en quels termes il se jugea lui-même : « J'ai parlé comme j'ai senti, dit-il quelque part (1), je ne m'accuse ni ne m'excuse de l'amertume de

____

(1) Odeurs de Paris, 3ᵉ édition, préf. p. XVIII.

mon langage. Encore que je n'aime guère le temps où je vis, je reconnais en moi plus d'un trait de son caractère et notamment celui que je condamne le plus : je méprise. La haine n'est pas entrée dans mon cœur, mais le mépris n'en peut sortir. Il s'est cramponné là, il est vainqueur quoi que je fasse, il augmente quand je m'étudie à l'étouffer ; il désole mon âme en lui montrant comme un effet de la perversité humaine, cette universelle conjuration contre le Christ, où l'ignorance a plus de part peut-être que la perversité. Ma raison, non moins révoltée que ma foi, accable ce que je voudrais conserver d'espérance, et me dicte des paroles acérées qu'il me semble que je ne voudrais pas écrire. J'en viens à croire que c'est ma fonction, de faire entendre aux persécuteurs de la vérité quelque chose de cet indomptable mépris par lequel se venge la conscience et l'intelligence qu'ils écrasent, et de leur montrer dans un avenir prochain l'inexorable fouet qui tombera sur eux. Je suis cet homme qu'une force supérieure à sa volonté faisait courir sur les remparts de Jérusalem investie, mais encore orgueilleuse, criant : *Malheur ! malheur ! malheur à la ville et au temple !* Et le troisième jour il ajoute : *Malheur à moi !* Et il tomba mort, atteint d'un trait de l'ennemi. »

Faut-il ajouter que, peut-être aussi, il n'apporta à la discussion des questions théologiques, dont il eut à s'occuper, qu'une préparation insuffisante. On a beau être heureusement doué, la science théologique a besoin d'une initiation. Sans cela, on s'y fourvoie facilement. Or cette initiation lui a manqué, et si, par la force d'esprit et l'opiniâtreté des efforts, on peut, comme M. Veuillot en a été une preuve glorieuse, suppléer à l'absence ou combler les lacunes de l'éducation première, il n'en est pas de même de la théologie, où il est dangereux de s'aventurer sans des guides éclairés.

Obéissant donc à la fougue de son tempérament, il se fit en quelque sorte le gendarme de la presse catholique, discuta les actes, parut suspecter les intentions des plus illustres défenseurs de l'Église, qui avaient le malheur de voir autrement que lui. Il employait contre eux les mêmes procédés de polémique qu'il avait l'habitude d'employer contre les pires ennemis de la religion. Naturellement ces procédés ne furent pas du goût de ses victimes, qui le lui firent plus d'une fois sentir.

Un de ses antagonistes les plus redoutables fut l'*Ami de la Religion*. La lutte entre *l'Univers* et cette feuille était presque permanente et souvent à l'état aigu. Je me représente quelquefois M. Veuillot esquissant un malin sourire lorsque, du fond de son cabinet, il décochait contre l'*Ami* un de ses traits ailés qui allait réveiller une querelle assoupie. L'*Ami de la Religion* s'abstenait souvent de répondre à l'attaque ou n'y répondait qu'avec la dignité d'une conscience sûre d'elle-même.

M. l'abbé Cognat fut peut-être celui des directeurs de l'*Ami de la Religion*, contre lequel s'exerça le plus la verve caustique de M. L. Veuillot. Mais il faut avouer que la riposte, pour être mesurée et grave, n'en était pas toujours plus tendre.

Par ses démêlés avec l'*Univers*, M. Cognat se familiarisa avec cette feuille, et crut s'être rendu un compte exact de l'esprit qui l'animait. Il pensa que le meilleur, moyen de décréditer ce journal, ou plutôt de ramener les esprits à une juste appréciation de sa valeur, était de le faire connaître tel qu'il est en lui-même. De là l'idée de la brochure l'*Univers jugé par lui-même*.

Mon intention n'est pas d'entrer dans l'examen de cette brochure, ni de porter un jugement sur la thèse que l'auteur y soutient. Quel que doive être ce jugement, il est sage de laisser à l'avenir le soin de le formuler et de le rendre. Je me borne à faire l'historique de l'écrit, et des circonstances qui ont accompagné et suivi sa publication. Le moment serait vraiment mal choisi pour renouveler des polémiques, qui ne pourraient être que stériles et dont, pour ma part, je ne me sens pas le goût. Je ferai tous mes efforts, pour écarter de ma plume tout ce qui pourrait blesser, ou ressembler à une provocation. J'exposerai les sentiments et les idées de l'auteur, mais je n'entends pas plus m'en faire le champion que le contradicteur. Je fais œuvre d'historien, et ne veux pas faire œuvre de critique ou de juge.

Quelle est donc la pensée qui a inspiré cette brochure, et quel but s'est proposé l'auteur ?

Le voici :

M. l'abbé Cognat reprochait à l'*Univers* d'usurper un rôle qui ne lui appartenait pas.

« Si l'*Univers*, disait-il, n'était qu'un journal individuel, un journal comme un autre, n'engageant dans les thèses qu'il soutient que ses propres rédacteurs, nous n'aurions pas cru nécessaire de faire ce travail. Comme pour tant d'autres feuilles qui se publient à Paris ou ailleurs, nous nous en serions référés à la polémique journalière.

« Si l'*Univers* était réellement le journal du Saint-Siège et de l'Épiscopat, comme on le dit, là encore nous nous serions inclinés en silence.

« Mais l'*Univers* n'est réellement qu'un journal individuel, et il passe pour autre chose.

« Il se pose comme un organe du Saint Siège et des évêques, et cette situation est généralement acceptée par l'opinion publique qui voit dans les vénérables prélats qui l'approuvent l'épiscopat tout entier.

« C'est là que nous avons trouvé un grand péril.

« Si ce point existe, si aujourd'hui il est généralement admis que l'*Univers* ne parle pas pour son propre compte, ce n'est pas assurément la faute des autorités qu'il invoque : c'est sa faute et celle de ses amis.

« Nous avons pensé qu'il n'y avait pas de meilleur moyen de détruire cette solidarité périlleuse que de mettre sous les yeux de l'*Univers* lui-même et de ses lecteurs, les opinions erronées, les variations de doctrine, les excès et les violences de polémique de ce journal. Nous avons cru qu'il ne pouvait être mieux jugé que par lui-même.

« Mais qu'on veuille bien le remarquer, ce jugement de l'*Univers* par lui-même est le seul que nous ayons invoqué. Nous n'en avons pas demandé, nous n'en demanderons pas la suppression.

« Nous demanderons qu'il n'usurpe plus, qu'il ne soit qu'un journal, dévoué sans doute aux intérêts de l'Église, mais ne prétendant pas la représenter et la rendre responsable de ses fautes.

« Voilà le but et les motifs de notre œuvre : nous voyons faire le mal, un grand mal, indépendamment des intentions, et nous avons essayé d'y remédier en faisant connaître l'*Univers* tel qu'il est. »

On le voit, c'était une accusation en règle contre l'*Univers*, et les pièces à conviction étaient tirées des colonnes mêmes de ce journal. La brochure parut dans les derniers jours de juillet ; elle eut un retentissement extraordinaire ; en quelques jours la première édition fut épuisée. Elle fit d'autant plus de bruit qu'elle était anonyme et qu'elle éclata comme une bombe, ou comme un coup de foudre, dans un ciel sans nuage. Le secret le plus absolu l'avait gardée de toute indiscrétion ; rien n'en avait transpiré au dehors avant le jour de sa publication. Ce fut un véritable événement dans le monde religieux. L'absence du nom de l'auteur ajouta à l'émotion. Les commentaires allaient leur train ; les uns y voyaient l'œuvre collective de MM. de Falloux et de Montalembert, les autres l'attribuaient à Mgr Dupanloup ; personne ne songeait à en faire remonter la paternité à M. Cognat, qui resta discrètement dans l'ombre, jusqu'à ce que vint le moment de se faire connaître. Quelques évêques prirent publiquement fait et cause pour l'*Univers* par des lettres publiques adressées, soit à ce journal, soit à l'*Ami de la Religion*. Ce fut Mgr Parisis, l'évêque d'Arras, qui prit l'initiative de ce mouvement épiscopal ; un certain nombre de vénérables prélats adhérèrent à sa lettre. Cette manifestation impressionna dans un sens défavorable à la brochure. Celle-ci était soutenue par l'*Ami de la Religion*, qui maintint avec respect, mais fermeté, les droits de la discussion. Ce journal était également soutenu dans cette polémique par les encouragements d'autres évêques, dont il ne crut pas devoir publier les lettres par respect pour la dignité épiscopale. On aurait, en effet, assisté à ce spectacle d'évêques, descendant dans l'arène brûlante du journalisme et se combattant les uns les autres.

L'*Univers* fut surpris, et déconcerté aussi, (on le serait à moins), par cette bourrasque imprévue. Il opposa d'abord des démentis aux différents griefs relevés contre lui par l'auteur de la brochure ; il lui reprocha des inexactitudes et des omissions ; il voulut voir dans ces inexactitudes un calcul, et dans les omissions une habileté ; il l'accusa d'avoir altéré les textes, de les avoir falsifiés, les uns matériellement, les autres moralement, enfin d'avoir tronqué les ar-

ticles. La preuve était facile à fournir, puisque l'auteur
avait eu soin d'indiquer la date de chaque texte, c'est-
à-dire l'année, le mois, le jour où a paru l'article qui
contient ce texte. Il va de soi que nous n'entendons
pas juger le différend, ni entrer dans l'examen critique
de ces allégations, pas plus qu'entreprendre leur
réfutation. Nous dirons seulement qu'après une revi-
sion rigoureuse de son travail, l'auteur ne craignit pas
d'affirmer que, sur plus de deux mille passages, qu'il
avait sous la main, sur plus de quatre cents textes
qu'il avait cités, il ne s'en trouvait que quatre environ,
dont les dates étaient inexactes, soit pour le jour, soit
pour le mois, soit pour l'année, auxquels il les avaient
rapportés ; que onze citations seulement manquaient de
l'indication précise de la date, mais que ces inexactitudes ou ces omissions, qu'il se proposait de faire disparaître dans la seconde édition, n'ôtaient rien ni à
l'authenticité ni au sens des passages cités.

Cette discussion de textes entre adversaires intéressés
à les nier ou à les maintenir ne pouvait évidemment
avoir aucun résultat définitif, aux yeux du public, qui
se partageait pour ou contre l'un des antagonistes sans
autre raison que le sentiment de sympathie pour l'un
ou pour l'autre. Bien peu étaient à même d'avoir une
opinion éclairée sur le fond du débat, parce que le
travail de vérification, que cela eût exigé, était impra-
ticable pour la plupart des lecteurs.

Pour en finir avec cette affaire, qui menaçait de
s'éterniser, l'*Univers* prit le parti d'intenter un procès

en diffamation à l'éditeur. M. Cognat jugea le moment venu de se découvrir et il accepta devant le public et devant les tribunaux la responsabilité de son œuvre.

Cette œuvre était-elle de lui? Les adversaires l'ont contesté avant et depuis le procès. Voici la vérité : M. Cognat est l'auteur principal de la brochure, mais il a eu des collaborateurs. Il déclare lui-même dans la préface « que plusieurs ont dû s'y employer ». Quelle a été la part de chacun des collaborateurs dans l'œuvre collective? Le premier, qui l'a entreprise, a fait la compilation des textes de l'*Univers*. Il en a recueilli près de 4,000. Des circonstances, que je n'ai pas à dire, l'obligèrent à interrompre son travail. C'est alors que M. Cognat fut chargé de le continuer. On lui remit les extraits ; il les revisa, il en fit un choix; il en retint près de quatre cents, les plus topiques et les plus forts, les rangea sous une idée générale, et les enchaîna les uns aux autres dans le développement de la pensée fondamentale. Ces quatre cents textes devinrent comme les pièces à conviction, qui servirent à établir les six griefs d'accusation portés contre l'*Univers*. Seulement la formule définitive de ces six têtes de chapitre n'est pas de lui : elle est d'un troisième collaborateur; la sienne n'avait pas assez de nerf et de montant. Plusieurs passages, de peu d'étendue d'ailleurs, portent aussi la trace d'une main étrangère, et c'est sur les remarques motivées de ce troisième collaborateur, semble-t-il, que M. Cognat crut devoir refondre plusieurs fois certaines parties de son œuvre. En somme, c'est M. Cognat qui eut la part la plus grande dans ce travail; il lui appartient pour le fond et pour la forme. Il était donc en droit d'en revendiquer la paternité et la responsabilité.

Je n'entrerai pas dans les détails du procès. Les inexactitudes, signalées plus haut, qui avaient motivé la plainte, auraient-elles suffi à entraîner une condamnation? Je ne sais, mais il est certain que les patrons de la brochure se préoccupèrent beaucoup de cette éventualité et attachèrent une grande importance au choix de l'avocat, d'autant plus que la question religieuse se compliquait d'une question politique. Il fallait donc un avocat, qui ne fût pas hostile au gouvernement, qui eût du talent et de la conscience, et fût doué à la fois d'une grande puissance de travail et d'une grande pénétration d'esprit, pour pouvoir aller au fond des choses, montrer le peu de valeur des inexactitudes, s'il s'en trouvait, et substituer aux textes contestés des textes analogues plus forts et plus péremptoires. Cela demandait un esprit délié, attentif, logique et surtout très clair et très précis dans l'exposé des faits et dans la mise en relief des textes. En aucun cas, il ne devait renoncer à la réplique après le ministère public. On hésita entre Berryer et Me Dufaure; on s'arrêta à ce dernier. L'avocat de la partie adverse était Me Josseau.

Les débats s'ouvrirent vers la fin de l'année 1856; l'avocat de l'accusation parla neuf heures. La plaidoirie de la défense fut ajournée au lundi 5 janvier de l'année suivante. Dans l'intervalle, Mgr Sibour tombait sous le poignard d'un assassin, en l'église Saint-Étienne-du-Mont, et sa mort fit prendre au procès un autre cours. Les vicaires généraux capitulaires obtinrent une transaction de l'*Univers* et firent un devoir à M. Cognat de l'accepter. Il est nécessaire d'insister sur ce point, car on a généralement interprété, dans le public d'alors, cette transaction d'une manière défavorable à M. Cognat. Voici les faits tels que M. Cognat les a consignés lui-même dans une lettre adressée à son oncle :

« Monseigneur l'archevêque, lui dit-il, était l'un de mes principaux conseillers dans la campagne que je viens de faire contre l'*Univers*... Il est venu trois fois de sa personne m'encourager dans ce pénible labeur à Marie-Thérèse ; c'est lui qui m'a permis de me nommer, quand le moment convenable est venu ; c'est lui qui m'a encouragé à tenir bon. Il a parlé plusieurs fois au ministre des cultes de cette affaire, de vive voix et par écrit, et la dernière note qu'il lui ait remise, il m'en a donné lecture huit jours avant sa mort. Les dernières lignes qu'il ait écrites, une heure avant d'être assassiné, m'ont été adressées par lui du presbytère de Saint-Étienne-du-Mont, et c'était pour me recommander de prier M. Dufaure de le défendre contre les imputations que l'avocat de l'*Univers* n'avait pas craint de produire contre lui en plein tribunal. Le doux et digne prélat en avait été profondément peiné, et ç'a été probablement la dernière douleur de sa vie.

« Ainsi, la dernière volonté de mon archevêque avait

été que je soutinsse jusqu'au bout une cause qu'il m'avait confiée. Vous comprenez qu'en présence de cette dernière volonté je n'étais pas tenté de l'abandonner. Quand donc M. Buquet m'a proposé l'arrangement que vous connaissez, je l'ai repoussé nettement et comme, pressé lui-même par de hautes influences, il insistait vivement, je lui ai répondu que je ne pouvais me rendre que sur un ordre formel de lui. Il consentit à prendre lui-même la responsabilité de cette conclusion et à me donner un ordre dont je lui dictais pour ainsi dire les termes. Cet ordre n'a donc aucune signification qui me soit contraire, et je l'ai voulu pour couvrir ma responsabilité et me dégager de la dernière volonté de mon cher archevêque.

« Maintenant comment faut-il juger la solution en elle-même ? A qui est-elle favorable ? Il est certain que cette convention lèse mes droits, puisque l'attaque a parlé neuf heures et que la défense n'a pas été entendue. Sous ce rapport, l'avantage est pour l'*Univers*. Mais il faut remarquer : 1° que je n'ai accepté cette condition que sur un ordre formel de mes supérieurs, et que, par conséquent, je n'admets en aucune façon les accusations et les injures de mes adversaires ; j'ai simplement sacrifié la justice à l'obéissance ; 2° je ne désavoue en rien ma brochure, je promets simplement de ne plus la réimprimer. Cette brochure n'est donc pas flétrie ; elle subsiste tout entière, et, sauf quelques inexactitudes de détail, je la maintiens devant l'histoire... ; 3° je suis sorti du tribunal absous de la plainte en diffamation, avec le double mérite d'avoir tenu bon jusqu'au bout et de m'être soumis humblement à la volonté de mes supérieurs; aussi ai-je obtenu là une sorte d'ovation au sortir de l'audience; tout le monde s'est approché de moi pour me féliciter, connus et inconnus, tous voulaient me serrer la main ; 4° enfin, comme vous l'avez remarqué, l'*Univers* est condamné aux frais; or, devant l'opinion et la vérité celui-là perd qui paie. Aussi les gens de l'*Univers* sont loin de se glorifier de ce dénouement. Ils en sont, au contraire, profondément irrités... »

Il donna les mêmes explications à Monseigneur l'évêque d'Evreux, dans une lettre qu'il lui écrivit le 16 janvier 1857. Elle est importante à citer, parce qu'elle confirme la lettre précédente et donne aux détails qu'elle contient un caractère en quelque sorte officiel. La voici :

« Monseigneur,

« Je suis informé de la part que vous avez prise à la décision de Messieurs les vicaires généraux capitulaires de Paris, lesquels m'ont fait un devoir d'accepter la transaction que vous aviez préalablement obtenue de l'*Univers*.

« Le caractère d'autorité positive que porte la lettre de M. l'abbé Buquet, prouve assez que je ne serais pas entré de moi-même dans cette voie; la justice et l'honneur ne me paraissaient pas le permettre. Le souvenir de votre sympathique bienveillance pendant mon passage à la rédaction de l'*Ami de la Religion*, bienveillance dont je conserve les témoignages honorables que je tiens à mériter toujours, me fait éprouver le besoin de vous exposer quelques-uns des graves motifs de ma répugnance.

« Le procès était commencé; mes adversaires avaient été entendus; l'avocat de l'*Univers* avait parlé pendant neuf heures contre moi; il était au moins juste que la défense fût entendue à son tour.

« Je n'ajoute pas que le plaidoyer de M⁰ Josseau a été imprimé tout entier en Belgique et répandu en France.

« Mais il y avait pour régler ma conduite de plus hautes considérations.

« C'est par le conseil de Monseigneur l'archevêque de Paris que j'ai accompli ce grand travail. Ce prélat, de digne et douloureuse mémoire, pensait que le moyen le plus sûr de mettre fin à ces divisions malheureuses, c'était la recherche et l'exposition des doctrines et des textes. »

Ici, M. Cognat rappelle les faits cités dans la lettre précédente et la part que Mgr Sibour prit à son travail, mais il a soin d'écarter entièrement la responsabilité du prélat. Il continue ainsi :

« Dans ces circonstances, que vous ignoriez sans doute, Monseigneur, et que j'ai cru devoir vous faire connaître, vous jugerez peut-être, comme moi, qu'il ne m'appartenait, en aucune façon, de renoncer aux droits de la cause que je défendais.

« Du reste, Monseigneur, il n'a pas dépendu de moi que ce procès n'eût point lieu ; je ne l'avais pas intenté, et s'il a été repris après avoir été abandonné, c'est que mes adversaires l'ont voulu ainsi.

« La lettre qu'ils ont écrite à NN. SS. les évêques de France en leur adressant leur *Mémoire* est formelle à cet égard. Permettez-moi de la remettre sous vos yeux :

« Paris, 13 décembre 1856. »

« Monseigneur,

« La cause entre l'*Univers* et l'auteur connu de l'ou-
« vrage intitulé : L'*Univers jugé par lui-même*, n'est
« pas vidée encore. Portée maintenant devant l'opi-
« nion, c'est aux évêques surtout qu'il appartient d'en
« connaître. J'ose prier Votre Grandeur de vouloir bien
« recevoir, en cette qualité de juge, un premier Recueil
« de documents qui avait été préparé pour un autre
« tribunal, lorsqu'un désistement a été obtenu.

« Ce Recueil sera incessamment complété par d'au-
« tres confrontations de textes et par des pièces d'un
« ordre plus élevé.

« Je suis, avec le plus profond respect, etc.

« *Signé :* BARRIER. »

« La cause était donc posée par l'*Univers* lui-même devant l'opinion : ce ne pouvait être évidemment qu'à une condition, c'est que l'opinion serait éclairée, comme elle devait l'être, par les pièces du procès produites et soutenues de part et d'autre.

» Il n'y a pas un autre sens possible et équitable à de telles paroles. Elles étaient du reste parfaitement d'accord avec ma déclaration. Quand je me déclarais prêt à recevoir toutes les réclamations légitimes et à rectifier mon œuvre, il est évident que je n'avais pas d'autre pensée. On ne rectifie pas ce qu'on supprime et on ne supprime pas ce qu'on rectifie.

» J'étais prêt à réformer dans mon travail tout ce qui aurait eu besoin d'être réformé, je ne pouvais promettre davantage.

» Tels sont les faits, Monseigneur ; j'ose espérer que devant Votre Grandeur leur exposé suffira à vous expliquer ma conduite avant et pendant le procès et la peine méritoire que j'ai dû ressentir en sacrifiant la justice à l'obéissance.

» Veuillez agréer, Monseigneur, l'hommage du plus profond respect avec lequel

» Je suis votre très humble et très obéissant serviteur,

» L'abbé J. COGNAT. »

M. Cognat observa fidèlement les conditions de la transaction. Il arrêta l'impression commencée de la seconde édition de sa brochure. Il poussa même si loin sa soumission à l'autorité de ses supérieurs qu'il ne garda pas un seul exemplaire de son travail, et qu'il parlait rarement de cet incident de sa vie.

Ce poste de combat, où il eut, pendant trois années, de si rudes assauts à livrer et à soutenir, ne fut certes pour lui ni sans honneurs ni sans joie. Outre d'illustres amitiés qu'il eut l'occasion de se créer, d'agréables surprises lui étaient quelquefois ménagées. Il en raconte une lui-même avec le charme d'un homme qui est encore sous l'impression du ravissement de ce qu'il a vu et entendu. Aussi faut-il lui laisser la parole ; rien ne saurait remplacer son récit. Il avait mis la dernière main à sa brochure ; il avait livré son manuscrit à l'imprimeur ; il était donc débarrassé d'un gros souci, et avait besoin d'un peu de distraction après plusieurs mois d'un travail acharné. Un beau matin, il reçoit de Mgr Dupanloup un petit mot le priant de venir le rejoindre à Andeville. Le prélat était coutumier du fait. « Quand je suis à Virieu, dit M. Cognat, il me mande à Annecy ou à Grenoble, quand je suis à Paris, il m'appelle à Orléans. » Il ajoute naïvement : « Que d'argent il me devrait si je lui faisais payer les frais de voyage ! » Or, habituellement ce n'était pas pour le plaisir de M. Cognat qu'il le faisait venir auprès de lui. Cette fois, il en fut autrement. Voici le fait raconté par lui-même.

« Le 28 avril, je reçois un billet de la main de Mgr Dupanloup, qui m'appelle pour le 2 mai dans je ne sais quel village de la Beauce, où il donnait la confirmation. J'arrive au jour indiqué et me voilà embarqué avec lui dans sa voiture, visitant les villages, dînant et couchant dans les châteaux. Le bon évêque m'avait ménagé un

plaisir. Au nombre de ses diocésains, il compte un
homme célèbre dans nos fastes légitimistes et parle-
mentaires : M. Berryer. M. Berryer possède à Angerville,
dans le diocèse d'Orléans, un magnifique château, qui
lui a été donné par la France légitimiste. Comme son
évêque devait donner la confirmation non loin de là,
il a voulu lui donner l'hospitalité, et afin de le décider
plus sûrement, M. Berryer a convoqué en même temps
les plus illustres amis de l'évêque d'Orléans.

» Donc le dimanche 4 mai, nous arrivons à dix heures du matin au château d'Angerville et nous trouvons
là réunis pour attendre l'évêque, MM. Thiers, de Sal-
vandy, de Montalembert, de Falloux, de Corcelles, de
Kerdrel, Mignet, Vitet, etc., M. Berryer à leur tête. Vous
comprenez que j'ai été fort agréablement surpris et très
enchanté de me trouver parmi toutes ces célébrités,
de déjeuner et dîner à la même table, de me promener
côte à côte avec M. Thiers et tous ces messieurs, dans
un parc royal, pendant près de trois heures, de veiller
avec eux jusqu'à onze heures du soir dans un splendide
salon et de coucher sous le même toit. Je n'ai pas besoin de vous dire que mes oreilles ont plus fonctionné
que ma langue pendant les vingt-quatre heures que
j'ai passées en si bonne compagnie, et que je suis ren-
tré à Paris avec la même joie que les vainqueurs de Sé-
bastopol. Quel que soit le rôle réservé à ces hommes
dans l'avenir, on ne peut nier qu'ils n'en aient joué un
très grand dans le passé, et c'est une véritable bonne
fortune pour moi d'avoir pu les voir et les entendre

autour d'un évêque qui m'est si cher, dans l'intimité d'une conversation aussi cordiale qu'instructive.

» Ce sera un des événements de ma vie. »

Après les orages soulevés contre lui par la publication de sa brochure contre l'*Univers*, M. l'abbé Cognat rentra dans le calme plat de la vie ordinaire pour n'en plus sortir. Il reprit les travaux scientifiques qu'il avait interrompus en 1852. Ces travaux occupèrent les loisirs que lui laissèrent les occupations de sa charge et son petit ministère. Il n'était plus question de doctorat ; il n'en continua pas moins les recherches qu'il avait commencées, en vue de cet examen, et qu'il publia sous le titre de *Clément d'Alexandrie* (1). Il parut le 11 novembre 1858.

Ce livre, comme nous avons eu déjà l'occasion de le dire, est une étude philosophique sur les écrits et la polémique de cet illustre docteur. Clément florissait vers la fin du deuxième siècle et le commencement du troisième siècle. Il naquit de parents païens. On ne sait rien de sa jeunesse, ni du lieu de sa naissance, que les uns placent à Alexandrie, les autres à Athènes, ni de sa conversion. Il fut le disciple de Pantène, et le maître d'Origène dans cette célèbre école de catéchèses à Alexandrie, dont on attribue la fondation à l'évangéliste saint Marc, et à la tête de laquelle ces trois docteurs furent successivement placés. Parmi les écrits de Clément, qui avaient surtout pour but la conversion

____

(1) *Clément d'Alexandrie, sa vie et sa polémique,* par l'abbé J. Cognat, 1 vol. in-8, 1858 Dentu, Paris.

des païens, les uns nous sont parvenus intégralement, les autres par extraits ; il en est dont il ne reste que les titres.

Le premier par ordre chronologique est l'*Exhortation aux Gentils* ; il a pour objet de démontrer que le paganisme est contraire à la raison.

Le second, intitulé *Pédagogue* ou *Précepteur*, est destiné à ceux qui, ayant déjà acquis la foi, doivent être formés à la pratique de la vie chrétienne.

Le troisième a le titre bizarre de *Stromates* ou Tapisseries, dont l'idée et le plan répondent à peu près équivalemment au titre moderne de *Mélanges*. Il complète l'enseignement par lequel le docteur Alexandrin s'était proposé d'élever l'homme au christianisme. Il comprend huit livres. C'est quelque chose dans le genre des *Pensées* de Pascal, avec cette différence que les *Pensées* sont les matériaux épars d'un livre projeté, tandis que les *Stromates* sont le livre même. Le plus important de ceux dont il ne nous reste que des fragments plus ou moins courts, est celui des *Hypotyposes*, composé, comme les *Stromates*, de huit livres. Les *Hypotyposes*, ou *Institutions*, renfermaient une exposition abrégée du véritable contenu des livres de l'Ancien et du Nouveau Testament.

Clément est le premier docteur chrétien qui ait essayé de faire la synthèse de la doctrine chrétienne, de coordonner les matériaux amassés jusqu'alors, et d'élever ou tout au moins de jeter les premiers fondements de l'édifice de la science chrétienne. Voici en

quels termes M. Cognat définit l'œuvre de Clément.
« Rendre compte rationnellement du christianisme,
non seulement dans ses principes généraux, mais jus-
que dans l'application de ces principes aux moindres
détails de la vie pratique ; satisfaire les besoins légitimes de la raison sans blesser les droits imprescriptibles
de la foi, créer une science qui embrassait tout ensemble le ciel et la terre, le passé et l'avenir, le temps et
l'éternité ; montrer les harmonies de la nature et de la
grâce, de la philosophie et de la religion, de l'homme
et du chrétien, est assurément l'un des desseins les
plus grands, les plus difficiles que puisse concevoir
l'esprit humain. Ce fut le dessein que conçut Clément
au deuxième siècle de notre ère, sans autre guide dans
cette voie si nouvelle que son génie et sa foi, ayant, si
l'on peut dire, les pieds dans le sang des martyrs et la
tête sous la hache du bourreau. On a parlé de Socrate,
discutant paisiblement avec ses amis de l'immortalité
de l'âme, quelques heures avant de boire la ciguë ; on
a admiré cette tranquillité du sage en face de la mort
et cet empire d'une grande âme sur elle-même ; nous
ne contredirons pas à cette admiration. Mais il nous est
bien permis de l'affirmer, Clément d'Alexandrie est
plus grand et plus admirable que Socrate. Non seulement les périls qui menacent sa vie n'ont pas le
pouvoir de lui ôter le calme de l'esprit et la sainte
liberté de l'apostolat, mais le martyre, le témoignage
du sang rendu à la vérité et à la justice, lui semble,
comme à saint Paul, le plus désirable de tous les

biens, parce qu'il est le plus haut degré de force et
de grandeur morales auquel l'homme puisse s'élever
ici-bas.

» Ainsi donc, l'on peut dire que la science chrétienne,
comme l'Eglise elle-même, a pris naissance dans le
sang. Pour se produire et se former, elle n'eut pas besoin, comme la science et les lettres profanes, de ces
loisirs de la paix tant vantés par les poètes et par les
philosophes de Rome et d'Athènes. Semblables à ces
Israélites, de retour de Babylone, qui d'une main relevaient les remparts abattus de Jérusalem, et de l'autre
tenaient l'épée du combat pour repousser les attaques
des Samaritains, les premiers docteurs chrétiens nous
donnent ce spectacle, trop peu remarqué et cependant
incomparable, des spéculations les plus hautes, les
plus saines de la science, unies aux luttes les plus ardentes, à l'activité la plus féconde de l'apostolat. C'est
là ce qui frappe surtout un esprit attentif dans la vie
de Clément d'Alexandrie, et ce qui donne à ses écrits
un intérêt que ne sauraient inspirer les *dialogues* du
divin Platon. »

Au fond de toutes les controverses, auxquelles donnèrent naissance le mépris des philosophes, des gnos-
tiques pour la foi pure et simple, et celui des fidèles
pour la philosophie et les sciences humaines, s'agitait
l'éternel problème, qui « consiste à déterminer les rapports de l'ordre naturel avec l'ordre surnaturel, la part
et les droits respectifs de la foi et de la raison, de l'autorité divine et de la liberté humaine dans le triple

domaine de la religion, de la science et de la politique.

» Il comprend trois solutions :

» La première consiste à nier le premier terme du problème, c'est-à-dire, l'ordre surnaturel; elle considère la religion non comme un fait divin et surnaturel, mais comme un phénomène humain et naturel ; non comme une institution d'origine surnaturelle, mais comme un produit de la pensée et de la volonté humaine.

» La seconde réponse du problème tend à supprimer ou du moins à déprimer l'ordre purement naturel, en refusant à la raison humaine, en dehors de l'enseignement direct et surnaturel de Dieu, toute autorité comme principe et règle de croyance et de conduite.

» Entre ces deux solutions extrêmes qui appartiennent au rationalisme et au fidéisme, se place une solution moyenne qui, admettant comme un fait incontestable l'existence de deux ordres de choses en ce monde, l'ordre naturel et l'ordre surnaturel, cherche à déterminer les différences qui les séparent, les affinités qui les rapprochent et le lien commun qui les unit sans les confondre.

» Cette dernière solution, consacrée par les définitions de l'Église, est celle de tous les grands théologiens catholiques. Elle est en particulier celle de Clément d'Alexandrie, dont la théorie a ouvert la voie et servi de guide aux docteurs chrétiens qui ont traité, depuis seize siècles, la question délicate et épineuse des rapports de la foi et de la raison. »

Cette question, longuement débattue à travers les ouvrages de Clément, a donné au livre de M. Cognat un caractère particulier d'opportunité et de circonstance; ce n'était plus une œuvre de pure érudition. Aussi l'auteur a-t-il pu dire avec raison : « C'est pour répondre à des besoins présents, pour résoudre des questions contemporaines que nous nous sommes proposé d'exposer la doctrine et la polémique de Clément d'Alexandrie. »

Il n'est pas dans le cadre de cet ouvrage de faire l'analyse de l'étude de M. Cognat, ni d'exposer, après lui, les idées de Clément sur les arts et les sciences humaines, sur la philosophie et son rôle providentiel, sur la foi, sur la gnose ou foi scientifique. Nous ne pouvons que renvoyer le lecteur à ce livre, qui, par l'élévation de la pensée, l'exposé lumineux des faits et des idées, la fermeté et la beauté du style, a valu à son auteur les plus éloquentes appréciations.

C'est ce que M. Cognat constate avec une légitime satisfaction dans une lettre à son oncle. « Mon livre, dit-il, va de succès en succès. M. Villemain m'a offert de me faire un article dans le *Journal des savants*; les *Débats* en préparent un de leur côté. L'*Union* et le *Constitutionnel* vont se mettre de la partie. Les Cardinaux de Besançon et de Lyon, les archevêques et les évêques de Tours, de Grenoble, de la Rochelle, le P. Lacordaire m'ont adressé des lettres de félicitation. » Ajoutons que son livre reçut la haute approbation de l'archevêque de Paris.

Parmi ces suffrages, il en est deux que j'éprouve le plaisir de citer, ceux du P. Lacordaire et de Mgr Guibert, archevêque de Tours, lesquels, sans porter un jugement détaillé ou motivé sur le livre même de Clément d'Alexandrie, font voir cependant en quelle singulière estime ces deux illustres personnages tenaient M. Cognat et ses écrits.

» Votre solide et beau travail sur Clément d'Alexandrie, lui disait le P. Lacordaire, m'est parvenu selon vos intentions, et je vous remercie doublement de cet envoi, à cause du livre d'abord, et ensuite parce qu'il m'est une occasion de vous témoigner ma sympathie et ma reconnaissance pour vos travaux... En remettant en lumière les doctrines de Clément d'Alexandrie, vous portez un nouveau coup à ces théories inconnues de l'antiquité, qui ont pour but d'écraser la raison et la liberté humaines sous une théocratie d'imagination. Je vous félicite sincèrement de ce nouveau service... »

« Je vous remercie, lui écrivait de son côté le futur archevêque de Paris, de vénérable mémoire, de la bonté que vous avez eue de m'envoyer un exemplaire de votre livre sur Clément d'Alexandrie.

» C'est une œuvre importante et du plus grand intérêt. Je me propose de le lire, dès que j'en aurai le loisir, avec le plus grand profit. C'est un grand malheur pour les évêques d'être tellement absorbés par les détails de l'administration telle qu'on l'a faite de notre temps, qu'il ne leur reste presque plus de temps pour l'étude.

» Votre livre est un de ceux pour lesquels on fait exception, et je vous assure qu'il ne se passera pas quelques semaines sans que je le lise tout entier.

» Ce que je connais déjà de vous m'assure que j'y trouverai solide érudition, appréciations judicieuses, exactitude dans la doctrine, clarté et élégance dans le style. »

Enfin l'Académie française ajouta à tous ces témoignages flatteurs l'éclat de ses suffrages, en décernant au livre de M. Cognat, sur la présentation de M. Cousin, dans la séance du 25 août présidée par M. Guizot, un de ses prix annuels, le prix Montyon. Voici en quels termes le secrétaire perpétuel, M. Villemain, motiva cette récompense :

« L'Académie ne s'éloigne pas de ces études, en reportant de là ses suffrages sur l'œuvre érudite et scrupuleuse d'un ecclésiastique qui cherche et retrouve dans les premiers interprètes de la foi les vérités de la raison, au lieu de prétendre décréditer la raison par la foi. Clément d'Alexandrie est pour lui le témoin bien choisi de cette double épreuve. C'est un savant grec né en Égypte, dans la métropole nouvelle de la Grèce, devenue reine de l'Orient, mais conquise elle-même ; c'est un élève des philosophes et des poètes profanes, mais un sectateur des prophètes et des apôtres, indigné du joug de Rome et de ses apothéoses, de ses Césars et de ses dieux, et ne voyant plus de liberté au monde que dans les vertus chrétiennes et dans l'identité de l'Évangile avec la conscience humaine.

» Un tel esprit pouvait-il nier la raison, la dédaigner ou la craindre? Ne devait-il pas reconnaître avec amour dans le culte nouveau ce qu'il avait d'abord le plus admiré dans la science antique? Cette science n'était-elle pas pour lui comme une première défense préparée soit contre un paganisme superstitieux et persécuteur, soit contre ces hérésies subtiles qui déchiraient la religion naissante? Après avoir, comme un autre chrétien du même temps, essayé tour à tour des diverses philosophies et senti par sa raison leur impuissance, pouvait-il abdiquer cette raison, même sous prétexte de mieux comprendre à ce prix la vérité divine dont elle est éclairée?

» C'est là ce que, sans faux ornements, avec une netteté pleine de force, M. l'abbé Cognat, l'historien de Clément d'Alexandrie, fait habilement ressortir et met sous les yeux d'un monde et d'un siècle si différents de ceux qu'il a décrits. Cette différence même, il est vrai, le docte écrivain ne l'aperçoit pas assez, dans la préoccupation de son étude. De là peut-être le tort de mêler à d'anciennes erreurs des noms actuels, d'imputer à nos contemporains des hérésies du second siècle et d'oublier la tolérance sans profit pour la vérité. Gardons-nous d'altérer par les controverses du jour l'originalité de ces âges antiques, dont le tableau, plus désintéressé, ne serait que plus instructif! Si Clément d'Alexandrie vous rappelle quelque chose du temps présent, que ce soit surtout l'hommage de justice dû à la science contemporaine. L'Égypte, où le génie de la guerre, au début de ce siècle, avait ouvert les tombeaux, illuminé les monuments et fait du moins apparaître les inscriptions silencieuses encore, l'Égypte, cette conquête délaissée ou perdue sans retour, n'est-elle pas désormais une province de l'érudition française, grâce au génie de Champollion et à l'ardeur sage et persévérante des élèves que nous lui voyons dans cette assemblée, les uns sédentaires et inventifs, les autres arrivant des fouilles de Karnac, avec des trésors antéhistoriques exhumés par leur courage, expliqués par leur science?

» L'Académie décerne la seconde médaille du Concours à la pensée principale, à l'intention religieuse et philosophique et aux attachants récits de l'ouvrage sur Clément d'Alexandrie. »

CHAPITRE VI

Nous avons anticipé quelque peu sur la date des événements, pour éviter le morcellement et la confusion. La publication de Clément d'Alexandrie est postérieure de trois mois à la nomination de M. Cognat à l'aumônerie du couvent des Bénédictines du Saint-Sacrement, dites du Temple de la rue Monsieur. C'est, en effet, au mois d'août 1858 qu'il quitta l'infirmerie Marie-Thérèse pour entrer dans ses nouvelles fonctions. Elles étaient un nouvel acheminement vers une situation plus active et mieux appropriée à sa nature, mais dont sa santé, insuffisamment remise de la secousse terrible qui l'avait ébranlée, était encore incapable. Il exerçait le saint ministère dans cette pieuse

maison avec M. Petit, plus tard vicaire général du
diocèse, et mort pieusement à Jérusalem d'une sueur de
sang. Parmi ses prédécesseurs figurent deux hommes,
auxquels l'unissaient des liens d'amitié, M. l'abbé Lavigerie, dont on sait la haute destinée et les services
éclatants rendus à l'Église et à la civilisation chrétienne, et M. l'abbé Soubiranne, promu dans la suite
au siège épiscopal de Belley.

Dès le principe, M. l'abbé Cognat se fit apprécier des
religieuses de la rue Monsieur et de leurs élèves. Ce
n'est pas qu'il n'eût à combattre l'impression défavorable qu'il produisit, là comme ailleurs, par son extérieur ingrat. Mais cette impression ne résista pas aux
charmes de son esprit distingué et à l'aménité de son
caractère. Sa bonté lui gagna tous les cœurs ; celles
des religieuses d'aujourd'hui, qui l'ont connu comme
élèves, en ont conservé les meilleurs souvenirs, et ne
parlent de lui qu'avec des sentiments de respectueuse
affection. Sa parole était fort goûtée dès Bénédictines
et des habituées de la petite chapelle du couvent. Non
qu'il fût chargé de la direction spirituelle des religieuses ; mais il fut invité, en plusieurs circonstances,
à porter la parole devant ce pieux auditoire. Il le fit
toujours avec édification ; il prêcha aussi un Avent avec
un succès qui ne pouvait manquer à sa piété et à son
talent. Les religieuses, auxquelles les moindres détails
du culte propres à édifier n'échappent pas, furent
frappées de la dignité grave, de l'attitude recueillie
avec lesquelles il présidait aux offices liturgiques et

célébrait le saint sacrifice de la messe. Elles remarquèrent même qu'il avait une belle voix et aimait à la faire servir aux louanges du Seigneur ; il ne perdait pas une note du chant.

Ses catéchismes sont restés légendaires au couvent ; ils eurent un succès dont on ne peut se faire une idée. Chaque séance était une véritable fête pour les élèves ; elles en attendaient le jour avec impatience ; elles reproduisaient presque littéralement l'instruction entendue ; quelques-unes en faisaient le sujet de leurs entretiens pendant les récréations. Ce succès n'était pas acheté au prix d'anecdotes plus ou moins amusantes, ou d'exercices quelconques plus ou moins heureusement imaginés. Il était dû uniquement aux qualités d'esprit du catéchiste, à la clarté de sa parole, à la netteté de son exposition, à l'intérêt puissant qu'il savait mêler aux sujets les plus sérieux, à l'art enfin avec lequel il savait mettre à la portée de son jeune et mobile auditoire les enseignements les plus élevés de la doctrine chrétienne. Ce n'est pas un mince mérite d'avoir rendu accessibles à des esprits, peu préparés d'habitude à de tels enseignements, les plus hauts problèmes religieux. Il prit en effet, pour sujet de ses instructions dogmatiques *les Fondements et l'analyse de la foi catholique,* et il traita, dans les cours d'histoire sainte, les questions relatives à l'*Origine du monde et de l'homme,* en suivant le texte de la Bible et en le commentant à l'aide des données de la science, mais avec tact et discrétion. Cependant, malgré les efforts

de M. Cognat pour mettre ces hautes questions au niveau de ces jeunes personnes, il aurait manqué son
but, s'il n'avait pas eu la bonne fortune de s'adresser
à des intelligences d'un développement très précoce.
Ce même enseignement n'eut aucun succès dans un
autre milieu, moins bien préparé pour le recevoir avec
profit, en sorte qu'il dut le refondre sur un autre plan :
tant il est vrai que la première qualité de quiconque
enseigne est de savoir se mettre à la portée de ceux qui
l'écoutent. Mais on n'arrive pas à ce résultat sans
peine ; il demande une préparation sérieuse et immédiate. M. Cognat le savait, et il n'a eu garde de livrer
son enseignement aux hasards de l'improvisation ; il le
rédigeait intégralement ou au moins dans ses grandes
lignes, avant de le donner. Tout le secret de son succès
est là.

Pendant son séjour au monastère des Bénédictines,
il prêta le secours de sa plume à Mgr Didiot, évêque de
Bayeux, dans le dessein qu'avait conçu ce prélat
d'élever une chapelle à sainte Ide. Cette sainte femme
était la fille de Godefroy le Barbu, duc de Lorraine, et
la mère de Godefroy de Bouillon. Issue du sang de
Charlemagne, elle était aussi noble par ses vertus que
par sa haute naissance. Elle consacra ses biens au soulagement des pauvres et à la fondation d'institutions
charitables et pieuses qui, suivant les belles paroles
de M. de Montalembert « ont été la caisse d'épargne
inépuisable du peuple, le patrimoine perpétuel des
pauvres, la véritable liste civile des indigents. » Après

sa mort, son corps fut déposé, selon son désir, dans l'église du prieuré de Wast, qu'elle avait fondé. Mais ce prieuré subit les vicissitudes des guerres et des révolutions, et vint un temps où il ne put continuer à donner un abri aux restes de sainte Ide. La duchesse douairière d'Orléans, Marguerite de Lorraine, obtint de François de Perrochel, évêque de Boulogne, l'autorisation de les rapporter à Paris, et elle confia ce précieux dépôt aux religieuses Bénédictines de l'Adoration perpétuelle du Saint-Sacrement établies dans la rue Cassette à Paris.

Le couvent de la rue Cassette disparut, comme tant d'autres, au souffle de la révolution. Une religieuse de cette maison réussit à soustraire les reliques de sainte Ide, et, lorsque la communauté put se reconstituer, elle en remit la garde aux religieuses Bénédictines du monastère de Bayeux, où il est conservé avec un pieux respect. Mais la pauvreté de cette maison n'avait pas permis jusqu'ici d'élever à sainte Ide un monument digne de son nom et de ses héroïques vertus. C'est pour subvenir à cette détresse que Mgr Didiot fit un appel à tous les fidèles, et c'est pour seconder son dessein que M. Cognat composa une courte mais gracieuse notice d'où ces détails sur sainte Ide sont tirés. Il la terminait par ces éloquentes paroles : « Sainte Ide, qui appartient au Boulonnais et à la Lorraine par des liens si étroits, peut être revendiquée par la France entière comme fille de Charlemagne et comme mère de Godefroy de Bouillon. Elle est une de nos gloires nationales, et pour s'intéresser à son honneur, il suffit d'être chrétien, fils des croisés et Français.

» La pensée religieuse et patriotique de Mgr Didiot ne demeurera pas sans résultat. Les fils de ces croisés qui suivirent Godefroy de Bouillon en Orient et y acquirent une illustration dont l'éclat dure encore, n'hésiteront pas à donner à la mère du premier roi chrétien de Jérusalem un témoignage de leur admiration et de leur reconnaissance. Tous ceux, et ils sont nombreux en France, qui nourrissent dans leur cœur la foi qui fait les saints, voudront apporter leur pierre à l'autel élevé à sainte Ide, et s'acquérir des droits, par cette bonne œuvre, à son intercession, et aux prières des gardiennes de son corps. »

Le projet de Mgr Didiot n'eut pas le succès qu'il espérait, malgré l'éloquent appel de M. l'abbé Cognat, mais le concours de ce dernier est une preuve de l'intérêt qu'il prenait à toutes les entreprises de la religion et du patriotisme. Son cœur était de feu pour toutes les nobles causes, de même qu'il était d'une inaltérable bonté dans ses relations avec ses amis.

Ceux-ci abusaient quelquefois Son âme était si noble et si droite qu'il croyait difficilement au mal; elle était si bonne, qu'il ne pouvait s'en fâcher; de là une certaine naïveté, dont on s'amusa quelquefois. On garde au couvent des Bénédictines le souvenir de certains traits, de certaines facéties, qui font l'éloge de l'aménité de son caractère, plus qu'elles ne prouvent encore la spirituelle gaieté de ses confrères. Lorsqu'il s'apercevait de ces plaisanteries, il était le premier à en rire, et n'était pas long à en deviner l'auteur. Il y voyait une agréable diversion à ses préoccupations habituelles et cela n'altérait en rien la franche cordialité de ses rapports avec ses amis.

Les occupations de son ministère étaient loin de suffire à l'activité de son esprit. Ses prédications peu nombreuses d'ailleurs, ses catéchismes, sa préparation des enfants à la première communion lui laissaient des loisirs. Il les consacra en grande partie à *l'Ami de la Religion*. Sa collaboration à ce journal, très prospère sous l'habile et ferme direction de M. Sisson, fut, pendant cette période, très assidue et marquée par de nombreux articles sur des sujets très divers, bien que se rattachant toujours de près ou de loin à la philosophie. La plupart des travaux, réunis dans *Traditionalisme et rationalisme*, dont nous avons parlé plus haut, appartiennent à cette époque. Je signalerai encore parmi eux quatre articles « très remarquables », lui écrivait un membre de l'Institut, sur *la Révolution dans la science*, articles dirigés contre les doctrines négatives de MM. Vacherot, Renan, J. Simon, Cousin.

La vie douce et reposée qu'il mena au couvent des Benédictines rétablit entièrement ses forces, et malgré l'attrait qui l'attachait à cette pieuse maison, elle ne tarda pas à devenir insuffisante aux besoins de son zèle et de son activité. Il manifesta donc le désir d'un poste plus actif, et il fut nommé premier vicaire à l'église Sainte-Clotilde. Il trouva là encore l'œuvre des catéchismes, mais plus étendue qu'au monastère des Bénédictines et plus absorbante, à cause du nombre des enfants, de la multiplicité et de la longueur des séances. A son arrivée, il eut à lutter contre des préventions, et d'autres difficultés, provenant d'une nouvelle répartition des catéchistes. Mais quand on le vit à l'œuvre, on comprit bien vite qu'on n'avait pas perdu au change ; les préventions firent place à l'estime. Le nouveau directeur resta maître de la situation, et l'impulsion qu'il donna aux catéchismes fut très goûtée des enfants qui les suivaient ainsi que de leurs familles.

Catéchiser les enfants, entendre les confessions, visiter les malades, administrer les sacrements, annoncer la parole de Dieu, telles sont les fonctions du prêtre attaché à une église, fonctions écrasantes dans certaines paroisses de Paris. Telles furent, à Sainte-Clotilde, celles de M. l'abbé Cognat ; mais, bien qu'elles prirent la plus grande partie de son temps, elles ne le détournèrent pas cependant de ses travaux de publiciste. Etendre le royaume de Dieu par l'action directe sur les âmes, et le défendre par la plume contre les attaques du dehors, voilà quelle a toujours été sa grande et unique préoccupation, et celle qui a toujours inspiré et dirigé sa vie. Nous la verrons jusqu'à la fin, comme nous l'avons vue jusqu'ici, partagée entre les devoirs du ministère extérieur et le travail du cabinet.

Il publia, à cette époque, une brochure fort intéressante sur la *Suède libérale devant l'Europe.* Il la com-

posa à l'instigation de M. l'abbé Langénieux, qui à son
retour d'un voyage à Stockholm sut l'intéresser au
sort de la petite communauté catholique noyée et
opprimée dans ce pays luthérien. La Suède est très
fière de ses institutions libérales. Mais la liberté religieuse chez elle n'est qu'un mot qui cache la plus
effroyable tyrannie de conscience. La législation la
plus tracassière et la plus ombrageuse met le catholicisme et toutes les sectes non conformistes à la
merci de la religion de l'État qui est le luthéranisme.
Cependant la Suède tient à donner le change à l'opinion européenne, et, dans la crainte que la législation établie par l'édit de tolérance de 1781 ne fît prendre
une mauvaise idée de son libéralisme en matière religieuse, elle inaugura en 1860 un régime nouveau, soi-
disant plus en rapport avec l'esprit de notre temps.
C'est ce qu'affirma, du moins, l'auteur d'une brochure intitulée la *Liberté de conscience en Suède*,
M. O. d'Adelsward, qui, par ses attaches officielles,
donnait à son opinion une autorité presque officielle.
M. l'abbé Cognat s'inscrit en faux contre cette assertion, et, suivant de près la brochure de M. d'Adelsward,
il la réfute avec force par des arguments sans réplique ; et afin que l'Europe civilisée sache comment
la Suède a entendu jusqu'en 1860, et comment elle
entendait encore à ce moment la liberté religieuse, il
s'applique à montrer d'abord, en rétablissant les faits,
à l'aide de documents puisés chez les auteurs protestants les moins suspects, par quelle pression sur les

consciences, le luthéranisme s'est établi jusqu'aux États de 1859, et ensuite « que les modifications apportées par la nouvelle loi à l'ancien régime d'une intolérance radicale, cachent sous un adoucissement apparent des entraves et une oppression plus réelles et plus intolérables encore. »

Il prouve d'abord que « la réformation a été établie en Suède non point par des prédicateurs ou par des apôtres animés d'une ardente conviction, mais bien par des princes, qui voyaient dans ce changement de religion un moyen de consolider une dynastie nouvelle, ou d'écarter des compétiteurs embarrassants ; non point par la libre discussion et par l'enseignement scientifique, mais par la ruse d'abord et ensuite par la violence. »

Il établit ces faits, les documents en main, et il redresse, chemin faisant, les assertions erronées de M. d'Adelsward, et relève les contradictions dont sa brochure fourmille.

Enfin il compare article par article l'ordonnance de 1860 avec l'édit de tolérance de 1781, et n'a aucune peine à montrer que le nouveau régime, qui, d'après M. d'Adelsward, consacre un immense progrès et une liberté presque complète, n'est qu'une aggravation de l'ancien, plus une hypocrisie, lequel, cependant, d'après le même écrivain, était un régime *d'intolérance radicale*.

Le dernier paragraphe de l'ordonnance de 1860, donne une prime à la délation. Il arrache un cri d'indignation à M. Cognat : « Il eût été difficile, dit-il, de couronner plus dignement le monument d'intolérance dont nous venons de faire connaître toutes les parties. Cette disposition finale de la loi du 23 octobre 1860, suffirait à elle seule pour en révéler l'esprit et les vrais motifs. Il se trouve donc au dix-neuvième siècle, dans l'Europe chrétienne et civilisée, un peuple qui se dit libéral et qui inscrit dans ses lois une prime à la dénonciation ! qui encourage et récompense comme une vertu civique et religieuse un acte que tous les peuples civilisés ont regardé et flétri dans tous les temps comme une lâcheté et une bassesse ! Et il se trouve en Suède des hommes libéraux qui osent écrire que de pareilles lois « constituent pour la Suède toute une révolution qui substitue dans le pays un régime libéral à un régime d'intolérance radicale. » Quel était donc ce pays, s'il faut voir son progrès dans une loi qui encourage le dénonciateur, et lui représente la dénonciation comme une œuvre de charité qui lui donne droit de partager avec les pauvres les dépouilles de sa victime dénoncée ! »

Cette brochure fut accueillie, on le pense bien, avec reconnaissance par les chefs de la communauté catholique de Suède. Elle lui valut une lettre de félicitations du vicaire apostolique de Stockholm qui l'engageait en même temps à donner à son travail la plus grande publicité « dans les feuilles périodiques, dit-il, comme dans les feuilles quotidiennes, les bonnes et les mauvaises. Celles ci viendront ici et cela nous sera utile ;

les autres feront connaître nos difficultés à nos frères
dans la foi ; ils s'y intéresseront devant Dieu et leurs
bonnes prières nous obtiendront sans doute la liberté
qui nous manque pour travailler efficacement à la
gloire du Seigneur et au salut des âmes qu'il a rache-
tées de son sang. »

Après cette brochure, un autre travail, la vie de
Mgr Devie, évêque de Belley, occupa les loisirs de
M. Cognat (1). Cet ouvrage avait un double attrait pour
lui ; d'abord il le sevrait, pour un temps, des préoccupations et des ardeurs de la polémique, qui l'avait
absorbé jusque-là ; ensuite c'était un repos et une
consolation pour lui d'écrire la vie d'un évêque, auquel il appartenait par son diocèse d'origine et des
mains duquel il avait reçu le sacrement de confirmation. C'est la première considération qu'il fait valoir
dans son avertissement : « L'auteur, dit-il, est né dans
le diocèse de Belley ; il y a reçu avec le bienfait de la
vie, le bienfait plus précieux de la foi et de sa première éducation chrétienne. Ce sont les mains vénérables de Mgr Devie qui lui ont dispensé, pour la première fois, le pain descendu du ciel, qui l'ont marqué
du signe de la croix et oint de l'huile du salut. C'est
au petit séminaire de Belley qu'il a commencé ses
études classiques, achevées dans celui de Paris. En
l'attachant à ce dernier diocèse, la divine Providence
n'a pas rompu tous les liens qui l'unissaient à son

(1) *Vie de Mgr Alexandre Raymond Devie*, évêque de Belley, par
M. l'abbé Cognat, 2 vol. in-8, 1865.

pays d'origine. Là, en effet, non loin de l'église où il reçut le baptême, est le tombeau de ses aïeux, de son père et de sa mère ; là, il compte des parents et conserve de nombreux amis ; là enfin, restent vivants pour lui tous ces souvenirs de la première enfance que le temps ne peut effacer et que les épreuves, les labeurs et les douleurs de la vie rendent plus chers et plus sacrés.

» Loin d'affaiblir ce sentiment, le dévouement religieux lui donne au contraire plus de force et de durée, et, mieux encore que le poète exilé de Rome, le prêtre porte partout au fond de son cœur l'image chérie et ineffaçable des lieux qui l'ont vu naître :

Nescio quâ natale solum dulcedine cunctos
Traxit, et immemores non sinit esse sui.

» Tel est le premier sentiment auquel a obéi l'auteur en acceptant la mission honorable et délicate qui lui a été offerte. »

« Le second est le désir de faire connaître un de ces grands évêques qui ont le plus puissamment travaillé à relever la religion dans notre patrie, où une persécution effroyable l'avait presque anéantie. « Mgr Devie, dit-il, appartient à cette phalange décimée de prêtres et d'évêques qui survécurent à la Révolution pour en réparer les ruines, pour relever les temples abattus, pour former un nouveau clergé, et pour lui transmettre avec le dépôt intact de la foi catholique, les traditions de zèle, de dévouement au Centre de l'unité, de patriotisme, de dignité et d'honneur qu'ils avaient reçues de leurs devanciers.

» Tous ou presque tous ces vénérables et derniers représentants d'un autre âge et d'un autre régime, ont disparu du milieu de la société nouvelle. L'heure de l'histoire a sonné pour eux. La postérité, sans doute, les jugera plus grands encore que ne l'ont fait leurs contemporains ; et elle réformera plusieurs jugements trop précipités pour être, de tout point, équitables.

» L'histoire, de plus en plus, constatera un fait qui rend ces évêques supérieurs à toute critique et les égale à toute louange : ils ont suffi à leur tâche, et leur tâche était l'une des plus surhumaines que Dieu ait jamais imposées même à des apôtres. »

M. Cognat n'entreprit pas cette œuvre de lui-même; il y fut invité par Mgr de Langalerie, alors évêque de Belley, à qui Mgr Dupanloup l'avait désigné. Il justifia le choix qu'on avait fait de lui par la façon à la fois noble et simple dont il conçut et traita son sujet.

Mgr Devie est, sans conteste, une des plus grandes figures épiscopales de l'Eglise de France, en ce siècle. Élevé sur cet antique siège de Belley, qu'illustrèrent tant de saints évêques, parmi lesquels brillent, au premier rang, saint Anthelme et saint Arnaud, et qui s'honore d'avoir donné à Paris un de ses archevêques, il fut un des plus glorieux représentants de cet épiscopat que Dieu tenait en réserve pour restaurer la religion dans notre pays, après la tourmente révolutionnaire.

« A mes yeux, dit Mgr Dupanloup, il fut un des plus dignes représentants de cet ancien clergé de France, que j'ai vénéré dans ma jeunesse sacerdotale, et dont la mémoire et les vertus doivent nous être à jamais chères et glorieuses.

» Ce n'est pas avec la plume et du papier qu'il prouva ce dévouement à l'Église, dont je viens de parler, mais par tous les actes d'une vie admirablement sacerdotale et épiscopale.

» C'est à l'époque où l'exil et la mort menaçaient les prêtres, qu'il se consacra à Dieu ; c'est au moment où l'échafaud était en permanence dans notre pays, qu'il dit sa première messe. Il traversa avec un zèle que la prudence ne rendit jamais timide ces temps malheureux ; nul ministère sacerdotal ne fut plus actif, plus laborieux et plus fécond que le sien ; et, plus tard, son activité sembla croître avec ses devoirs, quand il eut été élevé à l'épiscopat : toutes les bonnes œuvres nécessaires au salut des âmes et à la Religion, il les a fondées.....

» Je ne crois pas que nul autre évêque ait plus fait que lui pour réparer, parmi nous, les ruines de la Révolution et recréer l'Eglise de France. »

Le diocèse, qui lui échut en partage, était peut-être un de ceux qui avaient le plus souffert. La tempête n'y avait rien laissé debout ; elle avait jeté bas tout l'édifice ; il fallait le reconstruire pierre à pierre, et le reprendre de la base au sommet. Le clergé était insuffisant, par le nombre et par les lumières ; il fallait

pourvoir à son recrutement et à sa formation. Les
églises tombaient en ruines ; il fallait les réparer,
les meubler des objets nécessaires au culte, en construire de nouvelles dans les paroisses qui en manquaient encore, enfin relever plus de quatre cents
clochers, qu'un Constitutionnel, envoyé en mission
dans le département de l'Ain, avait fait abattre, sous
prétexte d'égalité. La foi avait beaucoup diminué dans
ces populations, jadis si profondément chrétiennes ; il
fallait la raviver en secondant le zèle et les efforts des
pasteurs. Mgr Devie se rendit promptement compte
de l'étendue du mal, et résolut d'y porter remède ;
mais ayant tout à créer, il comprit que, pour arriver à
un résultat satisfaisant, il devait procéder avec suite
et méthode.

Son clergé fut le premier objet de sa sollicitude pastorale. Pour assurer sa formation, il ouvrit un grand
et un petit séminaire ; pour les peupler, il favorisa le
plus possible les vocations ecclésiastiques, et stimula
le zèle de ses prêtres par des circulaires, où il les engageait à s'occuper d'une manière particulière des
enfants en qui ils remarquaient des dispositions pour
l'état sacerdotal. Il s'occupa ensuite du relèvement des
clochers, de la réparation des églises ; il en fit construire plusieurs, en particulier celle de Ferney, où le
calvinisme de Genève venait d'élever un temple, et où
il était important que le catholicisme eût aussi un
édifice digne de lui. Il établit des retraites pour ses
prêtres, des missions pour les fidèles, visita fréquem-

ment les différentes parties de son diocèse, et grâce à
une activité infatigable et à sa haute intelligence, il
réussit à lui rendre son antique splendeur, en relevant
les ruines matérielles et morales, qu'y avait accumulées la Révolution. Il composa aussi plusieurs ouvrages,
entre autres le *Rituel* de Belley, son chef-d'œuvre,
pour éclairer son clergé et lui donner un guide pratique dans l'accomplissement de ses principaux
devoirs.

L'action de Mgr Devie ne s'enferma pas dans les
limites de son diocèse. Il prit aux affaires générales de
l'Eglise de France une part considérable, et la sagesse
et la modération de ses avis lui valurent une grande
autorité sur l'épiscopat français. Enfin, il joignait à
des qualités administratives de premier ordre, un
talent oratoire dont l'onction, comme on l'a dit, rappelait l'archevêque de Cambrai. Aussi n'est-il pas
étonnant que le gouvernement ait songé à l'arracher
à l'humble siège de Belley, pour l'élever sur celui de
Reims et de Paris. Mais Mgr Devie résista à toutes les
ouvertures qui lui furent faites. Il voulut achever dans
le diocèse de Belley l'œuvre de restauration qu'il y
avait commencée, et il la poussa si activement qu'il
put le remettre à ses successeurs dans un état complet
de réorganisation.

M. Cognat avait donc, dans l'histoire de Mgr Devie,
un beau sujet à traiter. Il ne fut pas inférieur à sa
tâche; il s'en acquitta avec honneur, et son livre est
digne des plus grands éloges. Le récit est toujours

d'une simplicité charmante : l'auteur se donne bien
de garde de se montrer jamais. Il a soin de laisser
toujours son héros sur le devant de la scène, de
nous le montrer agissant et parlant. Il veut que nous
le connaissions et l'appréciions par nous-mêmes à
l'aide des documents qu'il met sous nos yeux, et
que nous puissions vérifier si les traits de son portrait sont exacts et ressemblants. Son plus grand
souci a été, en effet, de reproduire avec la plus grande
exactitude la physionomie de Mgr Devie. Son désir
d'être complètement vrai a même écarté de lui, comme
lui écrivait Mgr Chalandon, successeur immédiat de
Mgr Devie, et plus tard archevêque d'Aix, la tentation
de passer sous silence les opinions du savant prélat,
sur lesquelles pourraient naître des controverses. Le
souci de l'exactitude n'a pas nui à l'intérêt, il s'en
faut ; la biographie de Mgr Devie est peut-être une des
plus attrayantes qui existent ; elle est aussi fort importante pour les annales de la religion en France après
la Révolution ; elle est une des pages glorieuses de
l'histoire de l'épiscopat français au début de ce siècle
agité.

M. l'abbé Cognat eut la joie de voir son travail couronné d'un légitime succès. Il reçut des lettres de
félicitations de plusieurs évêques avec les appréciations les plus flatteuses.

« J'ai pris connaissance, lui écrivait Mgr Darboy, des
pages que vous avez consacrées à la mémoire vénérée
de Mgr Devie, évêque de Belley, et j'y ai retrouvé les

qualités qui vous distinguent comme écrivain et comme prêtre. Je vous offre donc mes remerciements pour la satisfaction que m'a causée la lecture de votre œuvre, et mes félicitations pour le talent et les sentiments qui s'y manifestent.

» Vous avez fait un livre qui plaît et qui inspire l'amour de la Religion! Rien n'est plus édifiant pour tout le monde que cette vie d'évêque, où l'on trouve des jours si pleins et où l'on voit une alliance si belle et si féconde de l'intelligence, du courage et de la piété, mis au service du pays, de l'Eglise et de Dieu. On ne vous lira donc ni sans intérêt, ni sans profit, et je fais des vœux pour que vous ayez de nombreux lecteurs. »

C'est presque dans les mêmes termes qu'est conçue la lettre du cardinal Mathieu, archevêque de Besançon.

« J'approuve beaucoup, dit-il, la pensée que vous avez eue d'écrire la vie de Mgr Devie, cette vie si pleine de Dieu et pour Dieu, par la piété, la religion profonde, le dévouement, le zèle, la mortification, vie toute évangélique, toute sacerdotale, et digne des évêques des premiers temps. La vénération, l'affection, l'admiration que m'avait inspirées Mgr Devie, m'ont rendu sa mémoire bien précieuse. J'ai été heureux de le retrouver, dans votre écrit, tel que je l'avais connu. C'est un service que vous rendez à l'Eglise, et dont je vous suis, en mon particulier, très reconnaissant. »

« Je vous remercie, lui écrivit à son tour le coadjuteur et le successeur de Mgr Devie, d'avoir consacré

votre beau talent et vos actives recherches à conserver
la mémoire de celui qui peut bien être regardé comme
le second fondateur du diocèse de Belley, et qui y a si
heureusement fécondé, par ses exemples, les riches
semences de foi, de science et de piété, que sa parole
y avait répandues. C'est grâce à lui qu'en si peu
d'années, ce diocèse a donné à l'Eglise ces nombreux
évêques qu'il a fournis à la France et aux missions ; à
la science des hommes tels que les *Greppo* et les *Gorini*,
pour ne citer que ceux qui ont disparu ; au ciel, des
saints tels que le curé d'Ars, ou les Maristes martyrs ;
et au présent comme à l'avenir, des prêtres tels que
ceux que, mieux que personne, j'ai pu moi-même
apprécier autant qu'aimer. Mais c'est grâce à vous
qu'après sa mort, Mgr Devie parle, instruit, édifie
encore. Votre ouvrage le ressuscite dans nos pensées et
notre respectueuse tendresse ; qu'il le ressuscite surtout dans nos œuvres. »

Enfin, Mgr Dupanloup terminait l'appréciation dont
il honora l'ouvrage de M. Cognat par ces paroles :
« Vous aviez, mon ami, un magnifique sujet en mains,
une grande et noble figure d'évêque à faire revivre. Le
simple et unique éloge que je ferai de votre travail,
c'est que le vénérable évêque de Belley, le modèle et
l'honneur de notre épiscopat, se retrouve là, tout
entier, tel qu'il était : dans un récit noble, grave, littéraire, où l'on sent l'écrivain exercé, le prêtre intelligent de son pays et de son temps, du Sacerdoce et de
l'Eglise. Vous avez fait une belle et bonne œuvre. Je

vous en félicite et je vous en remercie. » Quant à
Mgr de Langalerie, il crut devoir mêler à ses félicitations quelques réserves touchant les opinions théologiques de Mgr Devie, que M. Cognat avait exposées
avec la sincérité d'un historien impartial.

Ces succès pacifiques et les occupations plus calmes
du ministère paroissial avaient affermi sa santé, en
dépit du tremblement nerveux qu'il garda jusqu'à la
fin de sa vie. Aussi pouvait-il désormais affronter
les labeurs de plus hautes fonctions, et c'est à quoi
Mgr Darboy songeait, lorsque les circonstances four-
nirent à ses desseins une heureuse occasion.

M. l'abbé Foulon, supérieur du petit séminaire de
Notre-Dame des Champs, venait d'être promu à l'évêché de Nancy, en remplacement de Mgr de Lavigerie,
nommé au siège d'Alger. Il fallait pourvoir à la succession de M. l'abbé Foulon. Mgr Darboy connaissait particulièrement M. Cognat ; il l'avait rencontré aux Carmes ; il avait pu l'apprécier. C'est entre ses mains qu'il
eut l'idée de remettre les destinées de son petit séminaire.

Il manda donc M. Cognat à l'archevêché, lui fit part
de son projet, le laissant libre de refuser ou d'accepter,
mais désirant être fixé le plus tôt possible.

Après bien des hésitations, et des consultations,
M. Cognat accepta la proposition qui lui avait été faite,
et le 10 avril 1867, il était placé à la tête de cette importante maison d'éducation ecclésiastique. D'après
certaines informations, que je n'ai pu contrôler, cette

nomination se rattachait, dans la pensée de Mgr Darboy, à un projet de réorganisation des maisons d'enseignement du diocèse de Paris, lequel consistait à réunir le petit séminaire de Notre-Dame des Champs et l'Ecole des hautes études en une seule maison sous l'autorité du même supérieur. Quoi qu'il en soit de ce projet, dont le but et la portée ne sont pas faciles à saisir, à moins que ce ne fût un acheminement vers l'établissement d'une faculté, d'un centre complet d'études, il est certain qu'il n'eut aucune suite, si tant est qu'il en ait été réellement question. Il ne serait pas étonnant toutefois, qu'on eût, en envoyant M. Cognat à Notre-Dame des Champs, quelque dessein ultérieur à son sujet. Mais ceci est du domaine des conjectures ; ce qui ne l'est pas, c'est que, par une attention délicate, et vraisemblablement par suite d'une entente préalable, Mgr Darboy et Mgr Foulon lui envoyèrent chacun, et à un jour d'intervalle, un titre de chanoine de leur cathédrale.

Que M. Cognat ne se soit pas décidé sans quelque peine à occuper le poste, où le plaçait la confiance de son archevêque, c'est ce qui résulte d'un passage de son discours à la distribution des prix : « Quelques âmes bienveillantes, dit-il en s'adressant à Mgr Darboy, ont parlé de sacrifices qu'il m'aurait fallu faire pour suivre votre appel. Je n'ai pas quitté sans regrets, je l'avoue, un ministère que Dieu n'avait pas laissé sans bénédictions. Mais, de quelque côté que j'envisage ma mission nouvelle, il m'est impossible de n'y pas voir l'œuvre la plus importante qui puisse être confiée au dévouement d'un prêtre, et par conséquent le plus honorable témoignage de confiance qui lui puisse être donné. »

Et ici il rappelle en termes touchants et avec délicatesse les relations qui l'unissaient au premier pasteur du diocèse. « Je vous dois, lui dit-il, non seulement l'honneur de la place que j'occupe, mais les titres qui ont déterminé votre choix. C'est de vous que me sont venus les premiers encouragements de mes humbles travaux, et les premiers suffrages qu'ils ont obtenus. C'est à votre école, j'ose le dire, que j'ai essayé d'apprendre l'art de diriger mes études, et le secret plus difficile encore de gouverner ma vie ; et, au nombre des bienfaits que j'ai reçus de Dieu, j'aimerai toujours à compter celui qui m'a permis de lire, depuis vingt ans, dans vos sentiments et dans vos exemples la devise inscrite dans vos armes : *Labore fideque.* »

Toutefois, ces regrets de la première heure ne tardèrent pas à faire place à une joie profonde, lorsqu'il eut franchi le seuil de cette maison qui lui rappelait tant de souvenirs. « Ce n'est pas sans une vive émotion, dit-il, qu'après quatorze ans d'une absence, où les épreuves ne m'ont pas manqué, je me suis retrouvé dans cet asile studieux et pacifique, berceau et premier théâtre de ma vie et de mon ministère sacerdotal. L'enfant de la Bretagne ne revoit pas avec plus de bonheur, après une longue et périlleuse navigation sur l'Océan, le port et le toit bénis vers lesquels ses yeux et son cœur n'ont cessé de se tourner pendant la tempête, que je n'en ai éprouvé moi-même en revoyant les murs de cette maison, et en retrouvant dans le présent une image si fidèle du passé. »

Mais quelles dispositions apporta-t-il dans ses fonctions nouvelles ? A-t-il quelque méthode particulière, quelque idée originale sur l'éducation ? Est-ce un novateur ? ou bien entrera-t-il dans les eaux larges et pures de la tradition ? M. l'abbé Cognat avait trop de bon sens pour vouloir innover dans une maison où l'enseignement avait été si fortement organisé par Mgr Dupanloup et ses successeurs. Il comprenait que sa tâche devait se borner à marcher sur leurs traces, et à tenir en haleine maîtres et élèves, afin d'élever de plus en plus le niveau des études. C'est ce qu'il déclara en ces termes gracieux : « J'aime à converser avec les vieillards, disait le maître de Platon. Comme ils nous ont devancés dans une route que peut-être il nous faudra parcourir, je regarde comme un devoir de nous informer auprès d'eux si elle est rude et pénible, ou d'un trajet agréable et facile.

» Je partage ce goût de Socrate pour la conversation et l'expérience des vieillards.

» Voilà pourquoi j'aime les traditions qu'ils nous ont laissées, les règles qu'ils nous ont tracées, les coutumes qu'ils ont établies. Oui, j'aime les saines traditions de mon pays ; j'aime au-dessus de toutes les autres, les traditions des anciens du sacerdoce. Dès mes premiers pas dans la carrière qu'ils ont parcourue, mon premier besoin a été d'observer leurs traces, et ma sécurité de les suivre.

» Cet amour des traditions, j'ai pu m'y abandonner sans contrainte ni péril en entrant dans cette maison. Une institution s'apprécie par les hommes qui l'ont établie, par les fruits qu'elle produit et par les besoins qu'elle satisfait : elle se juge par son passé, son présent et son avenir ; » et il montre que sous ce triple rapport le petit séminaire de Notre-Dame des Champs est digne de sa réputation.

Enfin, il définit en termes aussi nobles que précis l'idée qu'il se fait d'un séminaire et de l'éducation qu'on doit y donner. « Nous sommes un petit séminaire et non pas simplement un lycée ou un collège chrétien. Nous n'avons pas seulement à former ici des hommes et des chrétiens, nous avons à élever des prêtres. L'Eglise et la société nous demandent non pas seulement des hommes honnêtes qui aiment le bien et pratiquent la justice, mais des hommes de sacrifice qui se dévouent à la perfection. Pour tout dire en un mot, un petit séminaire est une école où doivent se préparer et se former, sous l'influence de la grâce divine, ces âmes d'élite dont Jésus-Christ a dit : « Vous êtes la » lumière du monde et le sel de la terre. »

» Voilà, je ne dirais pas l'idéal que nous devons avoir en vue, mais le but que nous devons atteindre, sous peine de manquer à notre mission.

» Or, pour élever des enfants jusqu'à cette hauteur, il est évident qu'il faut plus et mieux qu'une éducation

ordinaire. C'est un principe de bon sens qu'il est nécessaire de former chacun pour l'état auquel il est appelé et de lui donner des goûts, des inclinations et des
habitudes qui lui rendent un jour ses devoirs faciles.
Des enfants appelés au sacerdoce réclament donc
une éducation ecclésiastique. Inspirer le goût d'une
vie sérieuse et appliquée avec laquelle s'allie si bien la
gravité des mœurs et la fidélité aux devoirs, cultiver
et diriger les passions dans le temps favorable, de manière qu'elles se laissent maîtriser, et que loin d'être jamais un obstacle au bien, elles soient l'instrument utile
d'un zèle sûr et éclairé, former à ce savoir-vivre qui
consiste à se contraindre soi-même pour ne pas gêner
les autres, et qui éblouit moins par les belles manières
qu'il n'édifie par les vertus et la simplicité : voilà, dans
ses caractères généraux, ce que j'appelle une éducation
ecclésiastique. Mais ce qui la distingue de toute autre,
ce qui la rend une œuvre incomparablement plus noble et plus difficile, c'est qu'elle doit avoir un caractère de grandeur comme la vocation à laquelle elle
prépare. Elle ne serait nullement ce qu'elle doit être,
si elle ne produisait que des âmes médiocres et com-
munes. Un état qui commande l'oubli de soi-même,
où l'on cesse d'être fidèle dès qu'on cesse de se renoncer, ne convient qu'aux âmes fortes et élevées. Il faut
être grand ou le devenir pour porter le caractère sacerdotal. Si donc l'éducation commune doit être douce
et forte, l'éducation ecclésiastique doit être pieuse et
austère.

Fortes creantur fortibus et bonis
.....Neque imbellem feroces
Progenerant aquilæ columbam.
(Horace, liv. IV, od. 4.)

» Mais il est un écueil à éviter duquel on s'approche à mesure que l'on fait plus d'efforts pour atteindre le but où l'on veut parvenir. Il est aussi essentiel de ménager la faiblesse de l'enfance que d'en tirer tous les fruits qu'elle peut porter. Dans la conduite des âmes, comme dans le traitement des corps, c'est une grande faute de forcer la nature au lieu de la suivre et de l'aider.

» Les règles les plus sévères, celles qui renferment le plus de perfection absolue, ne sont pas les plus difficiles à trouver.

» Mais à force d'être parfaites, elles deviennent facilement impraticables et nuisibles. De plus, une contrainte excessive aigrit les caractères et nuit quelquefois à leur franchise. On se délivre à la fin de ce qu'on a été longtemps forcé d'être, malgré soi, et un moment de liberté suffit souvent pour détruire l'échafaudage éphémère de plusieurs années.

» Il y a donc lieu de tempérer par une prudente douceur l'austérité de la discipline, et de suivre ce conseil de saint Léon le Grand : *Sit rigor, sed non exasperans; sit amor, sed non emolliens.* Mais ce qui n'est pas aisé à saisir, c'est ce juste tempérament, cette sobriété de sagesse, comme parle saint Paul, sans laquelle la vertu se détruit elle-même en dépassant la mesure On ne peut guère tracer les règles de cet art difficile. L'expérience et le dévouement religieux en sont les meilleurs maîtres. »

Cette page était à citer, parce qu'elle résume parfaitement les idées de M. Cognat sur ce que doit être l'éducation ecclésiastique, et que par suite elle peut être considérée comme son programme. Dans les discours des années suivantes, il se proposait d'en développer successivement chaque point; idée excellente, dont la réalisation nous eût donné un traité complet de pédagogie ecclésiastique. Malheureusement, le temps l'arrêta dans une carrière si brillamment inaugurée. Néanmoins, le discours que je viens d'analyser, et les deux suivants où il traita de l'*Education de l'esprit* et l'*Education du cœur*, nous donnent une idée suffisante, encore qu'incomplète, de la manière dont il entendait son rôle d'éducateur.

Il s'en acquitta avec honneur; entre ses mains, le petit séminaire de Notre-Dame des Champs ne déchut pas de son passé; et s'il ne lui donna pas un éclat nouveau, il sut, du moins, par une direction large, intelligente, ne se mêlant que discrètement aux détails, et se réservant pour les choses importantes, y maintenir les fortes études et faire régner une sage discipline. Il était sévère ou plutôt ferme; mais sa fermeté était tempérée par une grande bonté, comme sa bonté était sans faiblesse. La lutte qui s'engageait quelquefois dans son esprit entre la nécessité de l'observation rigoureuse du règlement et l'inclination qui l'aurait porté à condescendre à certaines demandes des parents, plissait les traits de son visage jusqu'à leur donner une expression de dureté, en sorte qu'on redoutait un peu son abord. Mais cette attitude était simplement celle d'un homme bon et qui veut protéger l'autorité dont il a la garde contre les surprises, les faiblesses possibles de sa bonté. Aussi fut-il toujours inflexible dans les cas où une infraction au règlement, même autorisée, aurait pu le compromettre.

Il n'était pas en contact fréquent avec les élèves ; il présidait les exercices généraux, les repas, la proclamation des notes hebdomadaires, la lecture spirituelle et les offices religieux. Il profitait de la méditation qu'il faisait une fois par semaine à la réunion du matin, pour inspirer aux élèves les sentiments de la piété la plus tendre et la plus éclairée. Mais c'était surtout à la lecture spirituelle qu'il exerçait vraiment son action éducatrice. On sait tout le parti que M. l'abbé Dupanloup, son maître, sut tirer de cet exercice quotidien. C'est avec les notes recueillies par quelques élèves dans ces entretiens familiers, qu'il composa plus tard ses beaux livres sur l'éducation. M. Cognat voulut-il l'imiter ? Je ne sais, mais il avait entrepris, lui aussi, à différentes reprises, de traiter certains points de pédagogie. Il est un vice, assez répandu dans la jeunesse des écoles, qui est un obstacle sérieux à ses progrès dans la science et dans la piété : la légèreté de l'esprit. Il prit à tâche de le combattre, et pendant une longue série de lectures spirituelles, il s'appliqua à le définir, à le dépeindre dans ses caractères, dans ses

manifestations diverses, dans ses dangers, afin d'en
donner une idée exacte à ses jeunes auditeurs, et les
amener à le surveiller attentivement en eux. Les entretiens seraient peut-être devenus un livre, où la
pénétration de l'analyse psychologique l'aurait disputé
à la finesse de l'observation et à la richesse des aper-
çus. Malheureusement il en a été de ce projet comme
de plusieurs autres ; le temps ne l'a pas laissé venir à
terme. C'était en effet vers le milieu de l'année 1869 à
1870 qu'il avait entamé ce sujet. Elle se termina, comme
on le sait, au milieu des agitations produites par la
déclaration de cette guerre néfaste, qui devait accu-
muler tant de ruines dans notre patrie mutilée. Le
petit séminaire se dispersa, non sans avoir payé, à sa
façon et dans sa mesure, sa dette patriotique. Spontanément les élèves renoncèrent à leurs prix et à leurs
couronnes et demandèrent que la valeur en fût affectée
à la caisse des ambulances : élan généreux qui prouve
mieux que tous les discours que, dans les petits séminaires, le culte de la patrie s'allie dans une heureuse harmonie au culte de la religion, et que les
cœurs sont d'autant plus prêts aux grands sacrifices
que l'amour de Dieu les rend plus vaillants en les
détachant davantage d'eux-mêmes.

La rentrée scolaire ne put s'effectuer au mois d'octobre. Notre valeureuse armée avait succombé en
d'héroïques combats sous les formidables poussées
d'un ennemi numériquement supérieur ; le sol sanglant de la patrie était foulé par le pied de son inso-

lent vainqueur. Le petit séminaire fut transformé en ambulance. L'âme si française de M. Cognat saignait des blessures de notre infortuné pays ; elle en souffrait d'autant plus qu'elle s'était moins laissée aller aux illusions de vaines espérances. Chaque défaite avait un retentissement douloureux dans son cœur. Il resta à son poste ; il subit toutes les horreurs du siège, jusqu'à l'éclat de l'insurrection populaire, qui mit Paris à feu et à sang, sous les regards mêmes et à la féroce joie de l'ennemi. Entre le siège et la Commune, il avait essayé de rouvrir les classes pour les élèves présents à Paris ; mais il dut bientôt, devant les menaces de la guerre civile, les renvoyer dans leurs foyers. Il put lui-même se soustraire au danger et quitter la capitale en feu, sous un accoutrement des plus bizarres. Après la répression et la déroute de la Commune, il rentra à Paris, fumant encore et jonché de ruines. Mais tout était changé. Le gouvernement avait passé en d'autres mains, et la mort de Mgr Darboy, assassiné par les bandits de Raoul Rigault, allait aussi modifier l'administration diocésaine. Dès lors, M. Cognat ne songea plus à rester à la tête du petit séminaire ; Mgr Guibert, de vénérable mémoire, qui le connaissait de longue date et l'appréciait beaucoup, comme l'atteste la lettre citée plus haut, entra dans ses vues, si du moins il ne les devança pas, et le nomma, en qualité de desservant, à la cure de Notre-Dame des Champs, laissée vacante par la mort de M. l'abbé du Chesne.

La période qui précéda sa nomination fut marquée par la publication de deux lettres à M. Gambetta. Ce chef de la démagogie, qui joua un rôle prépondérant et tristement célèbre en 1870, et qui allait inaugurer en notre malheureux pays, une politique si funeste dans ses conséquences, avait prononcé à Saint-Quentin un discours retentissant, où il proclamait la nécessité de la séparation de l'Église et de l'État, de l'Église et des écoles. On reconnaît là les principaux points du programme dont ce démagogue poursuivit avec âpreté la réalisation, et qui est aujourd'hui, en grande partie du moins, un fait accompli. Dans l'espoir de jeter la division dans l'Église, l'orateur démagogique avait opposé le *bas clergé* au *haut clergé* ; il faisait des avances au *bas clergé*, lui prodiguait ses déshonorantes sympathies, affectant de séparer sa cause de celle du *haut clergé.*

C'est à ce discours de Saint-Quentin que M. Cognat répondit par ses deux lettres. Je n'hésite pas à dire qu'elles sont deux chefs-d'œuvre de bon sens, de raison, de logique et de style ; il y a même de l'esprit, et beaucoup d'esprit. Je ne les comparerai sans doute à aucune des *Provinciales* de Pascal, mais bien aux *Lettres de quelques Juifs*, de l'abbé Guénée. C'est la même verve, la même raison, la même ironie, la même habileté à embarrasser l'adversaire dans ses propres contradictions, et à retourner contre lui ses propres arguments. C'est peut-être le meilleur ouvrage qui soit sorti de la plume de M. Cognat.

CHAPITRE VII

Historique de la paroisse Notre-Dame des Champs. — L'église en bois. — Consécration de la nouvelle église. — Baptême des cloches. — Inauguration des grandes orgues. — Le chemin de la croix. — Œuvres de la paroisse. — Allocutions diverses. — Catéchismes. — Ecole paroissiale Notre-Dame des Champs. — Ses origines.

C'est le 26 décembre 1871, quelques mois après les terribles événements dont Paris venait d'être le théâtre, que M. l'abbé Cognat fut nommé curé de la paroisse Notre-Dame des Champs (1). La création de cette paroisse était de date récente ; elle se rattachait au projet, conçu par Mgr Sibour et poursuivi par ses vénérables successeurs, de multiplier le nombre des églises de la capitale, pour répondre plus facilement aux besoins spirituels des fidèles. L'ouverture de la rue de Rennes et la gare de l'Ouest avaient augmenté dans des

(1) Voir sur les origines lointaines du culte de Notre-Dame des Champs, les intéressants détails, qu'en a donnés M. Caron, vicaire général de Paris, dans le discours éloquent qu'il a prononcé pour l'installation de M. de Cabanoux, successeur de M. Cognat, à la paroisse Notre-Dame des Champs.

proportions considérables la population du quartier
Montparnasse. Les deux églises qui le desservaient ne
pouvaient plus suffire au service religieux d'une telle
population. La fondation d'une nouvelle paroisse, for-
mée de deux tronçons détachés de Saint-Sulpice et de
Saint-Jacques-du-Haut-Pas, s'imposait donc à l'administration diocésaine. Le soin de cette lourde entreprise fut confié à un prêtre jeune, actif, intelligent.
M. l'abbé du Chesne, nommé curé d'une paroisse sans
église, se préoccupa avant tout de la doter de cet édifice
indispensable.

Il alla au plus pressé, et, en attendant la réalisation
d'un projet plus grandiose, il se hâta de faire construire
une petite chapelle en bois de sapin. Ce n'était pas
beau ; ce n'était pas grand ; n'eût été le clocheton, qui
la surmontait, on l'aurait prise pour un chalet ; mais
du moins c'était un abri jusqu'à des jours meilleurs ;
c'était un centre pour la paroisse, et pendant de longues années encore, elle ne devait pas en avoir d'autre.

Une seconde difficulté non moins sérieuse était de
grouper les fidèles de la nouvelle paroisse autour de
ce centre improvisé. Or le moyen de les décider à oublier le chemin de leurs anciennes églises et de les
amener dans cet édifice étroit, où l'on ne pouvait re-
muer dès qu'il y avait un peu de monde, où l'on étouf
fait en été et où les cérémonies du culte ne pouvaient
se déployer dans toute leur majesté religieuse ?

M. du Chesne y parvint cependant, et à partir de ce
moment, on put considérer la paroisse comme créée

ce noyau allait se développer, grandir, s'épanouir en une magnifique floraison sous la rosée fécondante des bénédictions célestes et sous les efforts persévérants de M. du Chesne. Aussi la chapelle provisoire devint-elle bientôt tout à fait insuffisante ; il fallut songer à un édifice plus spacieux.

C'est alors que M. du Chesne se mit en mouvement pour obtenir de la Ville et de l'Etat la construction d'une église plus en rapport avec les besoins de la nouvelle paroisse. Cette œuvre devint sa grande préoccupation ; il eut la joie de poser la première pierre ; il n'eut pas celle de voir couronner l'édifice ; mais les travaux étaient très avancés lorsqu'il mourut.

C'est donc dans la petite église provisoire que M. Cognat fut installé, et qu'il dut attendre six grandes années l'achèvement de l'église définitive. Ses débuts dans le ministère pastoral ne furent pas sans épines ; il eut à lutter contre des préventions, secrètement répandues contre lui ; il eut à conquérir, de vive force, paraît-il, les sympathies de son clergé et de ses paroissiens ; mais là, comme ailleurs, il sut se rendre maître de la situation et gagner les cœurs.

A ces difficultés morales se joignaient les difficultés matérielles. Les ressources de la fabrique étaient modiques ; l'exiguité de l'église exilait les catéchismes sur différents points de la paroisse ; le clergé, encore peu nombreux, devait se multiplier pour ne laisser aucun service en souffrance. Dans de telles conditions, il était impossible de créer ces admirables œuvres, qu'a inven-

tées le zèle pastoral et qui sont le plus bel ornement
d'une paroisse, en même temps que le meilleur moyen
d'y maintenir et d'y développer la piété. M. Cognat souffrait de cette impuissance où il se trouvait réduit.
Aussi appelait-il de tous ses vœux le jour où la nouvelle église serait achevée et livrée au culte.

Ce jour arriva enfin. Le 31 octobre 1876, la paroisse
Notre-Dame des Champs était en fête. Une foule nombreuse se pressait dans l'enceinte du magnifique monument élevé à la gloire de Marie, sous le vocable de
Notre-Dame des Champs. Elle venait assister à la consécration de cet édifice au culte. La cérémonie fut présidée par M. l'abbé Caron, vicaire général, alors archi-
diacre de Sainte-Geneviève, assisté de M. Cognat et de
son clergé.

La joie rayonnait sur tous les visages. Mais le plus
heureux de tous les assistants, ce fut sans contredit le
pasteur, qui voyait dans cette solennité le point de départ d'une vie nouvelle pour sa paroisse. Son zèle allait
enfin pouvoir se dépenser, se répandre, se communiquer, et créer ces œuvres qu'il rêvait depuis longtemps.
Voilà la cause intime de la joie qu'éprouvait le cœur de
M. Cognat, et qui lui faisait dire à qui voulait l'entendre : « Ce jour est le plus beau de ma vie. »

La nouvelle église de Notre-Dame des Champs s'é-
lève sur le boulevard Montparnasse, entre les rues
du Montparnasse et Stanislas, sur une partie de l'emplacement occupé par un hôtel bâti en 1774, par Celle-
rier, pour le duc de Laval-Montmorency ; elle a été

construite en vertu d'une délibération du conseil municipal en date du 13 juillet 1866. Les travaux commencés sous la direction de M. Ginain, architecte, n'ont été achevés qu'en 1876.

La façade donne sur le boulevard.

L'édifice est construit en forme de croix. Il a trois nefs ; un défaut de proportion le fait paraître tout en longueur. Les lignes architecturales sont très pures ; la partie antérieure est irréprochable. Les bras de la croix forment naturellement des chapelles dont l'une est dédiée à saint Joseph, l'autre au Sacré-Cœur. Au-dessus des arcades de la grande nef se développe une frise destinée à recevoir des peintures. M. l'abbé Cognat rêvait pour ces fresques tout un poème en l'honneur de la sainte Vierge : Marie, avant et après le mystère de l'Incarnation, dans l'Ancien et dans le Nouveau Testament, tel est le sujet qu'il aurait voulu confier au pinceau inspiré de quelque Hippolyte Flandrin.

Mais deux choses lui manquèrent toujours : l'artiste de génie et l'argent. Espérons que ces deux choses se trouveront réunies quelque jour, pour donner à l'église Notre-Dame des Champs son dernier et nécessaire embellissement. M. Cognat eut cependant la joie de voir se réaliser une partie de son rêve. Les deux chapelles du transept furent décorées chacune d'une fresque, œuvre d'un habile pinceau, et il se réjouissait de penser que la chapelle de Saint-Denis allait recevoir la sienne ; mais elle ne fut exécutée qu'après sa mort.

L'entrée en possession de la nouvelle église fut pour
M. l'abbé Cognat la cause d'un surcroît de charges. Il
fallait meubler cet immense édifice, qui lui avait été
livré à peu près nu. Où trouver les ressources nécessaires pour faire face à ces dépenses écrasantes, sans
tarir la source de celles qui alimentaient les œuvres de
bienfaisance ? Le zélé pasteur ne se laissa pas troubler
par ces difficultés ; il était un homme de foi ; sa foi en
la Providence était sans bornes, comme son dévouement sans fatigue, et la Providence, en effet, ne
trompa pas ses espérances. Il reçut tout d'abord de
divers anonymes une somme de près de vingt mille
francs, qu'il employa aux acquisitions les plus urgen-
tes ; puis affluèrent de partout de nombreux dons en
nature.

Quelques paroissiens s'engagèrent à fournir certaines parties de l'ornementation des autels ; l'un donna
des candélabres, un autre un tabernacle ; un honorable fabricien offrit les lampes du sanctuaire et de la
chapelle de la sainte Vierge ; une pieuse dame donna
un ostensoir. En même temps que ces généreux dona-
teurs contribuaient de leurs largesses à l'ameublement intérieur de l'église, les cotisations accumulées
du reste des fidèles permettaient à M. le curé d'orner le
transept de deux grands lustres d'une valeur de plus
de quatre mille francs et d'en poser quatre autres de
moindre dimension dans le sanctuaire. De son côté,
la fabrique, malgré la modicité de ses ressources, fit
installer la canalisation du gaz. Et c'est ainsi que, grâce

à la générosité des fidèles, dont le pasteur savait entretenir et stimuler le zèle pour la maison de Dieu, l'église s'embellit et se pourvut des objets indispensables au culte. Du reste il ne se passa guère d'années où elle ne s'enrichit de quelque acquisition nouvelle ; quelques mois à peine avant sa mort, M. le curé faisait fermer les chapelles latérales et l'accès de la chaire par de très belles grilles en fer, et placer deux superbes torchères à chaque côté du maître-autel.

Cependant, malgré cet élan de générosité de la paroisse et les efforts de M. l'abbé Cognat, l'église Notre-Dame des Champs manquait de deux choses : elle n'avait ni orgues, ni cloches. Or, une église catholique ne se conçoit guère sans ces deux porte-voix de la prière publique. M. l'abbé Cognat l'a bien compris et il l'a exprimé en termes admirables : « Une église sans cloches, dit-il, est comme une âme muette. La voix des cloches, c'est l'inspiration du ciel et la prière de la terre. C'est la voix de la religion, chantant sur le berceau qui donne un citoyen de plus à la société, un membre nouveau à l'Eglise ; célébrant l'épithalame sacré des époux qui fondent une famille chrétienne ; unissant à nos larmes son glas funèbre, et réveillant dans nos cœurs qui s'inclinent sur un cercueil, le souvenir de nos célestes espérances ; rappelant par le pieux et poétique tintement de l'*Angelus*, les grands mystères qui ont sauvé le monde ; dominant des hauteurs du clocher les bruits de la cité, et redisant aux hommes entraînés par leurs plaisirs ou captivés par leurs affaires : Cherchez d'abord le royaume de Dieu et sa justice, et tout le reste vous sera donné par surcroît. »

Et il ajoute dans un élan de pieux enthousiasme, assombri toutefois par le souvenir des maux, dont les cloches sont en certaines circonstances, les messagers : « Sonnez, ô cloches de Notre-Dame des Champs, mais restez toujours la voix de Dieu et de son Église. Que votre son consolant et pieux ne se change jamais en un lugubre tocsin pour annoncer les fléaux de la ville et les déchirements de la patrie ! »

On ne peut nier que ces belles paroles ne conviennent également en grande partie au rôle des orgues dans la liturgie catholique. Leur puissante voix se plie d'une manière admirable à l'expression des joies et des tristesses de l'âme humaine. Tour à tour elle chante, elle pleure, elle prie avec elle. Elle a tous les accents, et par la tenue prolongée de ses notes, elle donne le sentiment de l'infini, elle arrache la pensée à elle-même, et la jette tout émue dans le monde d'au-delà. Elle résume en elle toutes les voix de la création, depuis le chant mélodieux de l'oiseau plaintif, jusqu'aux puissantes harmonies des forêts et aux sombres mugissements de la tempête : sous les doigts d'un artiste de génie, elle peut faire entendre l'hymne éternel de la nature à son Créateur. Voilà pourquoi elle se marie si bien à la majesté des cérémonies religieuses, dont elle relève la splendeur, et pourquoi aussi les orgues sont par excellence l'instrument de la prière du peuple chrétien.

Cet instrument était donc aussi nécessaire à la nouvelle église que des cloches à son clocher. Mais il eût été difficile à la fabrique, non moins difficile aux paroissiens, qui s'étaient imposé déjà de si lourds sacrifices, d'en supporter les frais. Heureusement la Ville y pourvut. En ce temps-là, sous l'administration préfectorale de M. Duval, elle avait encore de l'argent pour les églises. Elle offrit donc gracieusement à celle de Notre-Dame des Champs trois cloches et des orgues.

La solennité de la bénédiction des cloches eut lieu le 28 mai 1877. La cérémonie fut présidée par S. E. le cardinal Guibert. L'assistance fut des plus nombreuses et des plus choisies. L'éclat en fut rehaussé par la présence de la maréchale de Mac-Mahon, duchesse de Magenta, marraine de l'une des cloches, de MM. Ferdidinand Duval, préfet de la Seine, Voisin, préfet de police, qui représentaient la Ville. M. l'abbé Cognat en fut profondément ému, et, dans l'allocution qu'il prononça en cette circonstance, il en témoigna toute sa reconnaissance à ces hauts personnages. « C'est à la ville de Paris, dit-il, que je suis heureux d'adresser l'hommage public de notre gratitude. Non, quoi qu'on dise et quoi qu'on fasse, Paris ne se déshabituera pas de sitôt de bâtir des églises au Christ, dont ses pères se glorifiaient d'être les soldats. On ne lui fera pas oublier facilement qu'elle est la capitale de la nation très chrétienne, le cœur de la fille aînée de l'Église, la cité de Geneviève et de saint Louis. Malgré les plaisirs qui la corrompent, les erreurs qui l'égarent, les révo-

lutions qui la déchirent, elle demeure fidèle par le
fond de ses entrailles à la foi de saint Denis.

» J'aime à le proclamer en présence de ses deux
premiers magistrats et de ses édiles, qui ont acquis
un droit nouveau à la reconnaissance de la paroisse de
Notre-Dame des Champs, en assistant à la bénédiction de ces cloches, dues à leur munificence. »

Puis, en s'adressant à la Maréchale, il lui dit : « Vous
avez bien voulu consentir, Madame, à donner votre nom
béni des pauvres à l'une de ces cloches. Nous n'avions
aucun titre à cette faveur. Je me trompe, nous en
avions un puissant. Le caractère propre de la bonté de
Dieu est de s'incliner avec une prédilection miséri-
cordieuse sur ce qui est petit, humble et pauvre :
Magnus Dominus et humilia respicit.

» C'est aussi l'attrait des grandes âmes et des cœurs
vraiment chrétiens, c'est le vôtre, Madame, et voilà
pourquoi vous êtes ici. Dieu qui exauce les désirs des
pauvres, *desiderium pauperum exaudivit Dominus,*
entendra nos prières pour vous et votre illustre famille ;
il les entendra en particulier pour celui dont vous par-
tagez si noblement les glorieuses et périlleuses destinées. Que Dieu le garde et le protège, et avec lui notre
chère patrie, dont il est, en ces tristes jours, l'espoir
providentiel.

» Ni nous-mêmes, ni nos pauvres, n'oublieront,
dans notre reconnaissance et nos prières, les nobles et
généreux bienfaiteurs qui se sont associés à votre charité et à cette fête. Leurs noms, inscrits avec le vôtre

sur ces cloches, porteront jusqu'à la postérité la plus reculée, avec le témoignage de leur foi et de leurs bienfaits, la gratitude des paroissiens de Notre-Dame des Champs. »

A l'occasion de cette bénédiction ou plutôt de ce baptême, suivant le terme consacré, Madame la Maréchale et Madame Voisin firent don à l'église des chandeliers et de la croix du maître-autel. Les parrain et marraine de la troisième cloche, M. et Madame de Chabot, constituèrent une somme de 1600 francs pour l'entretien à perpétuité des deux lampes du chœur et de la Sainte-Vierge, dues à leur générosité! Et pour que rien ne manquât à la cérémonie, les trois marraines, à la grande joie de l'assistance, firent une très gracieuse distribution de dragées aux innombrables mains qui se levaient sur leur passage.

Quelques mois avant cette imposante et joyeuse cérémonie, livraison avait été faite du grand orgue sorti des ateliers de M. Cavaillé-Col, dont l'éloge n'est plus à faire. On sait, en effet, que les perfectionnements considérables, introduits par ce célèbre facteur dans son art, ont donné aux orgues de sa maison une grande supériorité sur celles de ses rivaux. Les orgues de Saint-Sulpice et de Notre-Dame de Paris, remarquables par le nombre et la puissance de leurs jeux, celles de la Madeleine et de la Trinité, dont les voix veloutées et argentines sont d'une suavité enlaçante, et bien d'autres, sont autant de chefs-d'œuvre, qui font oublier les orgues les plus vantées, même celles de Fribourg.

L'orgue que M. Cavaillé-Coll construisit pour l'église Notre-Dame des Champs est d'une très belle sonorité, et d'une puissance proportionnée aux vastes dimensions du vaisseau. Le buffet est d'une architecture très simple, comme le demandait le style même de l'église.

A Paris, les organistes ne sont ordinairement désignés qu'à la suite d'un concours. La fabrique de Notre-Dame des Champs entendit se conformer à la pratique habituelle. Un concours fut établi. Neuf concurrents se présentèrent. Le jury, présidé par M. Ch. Gounod, que M. Cognat avait connu à l'école des Carmes, et composé des principaux organistes de la capitale, désigna au choix de la fabrique celui des concurrents qui obtint le plus de suffrages. Ce fut un élève de Lemmens, M. Andlaüer, organiste à Honfleur, qui sortit vainqueur de cette épreuve, et fut nommé par la fabrique organiste de Notre-Dame des Champs.

Deux mois après le concours, le 20 mars, l'orgue fut solennellement inauguré. Cette cérémonie fut présidée par l'ancien évêque de Troyes, Mgr Ravinet; l'orgue fut tenu tour à tour par M. Charles Widor et par l'organiste titulaire. L'illustre organiste de Saint-Sulpice fit merveille, comme toujours, par la maestria de son prestigieux talent, et M. Andlaüer exhiba, pour la circonstance, les meilleurs morceaux de son répertoire.

L'installation de l'ancien orgue de l'église provisoire, venu de l'abbaye aux Bois, réparé par M. Cavaillé-Coll et revêtu d'un buffet neuf compléta l'orga-

nisation du chant dans la nouvelle église. Enfin la pose
de la nouvelle et élégante chaire et celle du banc
d'œuvre achevèrent l'ameublement intérieur de l'édifice, dont les murs s'ornèrent en outre d'un superbe
chemin de croix.

Ce chemin de croix, dû au talent de M. de Courcy,
ancien prix de Rome, est une merveille : c'est un acte
de foi et de piété autant qu'une œuvre d'art; il est en
émail; le sujet de chaque station a été médité et prié
par l'artiste, avant d'être exécuté. Les paroissiens de
Notre-Dame des Champs ne semblent pas apprécier
ce trésor à sa juste valeur. Le fait est qu'il faut le découvrir. L'architecte l'a fait placer trop loin du sol
pour qu'il frappe la vue; étant hors de la portée d'une
curiosité indiscrète, il aura du moins l'avantage de
n'être point endommagé par la main des visiteurs.
Mais qu'on l'examine de près; on trouvera d'admirables détails et un ensemble harmonieux.

Les préoccupations incessantes, dont l'organisation
matérielle de l'église fut cause pendant plusieurs
années pour M. l'abbé Cognat, ne détournèrent pas sa
pensée de l'organisation spirituelle de sa paroisse. Il
ne cessa d'y travailler, et, grâce à sa prodigieuse activité, il suffit à tout. En arrivant dans la paroisse, il y
trouva plusieurs œuvres établies par le zèle de son
prédécesseur : l'œuvre des dames de charité et celles
des Vestiaires de Saint-Joseph et de l'Enfant-Jésus. Ces
deux dernières sont des ramifications de la première;
celle-ci, fondée en 1860, à la fête de l'Immaculée-Con-

ception, a pour objet principal la visite et le soulagement des pauvres de la paroisse par des dames de
bonne volonté, qui se dévouent, de leur personne et
de leur bourse, à la pratique de la bienfaisance chrétienne. Celles-là consistent à recueillir et à confec-
tionner des vêtements pour habiller les malheureux
et les enfants pauvres. M. l'abbé Cognat ne changea
rien à l'esprit de ces œuvres; il s'appliqua à les rendre
plus prospères; il s'efforça d'augmenter leurs ressources et le nombre des membres actifs. Ses efforts
ne furent pas vains : sous sa puissante impulsion,
les fonds de secours suivirent une progression constante, et il sut inspirer un si grand zèle de propagande
aux dames de charité que, de soixante-dix qu'elles
étaient au début de son administration, elles sont
aujourd'hui deux cents et secourent plus de sept à
huit cents familles. Quel beau résultat! Quel épanouissement de la charité du divin Maître! Et quel bien ne
font pas aux déshérités de ce monde ces ambassa-
drices de la famille paroissiale qui ne reculent ni devant la fatigue ni devant les écœurants spectacles des
mansardes pour y porter, avec les secours matériels,
les consolations de la religion, et y faire briller,
comme un rayon de soleil, une lueur d'espérance.
Ces associations de charité ont encore pour but la
sanctification des membres qui la composent par l'édification mutuelle et la ferveur de la piété. Elles sont
comme un foyer où s'allume l'amour divin et d'où il
rayonne sur toutes les familles de la paroisse. Pendant

une partie de l'année, elles tiennent chaque mois une réunion, sous la présidence de M. le curé. Chaque réunion est consacrée à la lecture du rapport des opérations faites depuis la réunion précédente. Le président ajoute ses remarques, donne ses avis, et stimule dans le bien les associées. M. du Chesne ajoutait un petit mot de piété. M. Cognat suivit l'exemple de son prédécesseur, et il traita, dans ces réunions, les sujets les plus pratiques et les plus propres à inspirer à ces dames le goût de la perfection chrétienne. C'est ainsi qu'il exposa successivement devant elles, avec des considérations appropriées à leur état et aux exigences de leur condition, les béatitudes évangéliques, les vertus de Notre-Seigneur, les devoirs de l'épouse, de la mère, dont l'Esprit saint a tracé le modèle dans le portrait de la femme forte, les défauts de langue, les actions de la femme chrétienne dans toute sa journée, mises en présence de l'Évangile, la nature, les causes, les effets et la fin de la vraie dévotion, etc.

Un recueil de ces instructions, aussi solides qu'élevées, formerait un traité complet de morale évangélique à l'usage des femmes du monde. Quel dommage que ces trésors soient perdus ! Les rapports consignés dans les registres de l'œuvre et intelligemment faits en ont conservé quelques parcelles ; mais ces parcelles nous font regretter davantage la perte du reste. Qu'on en juge par le passage suivant qui me paraît fidèlement reproduit où, après avoir fait le tableau de la situation actuelle, il expose les devoirs qu'elle impose à la femme chrétienne : « Il ne suffit pas, dit-il, de gémir, de se tenir en dehors de tout ce qui se passe, en continuant tout doucement sa vie habituelle. Quand vous aurez rempli vos devoirs de mère, d'épouse, quand vous aurez fait convenablement vos prières, vos méditations, vos communions, que vous vous serez abstenues de toute faute grave, cela suffira-t-il pour que vous puissiez être en paix avec vous-mêmes? Non, parce que nous ne sommes plus en des temps ordinaires. Il s'agit aujourd'hui de défendre nos propres foyers contre l'audace radicale du mal et de l'erreur. Autrefois on pouvait attaquer telle ou telle vérité révélée touchant le dogme ou la morale ; mais on n'allait pas jusqu'à s'en prendre aux vérités fondamentales de la société, comme l'existence de Dieu, par exemple. On n'a pas idée de ce qu'il y a aujourd'hui d'athées dans toutes les classes de la société ; plus d'une dizaine de feuilles publiques font tous les jours profession d'athéisme. L'immortalité de l'âme, que le paganisme lui-même avait reconnue, est absolument niée ; et le matérialisme, comme un torrent dévastateur, envahit toutes les positions sociales et pénètre jusqu'au foyer domestique.

» Un tel état de choses nous impose de grands devoirs ; il vous faut absolument devenir apôtres et le point essentiel est de porter tous vos efforts sur l'enfance. Ceux de notre génération sont perdus ; il n'y a pas de remède : ils sont tombés trop bas. Mais au moins tâchez de préserver l'enfance. C'est surtout à elle que s'attaquent les suppôts du mal. Ils veulent l'arracher non seulement à l'Église, mais au père et à la mère au moyen de ces écoles pestilentielles où le nom de Dieu ne sera jamais prononcé. Portez donc de ce côté toute votre énergie. Et d'abord garantissez vos propres enfants; prenez garde à ceux à qui vous les confiez, afin de ne pas les jeter vous-mêmes dans la gueule du lion. Imitez l'exemple de cette mère dont je vous ai parlé et qui disait: « J'ai donné à la patrie mes enfants; j'ai donné leur sang: mais leur âme, jamais! » Agissez ensuite sur les enfants de vos amis; usez de votre influence; donnez des conseils; puis sur les pauvres que vous visitez. Faites-leur comprendre le prix de leur âme et de celle de leurs enfants; procurez-leur une éducation chrétienne; il y a là un large champ d'action. De plus, vous avez à veiller d'une manière particulière sur les hommes qui vous entourent et sur lesquels vous avez une influence quelquefois très puissante.

» Si la France est encore en partie chrétienne, c'est à la femme qu'elle le doit. Partout où il y a une femme véritablement chrétienne, le mari a du caractère; comprenez donc votre responsabilité! Si nous avions maintenant des Clotilde et des Jeanne de Valois, nous n'en serions pas où nous en sommes; c'est par la femme, aidée de la grâce de Jésus-Christ, que la France se refera. Dans l'intérieur de la famille, vous devez faire respecter les principes de la foi, et de la morale chrétienne, empêcher le mal de s'introduire, propager le bien qui existe. Comme dame de Charité, ce titre vous donne une certaine puissance sur les pauvres, puissance du cœur, d'une éducation supérieure, de la situation sociale. Ne craignez pas de prendre quelques moments pour causer avec eux, sans vous laisser rebuter par la grossièreté ou l'ingratitude. Tâchez de leur inculquer quelques idées justes, quelques sentiments élevés, quelques notions de morale ; apprenez-leur à estimer leur âme, à penser à leur éternité... »

On conçoit quel bien de telles paroles, tombant dans des cœurs chrétiens, dans des âmes élevées, devaient produire, et quelle influence elles devaient avoir sur la famille d'abord, et ensuite sur la paroisse tout entière. M. Cognat comprit bien tout le parti qu'il pouvait tirer de cette association des Dames de Charité pour la sanctification du reste de son troupeau. C'est le levier dont il se servit pour soulever la masse inerte de la partie indifférente de la population, pour agir, en particulier, sur la portion la plus intéressante mais la plus délaissée et la moins accessible à l'action du prêtre, la classe des malheureux. Aussi n'hésita-t-il pas à lui attribuer les fruits de salut, dont il était l'heureux témoin, et spécialement la progression croissante des communions pascales. Le nombre en était de quatre mille en 1872, de sept mille en 1876, et atteignit, dépassa même en 1888, le chiffre de quinze mille.

Les ressources matérielles de cette œuvre de bien-

faisance étaient de provenances diverses. Il y avait
d'abord les cotisations volontaires des membres actifs
et des membres honoraires de l'association, puis
une quête à l'église et un sermon ; enfin une loterie.
Ces ressources allaient toujours en augmentant, grâce
aux exhortations pressantes de M. le Curé, qui ne
laissait ni s'endormir le zèle des coopératrices de sa
charité ni se fermer la bourse de ses paroissiens.
« Oh ! si vous saviez, me disait autrefois une de ses
Dames de Charité, comme il est habile à nous faire
vider nos porte-monnaie ! » Mais les fonds avaient
beau s'accroître, ils étaient inférieurs aux besoins,
et cette disproportion entre les secours disponibles
et les infortunes à soulager navrait le cœur du Pasteur. Il s'avisa donc d'établir une quête à domicile et
il trouva dans son association de Charité des dames
assez courageusement chrétiennes pour l'entreprendre,
et affronter les humiliations et les refus grossiers
qu'elles durent recueillir plus d'une fois dans l'accomplissement d'une telle mission.

Mais homme de foi autant qu'homme d'action, M. Cognat comptait plus encore sur les secours du ciel que
sur les moyens humains. Aussi greffa-t-il sur l'association des Dames de Charité l'œuvre de l'Adoration perpétuelle, qui fut érigée canoniquement sur la paroisse
en l'année 1874, le jour même de la Fête du Saint-Sacrement. Il s'en promettait les plus heureux résultats,
et il exposa d'une façon ingénieuse ce que cette œuvre
devait être dans la paroisse. « Pendant que les Israé-

lites, dit-il, combattaient dans la plaine les ennemis du Seigneur, Moïse sur la montagne priait les mains étendues ; s'il les laissait tomber, le peuple de Dieu fléchissait, mais s'il les étendait de nouveau, Israël reprenait l'avantage. Il se fit soutenir les mains, jusqu'à ce que la victoire fût complète. Image de ce qui se passe dans l'Adoration perpétuelle du Très Saint-Sacrement ; la prière montant sans cesse vers Dieu par la succession des adoratrices à ces heures de l'après-midi, où Notre-Seigneur est délaissé dans ses tabernacles, assure le succès de nos efforts et de nos œuvres, comme de tous ceux qui combattent pour Dieu, prédicateurs et ministres de l'Évangile, dans les travaux que le zèle leur inspire. »

Dans la fondation de cette œuvre, il eut en vue la création d'une autre œuvre qu'il essaya plus tard d'organiser d'une façon plus complète : l'œuvre des vocations ecclésiastiques. On le voit, cette œuvre, qui consistait à faciliter le recrutement des ministres de Notre-Seigneur, se rattachait intimement à celle qui lui donnait des adorations. Un article des statuts de l'œuvre de l'Adoration perpétuelle réservait une partie des cotisations annuelles pour l'entretien, au petit séminaire, d'un enfant désigné par M. le Curé.

M. Cognat compléta cet ensemble des œuvres paroissiales par l'établissement de l'Apostolat de la prière, de l'Association de prières, de l'Association de la Bonne Mort et des Ames du purgatoire, de la Confrérie du Très Saint-Sacrement pour les hommes, de l'Asso-

ciation des Enfants de Marie et de l'Archiconfrérie de
la Très Sainte-Vierge pour les jeunes filles.

La réorganisation de l'œuvre des catéchismes, l'œuvre
par excellence, fut aussi une des premières préoccupations de M. Cognat, lorsqu'il fut en possession de sa
belle et vaste église. On a vu plus haut qu'avant cette
époque, il fallait tenir les réunions de catéchisme
dans des locaux d'emprunt ; de là de grandes difficultés, qui arrêtèrent l'épanouissement de l'œuvre. Maintenant ces difficultés n'existaient plus ; on possédait
une vaste crypte, où pourraient se succéder, sans en-
combres, les différents catéchismes. Aussi M. Cognat
s'empressa-t-il de créer, à côté des catéchismes prépa-
toires de la première communion, des catéchismes de
persévérance pour les jeunes gens et les jeunes filles.
Celui des jeunes filles devint de bonne heure très floris-
sant ; celui des jeunes gens languit un peu pour des
causes indépendantes de la volonté du pasteur. D'abord
un lieu unique de réunion oblige à abréger le temps des
séances pour céder la place au catéchisme suivant, et
impose des heures peu favorables. Et puis le nombre
des enfants libres est restreint dans la paroisse ; la plupart des autres sont en pension, ou retenus par des
cours ou des travaux scolaires. Une partie de ces obstacles serait supprimée par l'existence d'un second lieu
de réunion. On s'explique même difficilement qu'on
n'ait pas construit sous la grande nef une seconde
crypte. L'architecte s'est sans doute trouvé en face de
difficultés de terrain ou peut-être d'argent. C'est bien

dommage ! Quels services aurait rendus cette crypte !
Quelles belles réunions de catéchisme on aurait pu y
tenir ! Malheureusement elle n'existe pas, et le mal est
irréparable ; on pourrait l'atténuer, en construisant
une chapelle dans le voisinage de l'église. M. Cognat y
avait songé, mais un emplacement convenable était
difficile à trouver, et cet obstacle joint à d'autres
difficultés lui fit ajourner ce projet à des temps meilleurs.

L'enfance a toujours été un objet de tendre prédilection pour l'Église. A l'exemple du Sauveur qui
avait des tendresses divines pour cet âge, et qui disait
à ses disciples : « Laissez venir à moi les petits enfants », l'Église n'a cessé de lui prodiguer les soins
les plus maternels. Mais il est des époques, où la sollicitude de cette mère devient plus attentive, plus em-
pressée ; c'est lorsque, par le malheur des temps, les
dangers de l'enfance deviennent plus grands, que sa
foi et son innocence sont entourées de pièges par
l'homme ennemi. Oh! alors elle ne recule devant
aucun sacrifice, aucun dévouement pour la préserver
du mal. Or jamais peut-être, guerre plus implacable n'a été faite à la jeunesse. Non seulement on
dénie aux père et mère le droit d'élever leurs
enfants, comme ils l'entendent, mais après avoir
rendu l'école du pauvre obligatoire et gratuite, ils
l'ont encore faite laïque, c'est-à-dire qu'ils en ont
banni, avec le prêtre, tout enseignement et tout emblème religieux. C'était là, et c'est là encore aujour-

d'hui un grand danger pour l'avenir de la religion en notre pays, et par conséquent de notre pays lui-même. M. Cognat se préoccupait vivement de cette situation. Il aimait beaucoup les enfants ; à ses yeux, ce n'était pas seulement la grâce, la faiblesse ingénue et charmante : c'était encore, c'était surtout l'innocence et aussi l'avenir. Le mal était consommé dans les générations contemporaines ; on pouvait pallier le mal chez elles, mais non le guérir complètement. Mais quel ssra l'avenir religieux et social de la France, si les générations naissantes étaient élevées dans l'ignorance de Dieu, et des devoirs de l'homme vis-à-vis de son Créateur?

C'est donc vers l'enfance qu'il fallait porter ses efforts ; et nos ennemis nous y invitaient eux-mêmes, en portant la guerre sur le terrain de l'école. M. Cognat n'hésita pas à les y suivre et à y entraîner ses paroissiens. « On veut, actuellement, disait-il aux Dames de Charité, faire des écoles sans Dieu ; on en retranche tout signe religieux ; on abat les croix ; le signe de la Rédemption qui a couvert le monde de ses bienfaits, est méprisé. On veut élever les enfants sans foi, en faire des libres penseurs. C'est la lutte du paganisme contre le christianisme, de l'enfer contre Dieu. Il faut donc se défendre, c'est une question de vie ou de mort, et ne pas se décourager à la vue des difficultés, mais faire tout ce qui est en notre pouvoir ; par conséquent, prosélytisme, pour faire comprendre la situation à ceux qui ne la comprennent pas, et prière ; car nous ne pouvons rien tout seuls, mais nous pouvons beaucoup avec la grâce de Dieu. Il est écrit dans le saint Evangile, que Notre Seigneur, avant de monter au ciel, dit à ses apôtres : « Toute puissance m'a été donnée au ciel et sur la terre. — Allez, enseignez toutes les nations. — Voici que je serai avec vous tous les jours jusqu'à la consommation des siècles. » Or, cette présence continuelle ne s'entend pas seulement de la Sainte-Eucharistie, mais aussi de l'action de la Providence sur le monde et, en particulier, sur l'Eglise, contre laquelle, dit ailleurs Notre Seigneur ne prévaudront pas les portes de l'enfer. Si Dieu est avec nous, qui sera contre nous ? »

Aux paroles M. Cognat joignit les actes, et cela l'année même de la consécration de la nouvelle église, par conséquent bien avant la rage de *laïcisation* qui a sévi depuis dans notre infortunée patrie. Il existait sur la paroisse de Notre-Dame des Champs deux écoles congréganistes de filles et de garçons. L'enseignement chrétien des enfants de la classe ouvrière était donc assuré. Mais M. Cognat rêvait une école intermédiaire entre l'école communale et le collège, pour la classe moyenne. D'abord ce projet était assez vague dans son esprit. Son idée première était de créer une maîtrise qui serait à la fois une ressource pour les cérémonies de l'Eglise et une pépinière pour le petit séminaire. C'est avec ce programme aussi simple que modeste que s'ouvrit, le 15 novembre 1876, ce qui devait être plus tard l'école paroissiale de Notre-Dame des Champs. Le nombre des élèves fut d'abord de quinze ; puis bientôt de vingt. Les

classes se faisaient dans quelques pièces qui se trouvent
sous les combles de l'église. L'école naissante était
dirigée par un vicaire de la paroisse, M. l'abbé Dillenseger, aujourd'hui supérieur du petit séminaire. Le
personnel enseignant était choisi, soit dans le clergé
de Notre-Dame des Champs, soit en dehors. Les fidèles
voyaient avec plaisir grandir à l'ombre de leur église
cette jeune école; ils la favorisaient de leurs vœux.
Avec le temps les élèves devinrent plus nombreux,
mais il était évident qu'ils ne pouvaient dépasser un
certain chiffre, tant que l'école n'aurait pas un local
plus vaste et mieux aménagé. Cette condition était
nécessaire à son développement ultérieur. M. Cognat
le comprit. D'ailleurs, le succès rapide de ce premier essai avait dépassé toutes les espérances; il
était bien propre à encourager; il était la preuve
qu'une maison d'enseignement secondaire, accessible aux petites bourses, répondait à un véritable
besoin du quartier, bien que ce quartier ne manquât
pas d'écoles. Dès lors, M. Cognat eut une idée plus
nette de ce qu'il devait faire, aidé en cela par l'esprit
entreprenant et organisateur de M. Dillenseger. Il dut
abandonner une partie de son projet primitif; il dut
renoncer à la conception d'une école-maîtrise. Le service de l'église, pendant la semaine, aurait été pour
les élèves l'occasion d'une perte sérieuse de temps, à
laquelle beaucoup de parents n'auraient pas consenti.
Mais il garda toujours l'espoir de voir naître et se
développer au sein de l'école quelques vocations ecclé-

siastiques, bien qu'elle n'eût pas pour but de les former. Et de fait, il ne s'est guère passé d'année où elle
n'ait eu le bonheur d'envoyer un sujet ou deux au
petit séminaire.

Lorsque le but de l'école fut ainsi nettement tracé,
et son utilité pour la paroisse bien constatée, il s'agissait de trouver une maison, pour la loger convenablement. Ce n'était pas une petite affaire. La paroisse était
épuisée par les efforts qu'elle avait faits pour l'aména-
gement de la nouvelle église; elle était à bout de sacrifices, sans compter qu'il fallait pourvoir aux besoins
toujours urgents des pauvres; la fabrique, comme
nous l'avons déjà dit, pouvait à peine faire honneur à
ses charges. Que faire dans de telles conditions? Fal-
lait-il donc renoncer à une œuvre aussi utile et aussi
éminemment chrétienne? M. Cognat ne le pensa pas,
et, s'armant de courage et de confiance en Dieu, il
entreprit seul, sans ressources, sans fortune personnelle, une fondation, dont le premier établissement
est toujours très coûteux.

A cette époque, il y avait, dans le voisinage de l'église,
plusieurs propriétés à vendre. Mais le prix du terrain
avait augmenté, à raison de l'accroissement de la
population dans le quartier. Quoique encore à proxi-
mité des remparts, Notre-Dame des Champs n'était
plus entourée de champs. Les propriétés bâties avaient,
par le fait même, bénéficié d'une plus-value considérable. Les moindres atteignaient un prix exorbi-
ant. Une des conditions du succès de l'école était le

voisinage de l'église; il ne fallait donc pas l'exiler loin
d'elle, sous peine de compromettre l'avenir. Des différentes propriétés qui étaient à vendre dans la rue du
Montparnasse, M. Cognat choisit naturellement, non
pas la plus avantageuse, celle qu'il eût été plus facile
d'approprier à sa destination nouvelle, mais celle qui
serait moins onéreuse à sa bourse et grèverait moins
son modeste budget. Ce calcul, qui ne se comprend que
trop, dans la situation financière de M. Cognat, lui fit
manquer une belle occasion. Avec moins de sagesse et
plus de décision, il aurait pu, pour une somme quelque peu supérieure à celle qu'il voulait engager, acquérir un immeuble où il eût été facile d'installer grandement son école et un presbytère. Mais qui le blâmerait
d'avoir reculé devant des charges en disproportion si
évidente avec ses ressources prévues et ses moyens
d'action? La première vertu d'un administrateur est
la prudence, qui est une garantie de sécurité. Sans
doute le succès absout l'audace, mais l'audace n'assure
pas toujours le succès; et M. Cognat avait trop souci
des intérêts qui lui étaient confiés pour les compromettre dans une spéculation incertaine. Voilà pourquoi
il s'en tint à une propriété d'une superficie relativement restreinte, qui lui parut d'une étendue suffisante
pour son école, qui l'était, en effet, à cette époque,
mais qui a cessé de l'être depuis, et qui l'empêchera,
par son exiguïté, de prendre un plus grand essor.

La propriété qu'il acheta est sise près de l'église,
rue de Montparnasse. Le contrat d'achat fut signé

le 10 août 1878. Elle se composait d'un pavillon, qu'il
vint lui-même habiter plus tard, de parcelles de jardin, plantées de quelques arbres, et d'un bâtiment
construit en longueur à l'extrémité de l'enclos. Elle
appartenait à M. Henri Martin. Elle fut achetée au prix
de cent trente mille francs. M. Cognat emprunta une
partie de la somme au Crédit Foncier, avec la faculté
de la rembourser par annuités; il se procura le reste
par une souscription, qui fut promptement couverte,
et qu'il éteignit peu à peu de ses propres deniers.
Mais il n'était pas au bout de ses déboursés. Il fallait
maintenant convertir ces bâtiments en maison d'école
et faire du jardin une cour. Or, les constructions du
fond étaient en fort mauvais état. Les murs n'étaient
pas solides, il fallait les fortifier. Les pièces ne pouvaient servir de classes, il fallait les transformer; il
fallait enfin aménager des appartements pour le directeur. Ces travaux coûtèrent fort cher; ils se montèrent
à la somme de quarante mille francs. M. Cognat la paya
à peu près intégralement. Mais bientôt, la population
scolaire augmentant, ces bâtiments devinrent insuffi-
sants. On dut construire à deux reprises différentes
des annexes, pour y loger la section du latin. Ce fut
encore pour M. Cognat un surcroît de dépenses,
qu'il trouva le moyen de solder presque entièrement,
en sorte qu'à sa mort toutes les dettes contractées
par lui, pour l'achat de la propriété et la construction de l'école, étaient éteintes, à part l'hypothèque
du Crédit Foncier, une dizaine d'obligations à cinq

cents francs et quelques mémoires de peu d'importance.

L'ère des graves difficultés matérielles était à peu près passée ; on pouvait considérer l'école comme définitivement fondée ; il n'y avait plus qu'à lui donner le caractère officiel et à remplir les formalités légales. M. Cognat eut quelque peine à s'y soumettre ; il entendait, non sans raison, être le supérieur d'une maison qu'il avait créée et qui lui appartenait. Mais cette fonction, que ses titres universitaires lui donnaient droit d'exercer, était jugée par l'Académie incompatible avec le titre de desservant. Quoi qu'il lui en coûtât, il dut renoncer à la fiction d'un directeur nominal, ne relevant que de lui et n'exerçant l'autorité que par lui. Les responsabilités que la loi fait peser sur un chef d'établissement et les pénalités redoutables qu'elle a édictées contre certaines infractions, étaient trop graves pour que toute autorité ne fût pas laissée à celui qui assumait les unes et pouvait être, le cas échéant, passible des autres. Aussi une fois qu'il se fut rendu compte de cette situation, il laissa toute liberté d'action au directeur de son choix, se borna à intervenir par ses conseils, que sa compétence pédagogique rendait précieux, ou dans les questions qui touchaient à sa bourse. Mais cette réserve ne l'empêchait pas de s'intéresser vivement à son école ; il la regardait comme son œuvre maîtresse ; il avait consenti pour elle les plus grands sacrifices ; il était prêt à en faire de plus grands encore. Impossible de traduire la joie naïve qu'il éprouvait à parler d'elle ; il aimait à être informé de tout ce qui s'y passait d'important. Il n'avait pas de plus grande satisfaction que celle de venir proclamer chaque mois les *tableaux d'honneur*. Il était heureux de se trouver au milieu de ces enfants, pour lesquels il se sentait vraiment des entrailles de père.

Un des périls de l'école pour l'avenir était le recrutement du personnel enseignant. Les devoirs de professeur, dans une maison régulièrement constituée, où chaque exercice a son heure fixe, ne pouvaient plus se concilier avec les fonctions vicariales qui ne laissent pas au prêtre la libre disposition de son temps. Il faut de l'ordre, et un ordre rigoureux dans une maison d'éducation, une observation exacte du règlement. Sans cela, pas de discipline, et sans discipline, pas d'éducation possible. Et puis la paroisse pouvait prêter tout au plus deux de ses prêtres pour l'enseignement: c'était insuffisant et, de plus, précaire. C'est alors qu'on s'avisa de demander le concours de quelques frères de Stanislas, et lorsque ces dignes maîtres, dont l'éloge n'est plus à faire, furent acquis à l'école, ce fut une sécurité complète pour elle. Depuis lors, elle n'a fait que prospérer, et par le nombre des élèves, et par la force des études. Elle n'a pas perdu son esprit primitif en prenant de l'extension. L'éducation y est paternelle, mais la bonté, qui règle les rapports des maîtres et des élèves, n'exclut pas la fermeté. L'alliance de ces deux qualités inspire à la fois l'affection et la crainte pour ceux qui savent la pra-

tiquer. Aussi, ce qu'on appelle l'esprit écolier, c'est-à-
dire l'esprit d'insubordination, d'indiscipline, est-il
inconnu à l'école de Notre-Dame des Champs. Du reste
il en serait sévèrement exclu, s'il y faisait son apparition. C'est un point sur lequel l'autorité n'aurait pas
la faiblesse de transiger.

Les moyens d'émulation sont tout moraux; ils consistent en notes hebdomadaires, soumises chaque samedi au contrôle des parents, et en notes mensuelles,
résumé des premières. Un échange fréquent d'observations, quand il y a lieu, entre le professeur et les
parents, permet à ceux-ci de suivre de très près leurs
enfants, de surveiller leur travail, de les encourager
par des récompenses ou de les stimuler par des
réprimandes. Un autre moyen d'émulation, particulier à l'école de Notre-Dame des Champs, ce sont
les cérémonies de l'église le dimanche et les jours
de fête, auxquelles ne prennent part que les élèves
les plus méritants. C'est un honneur chèrement
disputé.

Tel est l'esprit de cette école de M. Cognat, à laquelle
il a sacrifié le plus clair de ses revenus, mais qui lui a
procuré de si grandes consolations, et qui a contribué
même pour une large part à la prospérité de la paroisse. M. Cognat se plaisait à le constater. Il répétait
sans cesse que l'assistance aux offices devint de plus
en plus nombreuse, au fur et à mesure qu'augmentait
la population scolaire de son école, et que l'école avait
attiré sur la paroisse bon nombre d'excellents chré-

tiens qui voulaient s'en approcher pour la commodité de leurs enfants.

Après cette belle et grande création, M. Cognat avait bien le droit de se reposer et de jouir de son œuvre. Son église était terminée et suffisamment, sinon richement meublée; les souscriptions ouvertes pour le complément de l'ornementation se couvraient peu à peu ; les œuvres étaient établies et florissantes; l'éducation chrétienne de la jeunesse assurée, l'édifice était construit: il n'y avait plus qu'à l'entretenir. Cette illusion, si tant est qu'il s'en soit bercé, ne fut pas de longue durée.

Jusqu'ici la laïcisation avait respecté les deux écoles des Frères et des Sœurs du quartier Notre-Dame des Champs. Mais vers le commencement de l'année 1880, en plein exercice scolaire, les édiles de Paris signifièrent leur congé aux instituteurs et institutrices congréganistes de ces deux écoles, et jetèrent sur le pavé plus de huit cents enfants, tant filles que garçons, dont les parents ne voulaient point d'une éducation sans Dieu. Cette exécution brutale fut un coup de foudre pour M. Cognat. Qu'allait-il faire? Laisserait-il, impassible, exécuter le complot tramé contre la foi de l'enfance? Non, la chose ne se pouvait, et, en présence du péril qui menaçait la portion la plus faible de son troupeau, il n'hésita pas à prendre les mesures nécessaires pour le conjurer. Il résolut de rouvrir les écoles que la force venait de fermer brusquement. Il prit conseil d'hommes éclairés. Il trouva un chrétien dévoué dans un honorable membre de sa fabrique, le regretté M. de Caux, qui lui prêta l'appui de ses lumières et de son infatigable activité. Il fallait faire vite ; le temps pressait ; on n'avait que six mois pour trouver un emplacement propice, en négocier la location et faire construire. M. de Caux mena cette affaire avec entrain, malgré d'innombrables difficultés, si bien qu'au mois d'octobre, l'École libre de Saint-Joseph, rue des Fourneaux, était prête à recevoir son intéressante population, et un mois et demi plus tard, Mgr Richard, qui avait béni l'école des garçons, revenait pour bénir encore celle des filles, construite sur le boulevard Montparnasse, en face de l'église. En cette douloureuse circonstance, les paroissiens de Notre-Dame des Champs ne trompèrent pas l'attente de leur pasteur. Il n'avait pas trop présumé de leur générosité et de leur dévouement. Il y fit appel ; son appel fut entendu ; deux comités, l'un d'hommes, l'autre de dames, furent établis et recueillirent les sommes nécessaires à la construction et à l'entretien des nouvelles écoles.

Le terrain sur lequel elles furent élevées n'avait été que loué. Mais le bail consenti à M. Cognat lui donnait le droit d'acheter ce terrain, pourvu qu'il fût en mesure de le payer avant le premiér janvier 1887. Cette acquisition était le seul moyen d'assurer l'existence de ces écoles. Pour atteindre ce but, il fonda une société civile au capital de 400,000 francs, laquelle se rendit acquéreur du terrain et des constructions.

L'œuvre était désormais sûre de l'avenir; mais elle constituait encore une lourde charge pour M. Cognat, qui devait chaque année pourvoir à l'entretien des deux maisons.

CHAPITRE VIII

La nomination de M. l'abbé Cognat à la paroisse de
Notre-Dame des Champs n'avait pas laissé de sur-
prendre certains esprits. On ne niait pas son intelligence et son savoir, mais on mettait en doute ses ca-
pacités administratives. Il n'est pas administrateur !
Voilà l'argument sans réplique qu'on oppose aux
hommes de valeur, quand il est question de les placer
à un poste important. Assurément un curé, un desservant de paroisse, doit être un administrateur. Mais
pourquoi donc un homme intelligent serait-il inapte
à gérer les affaires, parce qu'il a surtout vécu dans les
livres ? Sans doute, en affaires, on ne peut se passer de
la pratique. Mais est-ce que cet homme n'a pas eu
l'occasion d'acquérir, par l'expérience, ce degré d'ini-

tiation au maniement des affaires, que l'on juge indispensable, et que l'on accorde si facilement à d'autres,
moins bien doués que lui ? C'est un homme d'étude,
un homme de cabinet ; sortez-le de ses livres, il sera
comme un poisson hors de l'eau ! A la bonne heure !
Si cet homme ne doit pas s'occuper des devoirs de sa
charge, à coup sûr il vaut mieux le laisser à ses chères
études. Mais s'il place son devoir au-dessus de tout, si
le travail de la pensée a été pour lui, non pas une
passion ni un besoin, mais une des formes de son activité sacerdotale, un des moyens de défendre et de
propager la vérité, pourquoi cet homme de devoir
s'enfermerait-il dans son cabinet lorsqu'il serait placé
dans un poste d'action et de combat, et pourquoi ne
porterait-il pas dans l'exercice de sa charge la supériorité d'intelligence dont il a donné tant de preuves ?
Sans doute encore l'intelligence de l'administrateur
est d'autre sorte que celle de l'écrivain et de l'orateur ; on peut être un philosophe ou un littérateur
émérite et un détestable administrateur, ou le contraire ; mais est-ce à dire qu'on ne peut pas être à la
fois l'un et l'autre, et à un degré éminent ? Il n'en faut
pas davantage pour condamner ce préjugé injuste, qui
semble consacrer l'impuissance radicale des hommes
d'intelligence et d'étude à devenir des hommes d'action
et d'affaires. Heureusement, les administrations dio-
césaines sont plus clairvoyantes et s'appuient, pour
apprécier leurs sujets, sur des données plus équitables
que les idées du vulgaire. Celle de Paris n'eut qu'à se

louer du choix qu'elle fit de M. l'abbé Cognat, et celui-ci prouva, d'une façon éclatante, non seulement qu'un homme d'étude peut devenir un homme d'administration, mais encore que, grâce à des habitudes longuement contractées de travail et de méthode, qui multiplient le temps, il peut être tout ensemble l'un et l'autre, à la condition toutefois que l'administrateur primera toujours l'homme de cabinet.

Il faut l'avouer cependant, M. l'abbé Cognat ne semble pas avoir eu des dispositions naturelles pour les affaires. Il est vrai de dire en un sens qu'on naît administrateur comme on naît poète. Il est certain qu'on voit des hommes particulièrement propres à gérer leurs intérêts comme ceux qui leur sont confiés. Ils ont l'esprit délié, souple, actif, entreprenant, audacieux, tenace quand il le faut, fertile en expédients et en procédés ; jamais ils ne sont pris au dépourvu ; ils saisissent du premier coup d'œil le nœud des difficultés et le moyen de le trancher ; ils se créent, comme par enchantement, d'abondantes ressources, là où d'autres, malgré les plus courageux efforts, n'auraient trouvé qu'un sol ingrat. Ils ont le génie de l'organisation et des affaires. Cependant ils ne sont pas toujours heureux ; ils échouent quelquefois par excès d'audace ; la constance du succès dans leurs entreprises leur fait oublier la prudence, et cet oubli d'un instant suffit à compromettre, sinon à ruiner entièrement le fruit de nombreux labeurs.

Cette race d'hommes, qui se rencontre surtout dans

le monde de la finance et du négoce, est rare dans le
clergé ; elle n'y est cependant pas inconnue. Mais ce
qu'on y voit plus généralement, ce sont des hommes
de haute intelligence, ayant une certaine initiation aux
affaires, les comprenant facilement, étudiant sérieusement celles qu'ils veulent entreprendre, s'éclairant des
lumières des gens expérimentés et compétents, et ne
prenant une décision qu'après avoir mûrement réfléchi, pesé les avantages et les inconvénients, mesuré
les obstacles et les commodités que présentera l'exécution. Ils ne vont pas à l'aventure ; ils examinent attentivement ce qu'ils peuvent et ne peuvent pas, afin
de ne pas dépasser leurs forces ; ils règlent leurs dépenses à leurs ressources présentes ou prévues et certaines. Ils savent tirer du sol qu'ils cultivent le meilleur parti possible, sans cependant rien faire d'extraordinaire.

Tel a été M. l'abbé Cognat. Lorsqu'il avait conçu un
projet qui devait engager quelques capitaux, il le mû-
rissait longtemps dans sa tête avant de lui donner le
jour. Il établissait son budget avec des chiffres solides,
sincères, voyait les charges qu'il lui fallait supporter,
et recherchait s'il pouvait ajouter aux dépenses inévi-
tables des sacrifices nouveaux, sans lasser la charité
des paroissiens, sans en tarir la source. Ses comptes
une fois établis, ou il ajournait son projet, ou il se dé-
cidait à l'exécuter, et dans ce dernier cas, ses calculs
étaient si exacts, qu'il a toujours fait honneur, à date
fixe, à ses engagements. Il s'ouvrit un jour à son no

taire d'une des œuvres qu'il a créées, mais qui n'était encore qu'à l'état de projet. « Mais, monsieur le curé, lui dit le notaire, vous n'y pensez pas ; c'est une affaire de plus de cent mille francs. — Je le sais, répondit-il simplement, avec la confiance calme d'un homme sûr de son fait ; mais je les trouverai. »

Et en effet, au jour marqué, les cent mille francs étaient prêts.

Malgré la lucidité et la pénétration de son intelligence, M. l'abbé Cognat n'avait pas une confiance aveugle dans ses lumières ; il était également éloigné d'une dangereuse présomption et d'une puérile pusillanimité. Il aimait à s'entourer des hommes de loi et des praticiens qu'il rencontrait sur sa paroisse ; il les appelait à ses conseils. Il leur exposait ses projets, pour connaître leurs sentiments, et confirmer ses vues de l'autorité de leur expérience, ou les rectifier sous le choc de leurs contradictions. Il consultait, non pour avoir des approbateurs, mais des avis motivés ; il n'avait pas assez de suffisance pour refuser son estime à ceux qui n'étaient pas de son opinion ; il jugeait les hommes, non par la conformité de leurs pensées avec les siennes, mais par leur savoir et la hauteur de leur raison. Lorsqu'on entreprend quelque œuvre d'importance, ou qu'on se trouve au milieu de difficultés inextricables, les donneurs d'avis ne manquent pas : chacun apporte le sien ; il est le meilleur de tous. Il n'est pas toujours facile de se soustraire à une telle obsession. M. Cognat écoutait tout, faisait de tout son profit, et finale-

ment prenait le parti que lui dictaient sa raison et
sa conscience. Mais un point auquel il tenait à être
fidèle, c'était de se conformer, dans l'établissement de
ses œuvres, aux exigences de la loi. Les entraves,
qu'elle impose, sont quelquefois bien gênantes. N'importe ; il jugeait préférable de s'y soumettre plutôt que
de recourir à des combinaisons plus ou moins aventu-
reuses, qui permettaient d'y échapper momentané-
ment, mais qui n'assuraient pas contre les éventualités
de l'avenir. Les impatients pouvaient s'en plaindre, les
sages et les prévoyants ne pouvaient que le louer.

Si M. Cognat a pu créer de si belles œuvres sur sa
paroisse, si sa paroisse n'a cessé de le soutenir au prix
de sacrifices bien lourds, c'est grâce à cette sagesse
qu'il apportait dans toutes ses démarches, et qui inspirait confiance. La paroisse Notre-Dame des Champs
n'est pas précisément riche ; elle se compose de deux
populations bien distinctes : d'un côté une bourgeoi-
sie appartenant au monde de l'enseignement, des lettres, de l'industrie, professeurs, écrivains, fonction-
naires, propriétaires, rentiers ; de l'autre, la classe
ouvrière, qui est de beaucoup la plus nombreuse. On
n'y voit pas de grosses fortunes ; mais, ce qui vaut
peut-être mieux, beaucoup de familles jouissant d'une
large aisance. Mais cette aisance, si large soit-elle,
n'implique pas le superflu, ni par conséquent la possibilité de faire de grandes libéralités. Joignez les dépenses excessives qu'ont entraînées la fondation et
l'ameublement de l'église, et vous aurez une idée de

l'argent qui est sorti de ces bourses modestes mais généreuses. Malgré tout, cependant, l'état financier de la fabrique n'était pas brillant quand M. Cognat fut nommé curé. Les premières années de sa gestion furent très laborieuses. Le budget de 1876 accusait encore un déficit de plus de dix mille francs, celui de 1880 un déficit de plus de neuf mille francs ; mais cinq ans après, en 1885, il était en équilibre ; et à partir de cette année, chaque exercice se solda par un excédent, de telle sorte que M. Cognat laissa à sa mort la caisse de la fabrique dans un état très prospère ; il y avait même dans le coffre à trois clefs une forte réserve, à laquelle on n'avait pas touché depuis plusieurs années.

Ce n'est pas que les dépenses aient diminué pendant que les recettes augmentaient. Les charges de la fabrique avaient au contraire doublé. Le clergé étant insuffisant pour le service, M. Cognat avait demandé et obtenu de l'administration diocésaine quelques vicaires de plus, sans compter que l'annuité dont l'église est redevable à la ville grevait son budget d'une somme écrasante pour ses ressources. Mais M. Cognat traita les intérêts de la fabrique en bon père de famille ; il se montra constamment soucieux de ses deniers ; il mit une grande réserve dans les dépenses, n'en fit aucune d'inutile, ajournait même quelquefois des acquisitions nécessaires, de peur de dépasser les estimations budgétaires ; il aimait mieux rester en deçà que d'aller au delà.

Toutefois ne croyez pas que la parole de Dieu ou la

splendeur du culte aient souffert de cette économie à outrance. Sous ce double rapport, l'église Notre-Dame des Champs n'avait rien à envier aux plus riches paroisses de Paris.

Aux jours de fête, elle était toujours parée avec magnificence; la maîtrise, sous l'habile direction de M. Michelot, faisait des merveilles, et M. Cognat ne s'en rapportait qu'à lui-même du choix des prédicateurs.

Il avait à cœur de faire entendre à ses paroissiens, non pas les plus renommés, mais autant que possible les meilleurs, et l'on sait qu'il eut généralement la main très heureuse.

Comment s'y prenait-il pour donner à son église, si je puis dire, le ton et l'éclat des premières églises de Paris, sans avoir les mêmes ressources et sans atteindre le même chiffre dans les dépenses? M. Cognat savait habilement profiter de tout, et mettre à contribution les bonnes volontés. Il avait aussi l'art de pratiquer certaines économies, ou plutôt de les imposer d'une façon assez discrète, si vous voulez, mais qui cependant n'était pas toujours du goût de tout le monde.

Cette rigueur d'économie, que M. Cognat portait partout, donna le change sur son caractère; elle lui fit une réputation d'avare et de thésauriseur. Il n'avait pas l'habitude de rendre compte de sa gestion financière à tout venant, de l'emploi de l'argent qu'il mettait si laborieusement en réserve au profit de la fabrique et de ses écoles. Il agissait avec tant de droiture et de désintéressement personnel qu'il eût été fort étonné d'apprendre les reproches que la malveillance ou plutôt l'ignorance formulait contre lui. Il trouvait tout naturel, — et en cela il avait parfaitement raison, c'est le devoir strict de tout administrateur, — d'exiger une comptabilité rigoureusement exacte et de la contrôler. Mais son droit de contrôle exercé, il s'en rapportait aux comptes qui lui étaient soumis, parce qu'il avait une entière confiance en ceux qui en étaient chargés, et il n'a jamais élevé à cet égard des prétentions, suspectes d'âpreté au gain. Ces observations ne sont pas inutiles, car on a répandu sur M. Cognat, après sa mort, les bruits les plus absurdes et les plus contradictoires. N'a-t-on pas dit qu'il laissait une fortune de plusieurs millions? On va voir l'usage qu'il faisait de son argent, et l'on comprendra l'absurdité de ce mensonge, qui du reste n'a pas tenu longtemps. Ah! oui, M. Cognat désirait la richesse, mais pour la répandre en bienfaits, pour soulager toutes les infortunes, qui se confiaient à lui, et qu'il n'a jamais laissées sans consolation. Mais le bien qu'il faisait n'était rien en comparaison de celui qu'il aurait voulu faire, et son cœur de pasteur saignait quand il ne pouvait secourir qu'incomplètement quelque famille malheureuse ou la préserver de la ruine. Chose curieuse, et qui prouve avec quelle facilité le public accepte les récits les plus fantaisistes! Pendant que les uns faisaient de M. Cognat un millionnaire, d'autres lui reprochaient de laisser la paroisse dans une situation financière déplorable. On parlait

encore de millions, mais de millions de dettes. On
venait conter cela mystérieusement au légataire universel, qui, en effet, ne savait pas le premier mot de
ces choses, et s'empressait de remercier son interlo-
cuteur de ce précieux renseignement, lui promettant
d'en prendre bonne note. La vérité est que M. Cognat
a laissé sa paroisse dans un état sinon brillant, du
moins satisfaisant, comme on a pu en juger par tout ce
qui précède : il y aurait une injustice révoltante à le
méconnaître. Que l'on compare donc l'état où il l'a
prise et celui où elle se trouve aujourd'hui, et l'on
verra, par la comparaison, ce que valent ces appréciations. Il a trouvé la paroisse sans église, sans finances,
sans écoles ; il a créé tout cela, et au milieu de difficultés inouïes ; et grâce à son administration, il a laissé
l'église entièrement meublée et magnifiquement entre-
tenue, la caisse de la fabrique prospère, et trois écoles
florissantes, dont l'une d'enseignement secondaire. Il
est vrai que les deux écoles congréganistes constituent
pour la paroisse une charge annuelle très lourde ; mais
elle l'a acceptée vaillamment ; loin de s'en plaindre, elle
continuera à supporter ce fardeau généreusement. On
ne peut donc pas dire qu'il a laissé une succession
obérée, malgré les frais de transmission dont la fraction liquide de sa fortune a fourni la principale part ; car
à ce compte, on devrait dire qu'un père de famille, laissant à sa mort de grands biens à ses enfants, leur lais-
serait de grandes charges, les frais de succession
étant d'autant plus élevés que la fortune est plus im-

portante Et notez que la mort a surpris M. Cognat au milieu même des dispositions qu'il prenait pour affranchir sa succession de toute charge, et rendre plus facile la tâche de son légataire. Non, on ne peut, sans blesser la vérité, lui reprocher d'avoir été imprudent ou négligent, et d'avoir laissé son œuvre inachevée. Il a fait ce qu'il était humainement possible de faire, et l'avenir se chargera de mettre dans tout son jour la sagesse prévoyante et l'habileté de son administration.

Au reste la meilleure réponse à opposer à toutes ces appréciations erronées de la malveillance ou du parti pris, c'est la confiance illimitée que les paroissiens avaient en leur curé. Il n'a jamais en vain fait appel à leur générosité : preuve manifeste qu'ils savaient le sage emploi qui était fait de leur argent. Rien n'atteste mieux le crédit, dont il jouissait auprès d'eux, qu'un appel qu'une année il adressa lui-même à leur charité ; il n'avait pu trouver en temps utile des quêteuses ; les dames, dont il avait sollicité le concours, s'étaient récusées pour des raisons personnelles. Il se fit quêteur ; il envoya les lettres en son nom. Son appel fut entendu ; la générosité de ses chers paroissiens fut aussi large, et la quête aussi abondante que si elle avait été faite dans les conditions ordinaires.

Les sommes, recueillies par M. Cognat dans sa paroisse, pendant les dix-sept ans qu'il l'administra, dépassent toute vraisemblance. Il le rappelait avec une légitime fierté, à ses paroissiens, l'année qui précéda sa mort. Mais ce qu'il ne dit pas, et ce qu'il importe de dire ici, c'est la part qu'il eut à ce résultat. M. Cognat sollicitait rarement la charité des fidèles du haut de la chaire ; il ne le faisait qu'à certaines fêtes de l'année, et pour les œuvres vitales de la paroisse: mais avec quel tact et quel art! C'était ordinairement au prône de la grand'messe ; l'affluence était nombreuse, car les paroissiens savaient que, les jours de fête, M. Cognat aimait à leur adresser la parole, autant qu'ils aimaient à l'entendre. Il ne choisissait pas un sujet particulier ; il prenait celui que lui fournissait l'objet de la fête ou l'évangile du jour. Il le développait avec force et onction, et insensiblement, sans paraître y toucher, il amenait l'esprit de ses auditeurs à l'objet de la quête, et en quelques phrases, qui semblaient sortir du développement logique de sa pensée, il formulait sa demande, comme la conclusion naturelle de son entretien. Impossible de procéder plus habilement, et j'ajoute plus efficacement, car, en ces circonstances, la charité des paroissiens réalisait ses espérances et souvent au delà.

L'entretien des deux écoles congréganistes de filles et de garçons était une de ses plus impérieuses préoccupations. Il lui fallait trouver chaque année une somme importante pour en couvrir les frais. Il n'était pas tranquille tant qu'il n'avait pas en caisse les fonds nécessaires. Aussi n'attendait-il jamais l'approche des termes ; il était bien rare qu'il ne fût en mesure de faire honneur à ses obligations longtemps à l'avance. C'est ainsi qu'un mois avant sa mort il avait réuni

l'argent de l'exercice courant; ça été une de ses dernières joies. Il était heureux comme un enfant. De
fait ce n'était pas un mince soulagement d'être affran-
chi de ce souci, de la longue perspective de cette lourde
échéance. Car, enfin, bien que la Providence ne lui eût
jamais manqué, les temps devenaient de plus en plus
durs, les nécessités plus nombreuses et plus pressantes ;
il lui était bien permis de se demander, à chaque fois,
si ses paroissiens étaient encore capables de renouveler
les sacrifices qu'ils avaient déjà faits si souvent. Cette
simple appréhension, que la pensée de la responsabilité engagée exagérait sans doute à ses yeux, suffisait,
quelque légère et fugitive qu'elle fût, non pas à abattre
son courage, mais à troubler son repos.

Une des grandes habiletés de M. Cognat a été d'attacher le plus intimement possible à son œuvre le clergé
paroissial. Il n'était pas de ces curés ombrageux, tellement jaloux de leur influence qu'ils la croiraient perdue tout entière s'ils en aliénaient une partie entre les
mains de leurs coopérateurs. Il était, par l'élévation
de son esprit et de son cœur, au-dessus de cette faiblesse, qui est bien humaine, et qui se rencontre quelquefois dans des âmes sacerdotales. Non seulement il
ne portait pas envie au bien que faisaient, au succès
qu'obtenaient ses vicaires, mais il en était heureux ; il
le regardait comme un bien de famille. Aussi ne leur
ménageait-il pas les encouragements; il faisait mieux ;
il provoquait leur initiative, et les soutenait de ses
conseils et de son influence. L'un deux lui proposait-

il une idée? Il l'examinait attentivement : si elle lui paraissait pratique et utile, il en facilitait la réalisation de tout son pouvoir. Il est telle œuvre paroissiale, qui n'a pas d'autre origine.

Toutefois il n'appliquait pas indistinctement ses vicaires aux différentes œuvres. Il se réglait sur leurs aptitudes, leurs goûts, leur caractère, pour savoir quelle était celle qu'il devait leur confier, celle où ils réussiraient le mieux et feraient le plus de bien. Une fois qu'il les avait chargés d'une œuvre, il s'en remettait entièrement à eux, les en rendait responsables, se réservant, bien entendu, le droit de contrôle, et celui de les remplacer, au besoin, s'ils trahissaient sa confiance. Cette manière d'agir était aussi sage qu'habile ; on ne peut dire les résultats qu'elle a obtenus. Le vicaire, chargé d'une œuvre dans de telles conditions, s'y attachait, la regardait comme son œuvre propre, y prenait intérêt, et se dépensait en louables efforts pour la rendre aussi florissante que possible. La cordialité des rapports y gagnait ; car, chacun ayant son œuvre, les occasions de mésintelligence devenaient plus rares. Si M. Cognat a fait tant et de si belles choses, j'ose dire, que c'est grâce au concours dévoué de ses collaborateurs, concours qu'il n'a cessé de solliciter et de provoquer. Son influence, bien loin d'y perdre, n'a fait que grandir, elle se fortifiait de celle que conquérait chacun de ses auxiliaires.

M. Cognat savait reconnaître la part de chacun dans le travail commun et dans les résultats ; il ne s'en attri-

buait pas exclusivement tout le mérite au détriment de
la justice et de la vérité. Il était le premier à faire valoir
le zèle, l'intelligence, le talent de ses collaborateurs,
même de ceux dont le caractère lui revenait moins. Il
fermait les yeux sur leurs petits travers, quand ils en
avaient, pour ne voir que leurs qualités ; il était quelquefois un peu dur pour ceux qu'il aimait le plus ; il
était toujours juste. Il avait des trésors d'indulgence,
et passait facilement sur les petits écarts d'humeur ; il
était incapable d'avoir une arrière-pensée. S'il avait
quelques observations, il les faisait avec la plus entière franchise ; il écoutait les explications qu'on lui
exposait, et, si elles lui paraissaient bonnes, il reconnaissait avec simplicité son erreur. Il avait vraiment
des entrailles de père pour ses vicaires ; il était toujours prêt à leur rendre service, et à faire leur éloge
auprès des fidèles et de l'administration diocésaine. Il
se rendait le témoignage de n'être jamais allé à l'archevêché que pour dire du bien d'eux, et il savait les
défendre contre les imputations calomnieuses ou les
appréciations erronées. Aussi avait-il leur affection, et
cette affection était une force. Il n'avait pas besoin
de commander ; il lui suffisait d'exprimer un désir. Il
disait qu'il ne voulait être dans son clergé que *primus
inter pares* ; son vœu était accompli. Il était vraiment
la tête et les membres obéissaient au moindre signe.

Aussi aimait-il son clergé autant que son clergé
l'aimait, et cette réciprocité d'affection était un puissant levier pour le bien.

La charge pastorale a des soins multiples : elle ne comprend pas seulement le temporel, elle comprend encore le spirituel. L'administration est une des fonctions principales du curé ; elle n'est pas la seule. Un curé, qui ne serait qu'administrateur, serait incomplet, de même qu'un curé, qui ne s'occuperait que du spirituel, comprendrait imparfaitement ses devoirs, et serait même bientôt réduit à l'impuissance de les remplir efficacement. M. l'abbé Cognat ne fut pas seulement administrateur ; il fut surtout, dans la sublime acception du mot, un pasteur des âmes ; et c'est même parce qu'il fut surtout cela, que, dans le désir de rendre plus efficace son ministère spirituel, il s'appliqua avec tant de diligence et de zèle aux soins de l'administration.

Il fut pour ses paroissiens ce qu'il était pour ses vicaires. Ses rapports avec eux étaient empreints de simplicité, de cordialité, de charité. Il se considérait comme le père de tous, et les recevait tous avec une égale bonté. Il ne faisait ni acception des personnes, ni état des conditions ; il se plaçait comme un intermédiaire entre les riches et les pauvres, et demandait aux premiers de quoi secourir les seconds. « Il se faisait tout à tous » pour les gagner tous à Jésus Christ car c'est à quoi il visait par-dessus tout ; comme les saints il disait : *Da mihi animas, cætera tolle tibi.* Malgré ses écrasantes occupations, il était d'un facile accès. Outre son jour de réception où sa demeure était ouverte à tous ses paroissiens, il accueillait volontiers chaque matin après sa messe les personnes qui désiraient le voir. Il faut bien le dire cependant, l'aspect de sa personne n'était pas engageant. On ne l'abordait pas, pour la première fois, sans une certaine appréhension. Sa tête habituellement pensive, ses traits fortement accentués, le négligé de sa mise, la gaucherie, sinon la brusquerie de ses manières, surtout lorsqu'on l'abordait à l'improviste, enfin le sérieux, qu'il portait partout, ne laissait pas voir tout d'abord, ce que son cœur contenait de tendresse et d'affabilité. Mais dès les premiers mots de la conversation, la glace était rompue ; on savait à qui on avait affaire ; on était à l'aise, et on se retirait heureux d'avoir fait plus ample connaissance avec lui.

M. Cognat n'était pas un causeur, bien qu'il causât à ravir ; il n'aimait pas les paroles oiseuses. Il ne fallait pas compter sur lui pour alimenter la conversation ; il la laissait volontiers tomber en la compagnie de ses familiers, à moins qu'elle ne roulât sur quelque sujet sérieux, qui allait mieux à la tournure de son intelligence ; il n'avait pas ce qu'on appelle l'esprit de conversation ; il ne savait pas parler pour ne rien dire ; il ne se grisait pas de mots. Son langage était toujours distingué, sans affectation, comme sans recherche dans l'expression. Ce qui en faisait le mérite et le charme, c'était une simplicité élégante, la sobriété, et la propriété des termes. Il ne disait jamais rien de banal ; sa pensée était toujours nette, noble, grave,

15.

frappée au coin du bon sens et de la raison. Il n'était
pas impérieux dans les discussions ; il admettait sans
peine qu'on pensât autrement que lui, même sur les
sujets qui lui tenaient le plus au cœur ; il tolérait les
contradictions, d'où qu'elles vinssent ; il ne regardait
ni à l'âge ni à la qualité de celui qui les émettait ; il
lui suffisait qu'elles parussent sérieuses ou seulement
spécieuses : il les discutait dans toutes les règles, les
précisait pour écarter toute équivoque, et les combattre
plus aisément ; il tenait à en avoir raison.

Ces qualités éminentes de son esprit étaient un des
grands attraits de sa personne ; elles furent pour beaucoup dans la confiance sans bornes que lui accordèrent
ses paroissiens. Nul ne pourrait dire les confidences
dont ils l'honorèrent. Il fut le dépositaire de bien des
secrets de famille. Je ne parle pas ici des confidences
de l'âme ; tout prêtre en reçoit. Il s'agit des affaires qui
intéressent le sort, le bonheur, l'avenir, la concorde
des familles, que l'on ne peut confier au premier venu,
et pour lesquelles on a besoin d'aide, d'encouragement
et de conseil. Dans ces occasions, on s'adressait à
M. Cognat comme à un ami, à un père, bien sûr de
trouver en lui un cœur sympathique ou compatissant,
tendre et dévoué, et un conseiller sage et discret. C'é-
taient des parents, qui venaient le consulter sur l'avenir ou l'établissement de leurs enfants, et sollicitaient
de lui plus qu'un conseil, quelquefois une démarche
importante; c'était une mère inquiète sur l'avenir d'un
fils égaré, une femme malheureuse dans son intérieur,

un homme frappé dans ses affections les plus chères, brisé dans sa vie, et à qui il fallait rendre le courage de vivre ; ou bien, enfin, c'était une famille honorable, gravement menacée dans ses intérêts, déjà ruinée par quelque catastrophe, sans ressources et sans crédit. Nul ne s'est adressé à M. Cognat sans avoir reçu de lui un conseil sage, une parole amie et compatissante et quelquefois plus encore, lorsque la situation le comportait. Tous ceux de ses paroissiens qui recouraient à lui dans leurs peines, lui appartenaient à un titre particulier par le fait du malheur.

Il a emporté avec lui dans la tombe le secret des infortunes qu'il a soulagées de ses propres deniers ; ou plutôt il semblait en avoir perdu lui-même le souvenir de son vivant. Sa main gauche ignorait ce que donnait sa main droite. Il laissait si peu soupçonner autour de lui ses libéralités, que personne ne s'en doutait ; on les ignorerait encore, si des papiers indiscrets, qu'il avait égarés et perdus de vue, n'en avaient révélé quelques indices. Un curé, disait-il, se doit à ses paroissiens.

Cette maxime, qui lui était familière, lui a coûté de grosses sommes d'argent. Il se laissait facilement attendrir aux récits du malheur ; son cœur se fondait de pitié. Il aimait mieux être dupe en donnant que de s'exposer à manquer à une infortune digne d'intérêt. Il a été plus d'une fois victime de la bonté de son cœur. Les avisés pouvaient rire de ce qu'ils appellent naïveté ; leur raillerie ne l'aurait pas converti à leurs pratiques

égoïstes. La charité doit être clairvoyante, sans
doute ; mais trop de clairvoyance dans son exercice
risque quelquefois d'endurcir le cœur. Dieu n'aura
pas été aussi sévère pour lui que les hommes, et son
serviteur doit se réjouir maintenant d'avoir fait un
usage aussi désintéressé des biens de la terre.

La charité n'était pas seulement pour M. Cognat un
besoin de son cœur sacerdotal, un devoir de sa charge ;
c'était encore un moyen de prosélytisme, une des formes de l'apostolat. Ramener à Dieu les âmes que le
malheur en avait éloignées, maintenir dans son service
celles que le découragement aurait pu égarer, voilà le
but qu'il poursuivait dans la pratique de la charité.
Après l'aumône de la bourse et du cœur, l'aumône
spirituelle.

Mais il était un autre genre d'apostolat qui avait
toute sa sollicitude. Parmi ses paroissiens, il en était
d'illustres par leur intelligence et leurs travaux scientifiques, que leur éducation première ou leurs études
avaient éloignés de la religion.

M. Cognat n'entendait pas abdiquer les droits que
lui donnait sur eux sa mission pastorale ; ils lui appartenaient par leur baptême ou relevaient de son ministère sacerdotal. Il ne voyait pas en eux des adversaires
irréconciliables et de parti pris, ou des hommes de
mauvaise foi, aveuglés par la passion antireligieuse,
avec lesquels la prudence et la dignité font au prêtre
un devoir de n'entretenir aucun commerce. Il savait
que le principe des erreurs de ces hommes était l'exal-

lation des forces de la raison : que pour eux, la raison est la source unique de toute vérité, le critérium souverain de la certitude, et que toute vérité, de quelque ordre que ce soit, privée de cette sanction, est non avenue. Cette théorie est exclusive de la foi ; car la foi a son principe dans la révélation, et non dans la raison ; elle est un don de Dieu, non un fruit de la science : le rôle de la science est de préparer à la foi, d'y conduire les âmes sincères, et d'en justifier la légitimité aux yeux de la raison. Aussi est-ce par la raison, par la science que le prêtre peut aborder avec de tels esprits les questions religieuses, dissiper leurs préjugés, éclaircir leurs malentendus, et préparer leurs yeux à la claire vue de la vérité révélée, et leur âme à l'action de la grâce.

Il va de soi que le premier prêtre venu n'est pas propre à une besogne aussi ardue. Ce n'est pas une petite affaire d'entreprendre une discussion philosophique, dont une âme est l'enjeu, avec des hommes qui ont consacré leur vie et leur intelligence à l'étude de ces hautes questions. Il faut d'abord présenter une certaine surface pour être agréé ; ces hommes éminents ne vont pas se commettre dans une discussion de cette importance avec des esprits vulgaires. Il faut ensuite être très versé soi-même dans ces questions, avoir une doctrine très nette et très forte, connaître à fond les théories philosophiques de son adversaire, être à même d'opposer des réponses sans réplique aux objections, et suivre une méthode extrêmement rigoureuse ; sans

cela on serait désarmé à la première passe; on serait à
la merci de son adversaire; on aurait manqué son but,
et, en fin de compte, on serait poliment éconduit.

M. Cognat avait les qualités d'esprit et les connaissances nécessaires pour aborder de telles luttes avec
quelques chances de succès. Son renom d'écrivain, de
philosophe et de polémiste était une excellente recom-
mandation auprès d'hommes, qui, ne reconnaissant
pas l'autorité spirituelle du prêtre, ne considèrent en
lui que sa valeur personnelle. Ses titres lui permettaient de traiter d'égal à égal avec eux, et de leur pro-
poser la discussion scientifique des fondements de
la religion, des problèmes qui intéressent, au plus
haut degré, les destinées de l'homme. Il a décrit lui-
même les caractères que doivent avoir, selon lui, ces
sortes de discussions, au début d'une série de lettres,
qui avaient précisément pour but de ramener un de
ces esprits dévoyés à la vérité religieuse. Voici comment il comprenait son rôle :

» Ce n'est pas sans une certaine appréhension que
j'accepte un débat où je dois vous suivre et me mesurer
avec vous comme avec un adversaire, au moins répondre à des difficultés et résoudre des objections assez sérieuses pour arrêter un esprit aussi cultivé et aussi pénétrant que le vôtre. J'éprouve une sorte d'anxiété de
conscience à la pensée que dans une discussion où sont
mises en jeu les destinées humaines, je puis, par des
explications incomplètes ou par des arguments sans
valeur, épaissir au lieu de dissiper les nuages qui dé-

robent à vos regards la vérité philosophique et religieuse. Pour comprendre ce sentiment, il suffit de remarquer qu'entre vous et moi, la situation n'est pas la même. Dans l'état où se trouve votre esprit, état de doute et d'incertitude, vous pouvez douter que je sois dans le vrai, vous ne pouvez affirmer que je sois dans l'erreur. De plus, en supposant que mes convictions ne sont que des chimères de mon imagination, vous êtes obligé de convenir qu'elles ne compromettent pas mes destinées futures, si j'en ai, et que le seul châtiment que puisse lui réserver l'avenir, c'est la déception. (1) Je ne puis être à votre égard dans le même désintéressement. Mes opinions philosophiques et religieuses ne sont pas, à mes yeux, des opinions que l'on peut, sans conséquence capitale pour la vie, admettre ou rejeter. Pour moi, ces convictions ne sont pas une solution possible, c'est la solution certaine, obligatoire du problème de la destinée humaine. En un mot qui dit tout, le salut en dépend.

» L'indifférence sur le résultat de nos conférences ne m'est donc pas permise. Je ne puis dire comme vous que je ne combats pas pour vaincre. Ici le désir de la victoire est un devoir de conscience; je ne puis dissimuler que ce serait pour mon cœur une tristesse de ne pas la remporter, et une vraie douleur de la compromettre. Car si la vérité est par elle-même invincible, elle peut être vaincue, elle l'est tous les jours dans ses plus dévoués défenseurs.

(1) Cette pensée rappelle le jeu des paris de Pascal.

» Je devais à la franchise de vos déclarations cette
loyale explication des sentiments qui m'animent au
début de cette pacifique controverse. Permettez-moi
d'ajouter un mot que je crois important.

» Dans l'examen des problèmes aussi sérieux et
aussi délicats que ceux dont il s'agit, il ne suffit pas
d'apporter une parfaite droiture d'intention et le désir
sincère de connaître la vérité ; ce n'est point assez de
n'avoir ni système préconçu ni parti pris à l'avance.
Il y faut de plus la pratique d'une méthode sévère et
rigoureuse qui exclut tout terme impropre ou équivoque, toute confusion dans les idées ; qui n'affirme
que ce qui est évident ou démontré, ne passe pas
d'un genre à l'autre, ne mêle pas les questions et
n'avance à la conquête de l'inconnu et de l'incertain
qu'en s'appuyant sur le connu et le certain. Si je
m'écartais de cette méthode, je vous prie de m'y rappeler, et je vous promets de mon côté de vous rendre
au besoin le même service. »

Rien n'est plus intéressant que le débat philosophique dont je viens de citer le début. En le lisant, on se
rend facilement compte qu'une discussion menée avec
cette rigueur et cette courtoisie ne pouvait manquer
d'avoir, sinon un succès complet, du moins un résultat fort appréciable, en dissipant bien des malentendus, en précisant bien des idées, en faisant accepter au
moins la philosophie chrétienne comme une doctrine
qui va de pair avec les plus belles conceptions de
l'esprit humain, Quand une intelligence en est là, elle

est bien près de s'ouvrir pleinement à la vérité, sous un rayon de la grâce divine.

Un des hommes dont la conversion lui tint le plus au cœur fut M. Littré. M. Littré était un esprit éminent, un penseur sagace, un travailleur obstiné ; il a été à la tâche jusqu'à sa dernière heure. Il avait une nature droite, un cœur bon, généreux ; il aimait à faire le bien autour de lui ; il y a dans sa vie des traits de bienfaisance qui l'honorent et qui, joints à son labeur opiniâtre, l'ont fait surnommer le saint de la philosophie. Malheureusement il avait été élevé en dehors de toute idée religieuse ; il n'avait vu le christianisme qu'à travers les sophismes des philosophes du dix-huitième siècle et du scepticisme voltairien, qui défrayaient l'enseignement public dans les années de sa jeunesse. De plus, il s'était adonné de bonne heure à l'étude des sciences exactes et y avait contracté des habitudes d'esprit réfractaires aux idées métaphysiques. Est-il étonnant qu'avec de telles dispositions il ait cherché une philosophie plus en harmonie avec la nature de ses facultés ? Il crut la trouver dans le système d'Aug. Comte. Il s'en fit le disciple et en devint bientôt le plus ardent champion. Il mit au service du positivisme sa puissante intelligence et sa vaste érudition. Or le positivisme est la négation la plus radicale de l'ordre surnaturel. Il n'admet que le fait, le phénomène sensible ; il rejette tout ce qui échappe à l'expérience. Le monde métaphysique existe-t-il ? Il ne s'en inquiète pas ; c'est pour lui une question oiseuse ; c'est *l'inconnaissable*. On conçoit qu'avec les tenants d'une telle doctrine, qui met au rang des chimères les réalités suprasensibles, il soit difficile de s'entendre sur le terrain de la philosophie et de la religion. Toute discussion est même impossible avec eux ; comment discuter avec des hommes qui mutilent la raison ? Cependant M. Cognat voulut tenter l'aventure avec M. Littré. C'était quelque temps après la publication de l'article où l'illustre positiviste déclarait faire sa profession de foi définitive. M. Cognat en prit prétexte pour essayer d'entamer une discussion avec lui.

Voici la lettre qu'il lui écrivit :

« Monsieur,

» Je viens de lire dans le dernier numéro de la *Revue de la Philosophie positive*, que vous avez bien voulu me communiquer à ma demande, la confidence que vous avez faite à vos lecteurs sur les grands problèmes de la vie humaine.

» Si ma curiosité avait besoin d'excuse auprès de vous, je n'éprouverais aucune peine à vous avouer qu'ayant une foi entière en des dogmes philosophiques et théologiques qui vous semblent, à vous, chimériques et douteux, j'éprouve le besoin de me rendre compte des motifs qui déterminent des esprits aussi distingués que le vôtre à penser autrement que moi.

» Je dois ajouter, pour être sincère, que ce besoin n'est pas purement spéculatif, et qu'il s'y joint un désir

de prosélytisme qu'expliquent naturellement la profondeur de mes convictions, et, j'ose l'ajouter, l'estime
affectueuse que j'ai conçue pour vous.

» Toutefois, en prenant la liberté de vous communiquer quelques-unes des réflexions que m'a suggérées
votre écrit, je n'ai nullement la prétention de *troubler
votre conscience*, ni *d'en appeler de l'homme mûr et trop
fier de sa force au vieillard désormais accessible aux
inspirations de sa faiblesse.* Je ne vois pas trace de sénilité d'esprit dans l'article intitulé : *Pour la dernière
fois* ; ce qui prouve, semble-t-il, que l'âme est distincte du corps et ne décline pas comme lui ; et quant
à votre conscience, je la crois assez droite et assez
ferme pour admettre, sans se troubler, la vérité, cette
vérité fût-elle contraire à ce que vous avez opiné jusqu'à ce jour.

» J'ai étudié et enseigné la philosophie, et par conséquent la philosophie positive, malgré son origine
récente, ne m'est pas inconnue. Or, je le confesse
ingénument, mon esprit n'a jamais vu dans ce système « qui vous a tant secouru depuis trente ans », rien
qui fût pour ma raison une lumière, pour mon cœur
un appui, pour mon âme un idéal, pour ma vie une
direction.

» Cela prouve, me dites-vous, que *votre évidence* est
en conflit avec *mon évidence*, en d'autres termes, ce
conflit témoigne hautement de la relativité de l'entendement humain.

» La relativité de l'entendement humain est bien, je

crois, le principe générateur du positivisme. Or ce
principe, entendu d'une manière absolue, est en contradiction manifeste avec des faits indéniables. Il est
des vérités absolument évidentes et pour vous, et pour
moi, et pour tout homme ayant l'usage de sa raison.
Si la connaissance était relative à chaque entendement, il n'y aurait ni enseignement ni science possibles. Je ne serais pas le disciple de Jésus-Christ et
vous ne seriez pas celui de M. Comte.

» Dira-t-on que cette relativité ne s'applique qu'aux
vérités de l'ordre métaphysique et religieux? Je ferai
observer d'abord que la diversité des objets auxquels
s'applique l'entendement humain ne change pas la
nature de cet entendement. Ensuite, même dans
l'ordre des idées métaphysiques et religieuses, il est
des vérités premières sur lesquelles le genre humain
tout entier, à part quelques exceptions systématiques,
s'est toujours montré d'accord. J'en cite deux : la sur-
vivance de l'âme dans une autre vie et l'existence
d'une nature, d'un être supérieur au monde visible et
à l'humanité, appelé Dieu.

» Sans doute les hommes, tout en étant d'accord sur
l'existence de ces deux vérités, les conçoivent et se les
expliquent d'une manière différente. Mais cette divergence sur le mode tient, non à la relativité native de
leur entendement, mais à la conduite de leur raisonnement. La raison, en soi, est infaillible. Ce qu'elle voit
est véritablement certain. Mais le raisonnement, c'est
tout autre chose. Il est soumis à mille influences qui

peuvent le fausser, et il s'y dérobe difficilement. C'est le raisonnement uni aux préjugés qui engendre la multitude des systèmes qui cherchent à expliquer l'homme et le monde.

» Vous croyez, Monsieur, que le positivisme suffit à cette tâche mieux que ce que vous appelez les dogmes théologiques. Je ne puis partager votre manière de voir, et, si vous me le permettez, je vais vous dire brièvement quelques-uns des motifs qui mettent *mon évidence* en conflit avec la vôtre.

» Oter Dieu du monde et de la société humaine, même sans nier positivement son existence, me semble une entreprise qui n'est ni scientifique, ni sociale, ni possible.

» Elle n'est pas scientifique. Toute science sérieuse, et le positivisme plus qu'aucun autre système, doit tenir compte des faits, surtout quand ces faits sont constants et universels. Or, s'il y a dans l'histoire de l'humanité un fait universel, constant chez tous les peuples, à toutes les époques, à tous les degrés de civilisation, et sous tous les climats, c'est la religion. Ne tenir aucun compte de ce fait, ou prétendre qu'il est un pur accident de l'évolution de l'humanité, qui n'a pas sa racine dans la nature de l'homme, et ne suppose en dehors de l'homme aucune réalité, est une affirmation purement gratuite et contraire à tous les procédés de la science expérimentale.

» Cette entreprise n'est pas sociale. Il n'est pas de société sans morale et, pour l'immense majorité des

hommes, la morale et la religion sont solidaires. Je
sais ce que disent les partisans exclusifs de la morale
laïque et indépendante. Mais sans m'arrêter à la discussion de leur théorie absolument contestable, je
prends les hommes tels que je les connais dans l'histoire, tels que je les vois et les ai vus pendant trente
ans d'un ministère qui me met constamment en relation avec eux, depuis les sommets de l'échelle sociale
jusqu'à ses derniers degrés. Or, ce que j'ai vu de mes
yeux, touché de mes mains et de mon cœur, le voici.
Chez l'immense majorité des hommes, la morale privée
et sociale monte ou descend suivant que la foi et les
sentiments religieux montent ou descendent dans leur
âme. Le nombre de ceux qui, comme vous, Monsieur,
indifférents pour les dogmes religieux « vivent leur
vie telle que la nature la leur accorde, avec ses joies et
ses douleurs, l'occupant par le travail, la rehaussant
par les arts, les lettres et la science, et lui assignant un
idéal dans le service de l'humanité », ne forme que des
exceptions fort rares ; et parmi ces exceptions mêmes
il en est plusieurs chez qui la pratique ne répond pas
à la théorie. La nature que vous invoquez souvent le
veut ainsi. Comme l'a remarqué le plus attentif et le
plus rigoureux observateur de l'antiquité, Aristote, elle
a fait l'homme religieux et social ; les raisonnements et
les systèmes des penseurs solitaires ne peuvent rien
changer à son œuvre. De plus, elle n'accorde qu'à de
bien rares privilégiés cette vie qui fut la vôtre « occupée
par le travail, rehaussée par les arts, les lettres et la

science et s'assignant pour idéal le service de l'humanité ». Le fait est, hélas! que pour le plus grand nombre, il n'y a dans tout cela de réel que le travail, non le travail libéral qui élève l'âme et poursuit le vrai, le bien et le beau, mais le travail qui courbe le corps et ne poursuit d'autre idéal que le pain de chaque jour. Qu'il y ait des satisfaits de leur condition dans la classe des hommes à laquelle vous appartenez, je ne me l'explique pas ; je le crois, puisque vous l'affirmez. Mais ce que j'affirme, à mon tour, après Horace et beaucoup d'autres observateurs de la vie humaine, c'est que l'homme, en général, n'est pas content de son sort et qu'il a pour cela de si bonnes raisons que je ne me crois pas en droit de lui en faire un reproche. S'il n'y a rien au delà de l'état présent, le vieil Œdipe avait grandement raison de s'écrier : « Ce qu'il y a de plus heureux est de ne pas naître et ensuite, si l'on a le malheur de naître, le plus heureux est de mourir avant d'avoir vécu. » Comme vous, Monsieur, je me suis assigné pour idéal le service de l'humanité. Mais depuis longtemps j'aurais renoncé à cet idéal, si à toutes les misères de la pauvreté et du cœur, si à tous les affligés, à tous les blessés de la vie qui viennent à moi chaque jour, non parce que je suis riche ou savant, mais parce que je suis prêtre, je n'avais qu'à dire avec Horace : *Durum sed levius fit patientia, Quidquid corrigere est nefas;* au lieu de leur rappeler la parole de saint Paul : *Momentaneum et leve tribulationis nostræ æternum gloriæ pondus operatur in nobis.*

L'expérience prouve que de ces deux manières de
prêcher la résignation, la plus efficace et la plus bienfaisante et, par conséquent, la plus sociale est celle de
saint Paul.

» Enfin, ôter Dieu et la religion du monde et de la
société est une entreprise radicalement impossible. La
religion est entrée avec l'homme dans le monde et n'en
sortira qu'avec lui. Vous prévoyez un temps où la
science éliminera de la société et de la vie sociale
la religion et le prêtre. J'ai beau interroger l'histoire et
la nature humaine, je ne puis découvrir sur quel motif
plausible se fonde votre affirmation. La science est
assurément une belle et puissante chose. Mais lui
donner le pouvoir de changer la nature humaine me
semble au-dessus de ses forces. Votre maître, M. Comte,
l'avait compris, il a voulu donner une satisfaction
quelconque à l'instinct religieux de l'homme, en instituant une espèce de sacerdoce. Vous avez répudié,
il est vrai, cette partie de son héritage, repris par
M. Lafitte. Vous avez senti, peut-être, que dans une
société chrétienne, fonder une religion était une ten-
tative impossible. Je crois plus impossible encore que
les hommes se puissent jamais passer d'une religion,
et ce qui se produit sous mes yeux depuis quarante
ans, m'en est une preuve convaincante.

» Je m'arrête avec la crainte d'en avoir trop dit pour
votre patience et pas assez pour la grande cause que je
défends. Je ne cesserai pas de désirer et d'appeler son
triomphe sur votre âme, parce que je suis convaincu

que votre bonheur y est attaché. Le Dieu que j'adore m'est témoin que je n'ai pas eu d'autre mobile. Et comme il est de la nature de l'amour de tout croire et de tout espérer, malgré la déclaration que vous venez de faire *pour la dernière fois*, je demeure dans l'espérance contre l'espérance même : *In spem contra spem*.

» Veuillez agréer, etc.

« J. Cognat. »

Le ton élevé de cette lettre n'échappera à personne, non plus que la noblesse des sentiments et la force des raisons. M. Littré fut peut-être flatté d'être l'objet d'une telle démarche de la part de son curé, mais il crut n'y devoir répondre que par une simple fin de non recevoir.

« C'est bien pour la dernière fois, comme je l'ai dit dans l'article auquel vous faites allusion ; et votre lettre que j'ai lue attentivement et dont je vous remercie, ne fait que me confirmer en ce sentiment ; car il est inutile que je repasse par la voie que vous me mettez sous les yeux, voie que je viens de parcourir. Je n'envie ni ne plains ceux qui croient en Dieu. Mon ignorance est entière sur les causes ou la cause qui font qu'il y a un monde et que je suis dans ce monde, et c'est une ignorance qu'aucun dire, ni théologique, ni métaphysique, n'a pu dissiper. »

On ne pouvait pas être plus net dans la négation. Heureusement pour M. Littré, Dieu avait placé à côté de lui un ange tutélaire, qui l'entoura jusqu'à sa mort

16

du plus tendre dévouement et de la plus religieuse
sollicitude. M. Littré n'était pas un fanatique ; il se
serait fait un scrupule d'inquiéter sa femme dans l'accomplissement de ses devoirs religieux. Chrétienne,
elle aurait voulu faire passer ses sentiments dans l'âme
de son mari, mais se garda bien de le troubler dans
sa foi philosophique. Elle désirait ardemment sa conversion ; elle la demandait au ciel par d'instantes
prières, et attendait avec confiance l'heure de la grâce
divine. Cette heure vint en effet. Dieu parla à cette
âme dans le secret de la conscience ; et quand le travail intérieur fut achevé, il lui ménagea, au moment
suprême, le moyen de se réconcilier avec lui par la
réception du baptême ; digne fin d'une vie si labo-
rieuse et si honnête, encore qu'elle eût cheminé dans
les sentiers de l'erreur. Elle combla de joie les enfants
de Dieu ; elle remplit de rage les ennemis de l'Eglise.
Ceux-ci feignirent de se consoler en disant que si la
foi avait éclairé la dernière heure de M. Littré, la
libre-pensée avait possédé sa vie entière, ne remar-
quant pas que, par sa mort chrétienne, il avait rétracté
implicitement tout son passé.

Cet événement, on le conçoit, fut une bien grande
consolation pour le cœur de M. Cognat. Non qu'il y
eût pris une part très active ; mais il s'y intéressa
vivement, et donna plus d'un conseil utile. Il était
depuis longtemps en relation avec la famille de
M. Littré. A coup sûr, M. Littré n'était pas un parois-
sien fervent ; cependant il ne dédaignait pas de con-

tribuer de sa bourse au soutien des œuvres paroissiales. L'auteur de ces lignes en eut connaissance d'une façon très fortuite. Il y a de cela une dizaine d'années. Il était dans la sacristie avec plusieurs autres personnes; il attendait, comme elles, que son tour vînt de passer dans le cabinet de M. Cognat. Une dame se pencha vers lui et lui dit : « M. l'abbé, je suis un peu pressée, « je ne puis attendre plus longtemps. Auriez-vous la « bonté de remettre à M. le curé cette somme, tant de « ma part et tant de la part de M. Littré. » Il ne fut pas peu surpris de cette révélation; il marqua son étonnement à M. Cognat, qui ne le partagea pas; car le fait n'était pas nouveau pour lui. Il est difficile de ne pas voir dans cette conduite de M. Littré autre chose qu'une concession à la religion des siens. N'est-ce pas un indice lointain de l'évolution religieuse qui devait couronner sa vie et honorer sa mort ?

M. Cognat escomptait d'autres conversions non moins illustres que celle de M. Littré. Il les préparait de loin ; il profitait de toutes les circonstances de la vie sociale et religieuse, d'une réunion littéraire, d'une fête de famille, d'un mariage, pour nouer des relations, dont il se servirait en temps opportun, ou pour faire entendre de graves avertissements, et faire naître de salutaires inquiétudes dans les âmes qu'il voulait atteindre. Sa mort a coupé le fil de ces pieuses industries, avant qu'il ait pu en recueillir le résultat. Espérons qu'il n'aura pas travaillé en vain, et que d'autres, reprenant son œuvre, seront assez heureux pour la mener à fin.

Ainsi le zèle de M. Cognat s'étendait à tout et à tous ; il ne connaissait ni repos ni lassitude. On se demande comment un seul homme a pu suffire à tant de choses à la fois. Il est vrai, son activité était sans bornes ; mais ses occupations de chaque jour étaient sans nombre. Rien n'est plus absorbant que le travail matériel d'un curé à Paris. Offices publics, le dimanche et les jours de fête, réunions pieuses en semaine, services funèbres, bénédictions nuptiales, assemblées de charité, conseils de fabrique et des œuvres, inspection des catéchismes, présidence des associations à certains jours, visites des malades, réception des fidèles, confessions : que de soins divers se disputent ses heures et morcellent son temps ! Et ce qu'il faut remarquer, c'est que M. Cognat n'agissait pas par procuration ; il payait partout et toujours de sa personne ; il était toujours prêt à rendre service ; on pouvait toujours s'adresser à lui, sans crainte d'essuyer un refus. Malgré son travail écrasant, il donnait l'exemple de l'assiduité aux offices. Les paroissiens étaient toujours sûrs de le voir à sa stalle aux offices du dimanche et des jours de fête. C'était, du reste, une de ses joies pastorales de se trouver au milieu des fidèles. Aux grandes solennités liturgiques, où l'assistance est plus nombreuse qu'à l'ordinaire, il éprouvait un singulier plaisir à promener ses regards sur l'assemblée ; sa figure s'illuminait d'un rayon de bonheur. Il se sentait vraiment le père de cette grande famille, et quand, en pareille circonstance, il montait en chaire, son cœur rencontrait les plus heureuses inspirations.

Si l'on joint à ces occupations extérieures du ministère paroissial ses longs séjours au confessionnal, sa volumineuse correspondance, la préparation de ses prônes, la composition de plusieurs écrits, on aura une idée du labeur de M. Cognat pendant les dix-sept ans qu'il passa à Notre-Dame des Champs. Cela suppose évidemment une grande activité de corps et d'esprit, mais aussi une vie parfaitement ordonnée. L'emploi du temps était si bien réglé dans celle de M. Cognat, que chaque heure avait son occupation.

Il était assez matinal. Il se rendait régulièrement à l'église à sept heures, et jusqu'à huit heures vaquait à l'oraison, à la préparation de la sainte messe, et à l'audition de quelques confessions. Après sa messe, qu'il disait habituellement à huit heures, et après son action de grâces, il confessait encore, puis recevait les fidèles, sauf le vendredi, où il distribuait les aumônes aux pauvres. L'après-midi était réservé aux visites de bienséance, aux soins des malades, aux réunions paroissiales, aux affaires administratives. Il rentrait habituellement vers cinq heures pour dire son bréviaire, mettre à jour sa correspondance et sa comptabilité. Mais sa porte n'était pas fermée; c'était le moment que choisissaient, pour le rencontrer sûrement, ceux qui étaient au courant de ses habitudes, et ne pouvaient se rendre à son jour de réception, qui était le jeudi. Quelque occupé qu'il fût, il était toujours accessible,

même pour les visiteurs importuns; il ne savait pas
éconduire. Le soir, il lisait les journaux et les revues;
il tenait à suivre le mouvement des idées et à s'informer des faits de la vie nationale. Le mercredi, le samedi et la veille des fêtes étaient ses jours de confession ; ce qui ne veut pas dire qu'en dehors de ces
jours son confessionnal chômât.

Voilà, dans ses grandes lignes, le cadre de sa vie
habituelle. Mais que d'affaires imprévues, que d'occupations de toute sorte venaient y prendre place! On
comprend qu'après une année aussi laborieusement
remplie, il dut éprouver de la lassitude, et sentir le
besoin de prendre un repos bien mérité. Il quittait
ordinairement Paris à la mi-août, après la fête de
l'Assomption. Il allait dans une station d'eau, quand sa
santé l'exigeait. Mais son cœur le poussait plus souvent
au pays natal. Là il trouvait, avec l'air pur, les riants
horizons et le calme des montagnes, des amitiés précieuses. Il était très aimé des curés du canton; son
arrivée au pays était une véritable fête. On se le dis-
putait ; c'était à qui pouvait l'avoir. Ces sympathies lui
étaient bien douces au cœur; elles lui rendaient encore
plus cher le lieu de sa naissance. Mais parmi les prêtres
dont l'amitié embellissait son séjour à la campagne,
il en est un, pour qui il nourrissait les sentiments de
la plus vive affection. Le plaisir de le voir était un des
plus grands attraits de ses vacances. Il avait subi le
charme que cet excellent curé exerce sur tous ceux
qui ont le bonheur de le connaître. Nature fine et dé-

licate, cœur d'or, intelligence supérieure, esprit délié et pénétrant, ce prêtre est l'ornement du diocèse de Belley. Il était destiné aux plus hautes dignités ecclésiastiques ; il les obtiendrait encore si sa modestie n'égalait ses mérites. M. Cognat était frappé de cet ensemble de qualités rares ; il ne parlait de son ami qu'avec admiration. Ai-je besoin d'ajouter que l'affection et l'estime étaient réciproques ?

Après le repos du corps, le repos de l'âme. Au milieu de ses occupations incessantes, M. Cognat ne négligeait pas les soins spirituels que tout chrétien, à plus forte raison tout prêtre, se doit à lui-même. Il n'oubliait pas qu'obligé par état de travailler à la sanctification des autres, il devait commencer par se sanctifier lui-même. Il n'a pas failli à ce devoir. Que faut-il faire pour devenir un saint, demandait un jour un prêtre au bienheureux curé d'Ars ? — Rester toute sa vie séminariste, répondit-il. Ainsi fit M. Cognat. Toute sa vie il resta fidèle aux pieux exercices du séminaire, à l'oraison, à la lecture spirituelle, au rosaire, qu'il ne manqua pas un seul jour. Mais quelque désir qu'on ait de se sanctifier par la pratique de toutes les vertus chrétiennes et sacerdotales, quelque zèle qu'on apporte à ce grand œuvre, il faut de temps à autre s'arrêter, au milieu de sa route, pour se rendre compte du chemin parcouru, des progrès faits, comme des défaillances ou des relâchements, et prendre de nouvelles forces pour poursuivre avec plus d'ardeur. Tel est l'objet des retraites spirituelles. Elles sont nécessaires à tout chrétien, qui a souci de sa sanctification ; elles sont indispensables au prêtre, qui fait état de sainteté. Aussi nos évêques ont-ils établi, dans leurs diocèses, des retraites annuelles en faveur de leurs prêtres. Dieu seul pourrait dire les fruits de salut dont ces saints exercices sont la source non seulement pour les ecclésiastiques, mais encore pour les fidèles. M. Cognat en comprenait toute l'importance et avait à cœur de s'en appliquer le bénéfice. Il faisait une retraite chaque année, non pas seulement pour obéir à la prescription épiscopale, qui l'impose à tout prêtre, dans le diocèse de Paris, mais par principe, et par le besoin qu'il en éprouvait. Il assistait par préférence à la retraite diocésaine, toutes les fois que cela lui était possible. Il en suivait les exercices avec la docilité d'un séminariste, ou plutôt d'un enfant de Dieu, désireux de se connaître, de pénétrer dans l'intime de son âme, afin de l'examiner sous le regard du divin Maître, et de prendre les résolutions que lui suggérait cet examen. Il consignait dans des cahiers ces résolutions, avec les réflexions qui les motivaient, pour en faire la base de sa vie morale. Elles s'inspiraient du plus pur amour de Dieu et des âmes. Chacune de ces retraites marquait un progrès dans la voie ascensionnelle vers la perfection sacerdotale. C'est là le secret de la puissante influence qu'il exerça dans sa paroisse. Il ne fut le curé que l'on connaît, que parce qu'il a été prêtre avant tout, et dans toute l'acception du mot, et il n'a été ce prêtre, que parce qu'il n'a pas perdu de vue, au milieu des préoccupations du ministère paroissial et des agitations du monde, le but de la vie sacerdotale, qui est la sainteté.

CHAPITRE IX

M. Cognat ne bornait pas son zèle aux hommes de marque qu'il comptait parmi ses paroissiens. Le reste de son troupeau était l'objet d'une égale sollicitude de sa part.

Un des principaux devoirs du ministère pastoral, c'est l'enseignement des fidèles par la parole publique. Il faut les instruire des vérités qu'ils doivent croire, des devoirs qu'ils doivent pratiquer. Il faut maintenir les uns dans la vérité, y ramener les autres, et défendre la doctrine de l'Évangile contre les préjugés du temps, les sophismes de la fausse science, et les assauts de la libre pensée et de l'erreur militante. L'exposition des vérités de la foi, l'apologie du christianisme, de ses dogmes et de sa morale, tel est le double objet de la prédication. M. Cognat ne paraît pas s'être adonné à ce genre d'apostolat en dehors des

églises, où il a exercé le saint ministère. A part un
Avent et un Mois de Marie, prêchés dans des chapelles
de couvent, il n'a abordé les grandes chaires de la
capitale qu'à de rares intervalles et dans des occasions
particulières. Ce n'est pas qu'il n'eût pas le talent
nécessaire pour y obtenir de sérieux succès et y faire
beaucoup de bien. Mais la force des circonstances a
porté son activité ailleurs. Les exigences de la polémique quotidiennne, où il a été jeté, n'étaient guère
conciliables avec les travaux de la prédication. Il faut
savoir se borner si l'on veut ne rien faire à demi et
rester toujours à la hauteur de sa tâche. Il n'y a pas
lieu cependant de trop regretter cette lacune ; car
l'œuvre oratoire de M. Cognat est encore considérable.
Partout où il s'est fait entendre, au couvent des Bénédictines, à Sainte-Clotilde et surtout à Notre-Dame des
Champs, il a été suivi avec intérêt et goûté avec délices par les fidèles. On ne s'étonne pas de cette faveur
constante qui s'est attachée à sa parole, quand on l'a
entendu ou qu'on le lit. Ses discours étaient aussi fortement conçus que bien conduits ; ils se faisaient remarquer par l'élévation de la pensée, la noblesse des
sentiments, la clarté élégante, la sobriété et la simplicité du style. Jamais rien de banal ni de vague ; les
vérités les plus fréquemment rappelées aux fidèles
semblaient prendre, dans sa bouche, je ne sais quel
air d'originalité, qu'on n'est pas habitué à leur voir
dans les instructions de la prédication ordinaire, et
étaient exposées avec une lumineuse précision. Une

clarté admirable mettait les enseignements les plus élevés de la doctrine à la portée des esprits les moins cultivés. M. Cognat ne craignit pas, dans ses prônes, d'aborder les questions les plus difficiles de la théologie ; mais il avait le talent de les mettre au niveau de l'intelligence de ses auditeurs. Il n'oubliait jamais devant qui il parlait : qualité qui fait défaut à beaucoup de prédicateurs, et qui les expose à parler souvent dans le vide, à passer par-dessus la tête de ceux qu'ils prétendent instruire. Quelque sujet qu'il traitât, il était toujours simple, populaire, c'est-à-dire, accessible aux plus humbles esprits et doctrinal. Son éloquence, comme sa méthode, étaient celles des grands maîtres. Je ne veux pas dire qu'il les ait égalés, mais c'est déjà un mérite très appréciable que d'avoir avec eux une ressemblance lointaine.

Sa diction était en harmonie avec le ton du discours ; elle était toujours très naturelle ; elle suivait les ondulations de la pensée et en rendait parfaitement les nuances. Elle était nette, parfois très accentuée, suivant la nature des sentiments exprimés : M. Cognat sentait vivement ce qu'il disait. Elle était lente sans fatigue, grave sans sévérité ; elle était servie par un organe puissant et agréable. Elle atteignait quelquefois les grands mouvements de l'éloquence ; mais plus habituellement elle était calme, et contenue dans une intensité chaleureuse. La véhémence sortait des entrailles mêmes du sujet, et n'était pas recherchée. M. Cognat disait avec simplicité ce qui était simple,

avec force ce qui le comportait. « Si je demande mes
pantoufles à mon domestique, disait un grand orateur,
je dis tout simplement : Jean, donnez-moi mes pantoufles. » Que dirait-on d'une personne qui prononce-
rait ces paroles sur un ton véhément et solennel ?
Elle relèverait de la comédie. De même l'orateur qui
s'imagine être éloquent, parce que, d'un bout à l'autre
de son discours, il s'époumonne et dit les choses les
plus simples avec la même véhémence qu'il débite les
passages passionnés. M. Cognat ne donnait pas dans
ce travers. Il y avait de la dignité dans l'action : le geste
était sobre et naturel ; mais l'expression de la figure
était singulièrement significative. Les traits s'épa-
nouissaient et se contractaient tour à tour et ce jeu de
physionomie ajoutait à la force de la parole. Ce qui
dominait dans les discours de M. Cognat, que ces discours fussent des sermons, des prônes ou des entretiens familiers, c'était le raisonnement ; la pensée fondamentale se développait progressivement et largement sous ses différents aspects ; les idées accessoires
s'enchaînaient logiquement, et ajoutaient toujours à
l'idée principale. M. Cognat ne dédaignait pas les
images, il recourait volontiers aux comparaisons, pour
rendre plus saisissable sa pensée. Mais en général il en
usait avec sobriété. Chacune de ses compositions
était un tissu, ni lâche ni serré, mais souple et orné
de quelques figures de bon goût. C'était l'éloquence
de la raison. Le cœur était aussi de la partie ; mais son
genre n'admettait guère les effusions sentimentales.

Il a montré cependant que l'éloquence du cœur n'était pas étrangère à son talent, dans un genre où il a excellé, et où elle est de mise plus qu'ailleurs ; je veux parler des discours de mariage. M. Cognat, par sa situation et ses relations étendues, à titre de curé ou de père spirituel, était souvent prié de donner la bénédiction nuptiale à de jeunes époux. Il a composé, pour ces circonstances, un grand nombre d'allocutions. Elles prouvent la fertilité d'invention de son esprit ; car, sur le même sujet, qui est l'importance, la dignité et la sainteté du mariage chrétien, il a su trouver une incroyable variété de développements. Mais ce qui en fait le charme exquis, c'est la noblesse et l'élévation de la pensée, la grâce ténue du sentiment, le tour distingué de l'expression, la note discrète du cœur. Il s'est montré supérieur dans un genre, si délicat à traiter, et où il est si difficile d'éviter le banal et le convenu. Qu'on en juge plutôt par ce passage, pris au hasard, où il rappelle la grandeur, la nature, l'origine divine du mariage :

« Le mariage, dit-il, n'est pas, vous le savez, une institution humaine, ni un contrat purement civil. C'est un contrat essentiellement religieux, institué par Dieu lui-même qui en a déterminé les conditions et les devoirs.

» Vous n'ignorez pas l'histoire de cette institution qui remonte jusqu'au berceau du genre humain. Rappelez-vous cette première page de la Genèse, c'est-à-dire, la généalogie divine, immortelle de l'homme. Il y est dit : « Dieu a pris sur la terre un peu de boue, en a fait un corps humain, puis lui a donné un souffle de vie, une âme immortelle, et ainsi l'homme fut fait à son image et à sa ressemblance. » Après la création de notre premier père, Dieu considérant son œuvre, ne trouva pas bon que l'homme fût seul, et que cette solitude sublime des âmes fût le partage de tout le genre humain. Il donna donc à Adam une compagne semblable à lui, qui pût être son aide et son soutien sur la terre. Cette compagne, Dieu la tira de l'homme même pendant un sommeil mystétérieux, afin que l'homme ne pût lui reprocher, pour l'asservir, une origine inférieure à la sienne, et il lui donna des trésors de bonté, de grâce et de tendresse, pour que l'homme pût l'aimer autant que la respecter.

» Voilà sur quoi saint Paul fonde cette belle subordination de la femme, mais dans l'amour et le respect de l'homme, quand il dit : « Que les femmes soient » soumises à leurs maris comme au Seigneur, parce » que le mari est le chef de la femme, comme Jésus- » Christ est le chef de l'Eglise qui est son corps et » dont il est le Sauveur. » Et cette loi de subordination, d'amour et de respect, saint Paul ne la fonde pas seulement sur l'institution divine du mariage : il va plus loin encore ; il l'appuie sur le plus grand mystère de la loi nouvelle, sur l'Incarnation, sorte d'hymen mystérieux de la divinité avec l'humanité et il dit : « Maris, aimez vos femmes comme Jésus- » Christ a aimé l'Eglise » sa mystique épouse. Pou-

vait-il rien dire de plus fort pour commander l'amour
vrai, pur et noble qui doit régner entre les époux chrétiens ! O pureté de l'amour conjugal, quand il est compris à la lumière de ces pensées, quand il veut se former sur ce beau type ! C'est là ce qui explique la subli-
mité où il atteint quelquefois dans certaines âmes
exceptionnelles ; exceptions, je me hâte de le dire, très
fréquentes dans le christianisme. Et l'amour conjugal,
formé sur celui de Jésus-Christ pour son Église, n'est
pas seulement la pureté même dans la plus exquise
tendresse, il est aussi le plus absolu dévouement.
« Aimez votre femme comme Jésus-Christ a aimé
» l'Eglise et s'est livré à la mort pour elle, afin de la
» sanctifier. » Oui, voilà l'amour chrétien dans le mariage ; il va jusque-là. L'homme est le maître, mais
aussi le protecteur, le sanctificateur et le sauveur de sa
compagne. Mais hélas ! il y a ici trop souvent un ren-
versement effroyable. Ils sont trop rares aujourd'hui
les maris qui aident leurs femmes à se sanctifier, qui
cherchent à les élever jusqu'à eux, et à s'élever eux-
mêmes avec elles jusqu'à Dieu. Cette force morale, sans
laquelle il n'est pas de vie chrétienne, combien peu
d'hommes la possèdent ! Cependant, grâce à Dieu, j'en
connais dans cette ville, sur cette paroisse et ailleurs ;
il est encore des femmes chrétiennes qui peuvent vé-
nérer leurs maris tout en les aimant. J'en connais de
ces ménages heureux qui réalisent aujourd'hui encore,
malgré l'affaiblissement de la foi, le portrait tracé autrefois par saint Jérôme et saint Augustin de ces jeunes

époux chrétiens qui marchaient dans la vie, se prêtant un appui mutuel, portant ensemble, avec une ferveur égale, le joug de Dieu. J'en connais et je dois dire que je ne sais pas sur cette terre un spectacle plus beau, plus consolant, plus digne des regards de Dieu et de l'admiration des hommes... »

Quelle grâce dans ce tableau ! quelle délicatesse de touche ! et avec quel tact et quelle discrétion la leçon est placée à côté de l'enseignement doctrinal ! Cette page, et tant d'autres que je pourrais citer, est vraiment magistrale, elle est de main d'ouvrier.

M. Cognat, qui s'ingéniait à trouver les moyens d'atteindre les âmes, qui a usé à Notre-Dame des Champs de tous les genres d'apostolat, ne devait pas négliger celui de la parole, pour lequel il avait reçu des dons si précieux.

Il l'a pratiqué largement, il en a fait l'instrument le plus puissant de son ministère pastoral, le levier avec lequel il a soulevé sa paroisse, et a secoué la torpeur des indifférents.

Suivant l'usage du diocèse de Paris, il faisait le prône de la grand'messe le dimanche, à son tour ; il se réservait encore d'adresser la parole aux fidèles aux grandes fêtes de l'année. Mais cela ne suffisait ni à son zèle, ni à son cœur. Il avait besoin d'entrer plus fréquemment en communication avec ses paroissiens, pour leur rompre le pain de la parole divine.

M. l'abbé du Chesne avait déjà pris l'habitude d'entretenir chaque dimanche les fidèles de Notre-Dame

des Champs des principales vérités de la religion. Il le
fit avec un succès dont on conserve encore le souvenir
à la paroisse. M. Cognat, heureux de ce précédent, ne
crut pas mieux faire que de s'y conformer et de marcher sur les traces de son prédécesseur. Il reprit donc
et continua la tradition des instructions dominicales.
Seulement, ce qui n'était avant lui que des entretiens
courts et familiers devint avec lui de vraies conférences. Mais il ne faut pas se méprendre sur le sens et
la portée de ce mot, dont on use et abuse aujourd'hui.
Les conférences de Notre-Dame des Champs n'avaient
aucun des caractères du genre qui mérite ce nom.
C'étaient plutôt des causeries élevées, sur des sujets de
dogme et de morale, traités à un point de vue apologé-
tique, ou plutôt où l'apologie se mêlait à l'exposition.

Ces conférences avaient lieu le dimanche matin après
la messe de huit heures. Je n'ai pas besoin de dire si
elles étaient suivies et goûtées. Pendant plus de quinze
ans, M. Cognat a su plaire à un groupe nombreux de
paroissiens, qui se pressaient autour de sa chaire, et
recueillaient avec avidité les hauts enseignements qu'il
en faisait descendre. De quel riche trésor il aurait en-
richi la prédication chrétienne, s'il avait réuni et publié
ces solides entretiens!

Durant ce long espace de quinze ans, il a parcouru à
peu près tout le cercle de l'enseignement dogmatique
et moral. Je crois même qu'il avait abordé l'étude des
questions relatives à l'Ecriture sainte. Malheureusement, les notes qu'il a laissées n'embrassent qu'une

période très restreinte ; de 1872 à 1874, il a consacré
ses instructions à l'exposition du symbole catholique,
c'est-à-dire des vérités que Jésus-Christ nous a ensei-
gnées et que l'Eglise nous propose comme objet de notre foi et règle de nos intelligences. Les deux années
suivantes, il a traité de la morale, de ses principes, de
sa nature, de son objet et de sa fin, discutant et réfu-
tant, point par point, les théories antichrétiennes des
déistes et des positivistes. Il n'a pas craint de consacrer plusieurs conférences *à la morale indépendante*
et au *rationalisme en morale*.

Plusieurs de ces conférences, entre autres, celles que
je viens de rappeler, ont été écrites à peu près intégralement. Il ne reste des autres que des esquisses,
des indications, des notes, quelquefois des passages
d'une certaine étendue. Nous avons là l'indice de la
manière, dont M. Cognat préparait ses sermons ou ses
prônes. Pendant longtemps, il s'astreignit à écrire et
à apprendre par cœur. Ce n'est pas qu'il ne fût capable
d'improviser avec plus ou moins de bonheur. Mais il
avait trop de respect de la parole de Dieu, pour la livrer au hasard d'une inspiration plus ou moins heureuse.

Plût à Dieu que tous les hérauts de l'Evangile eussent le même respect du verbe divin, qu'ils ont la mission d'annoncer au monde ! Les fidèles ne seraient pas
condamnés à subir quelquefois un déluge de mots so-
nores et mal accouplés, vides de sens et de bon sens,
ou à entendre des instructions fades, qui ne disent rien

à leur esprit, rien à leur cœur. Pour sa part, M. Cognat s'efforçait d'inculquer à ses vicaires, par son exemple autant que par ses conseils, ce grand principe de la rhétorique sacrée, qui consiste à traiter avec le plus grand soin la parole de Dieu, par respect pour elle et par égard pour les auditeurs. Voilà pourquoi, aussi longtemps que ses occupations le lui permirent, il ne monta jamais en chaire, il ne parla jamais en public, sans avoir médité longuement son sujet, la plume à la main. Il ne récitait pas de mémoire ; mais le plan et les notes écrites étaient le fil conducteur qui dirigeait ses pensées à travers les méandres de son sujet, et l'empêchait de s'égarer. Ce n'est que vers la fin de sa vie qu'il se départit de cette méthode ; elle n'était plus compatible avec les occupations qui l'accablaient, et les fatigues de l'âge. Il se contentait de se recueillir, avant de monter en chaire, et le plus souvent, à genoux, sous le regard de Dieu.

Mais sa longue habitude de la parole publique, l'abondance de ses idées sur tout sujet, et l'activité de son esprit toujours vigoureux, rendaient cette préparation suffisante ; il eût été difficile, aux plus expérimentés, de s'apercevoir des défauts de son improvisation, tant elle était nette, claire et nourrie.

On ne peut dire le bien que M. Cognat fit par ses instructions dominicales.

Que d'âmes il a éclairées, soutenues dans leurs luttes contre leurs faiblesses et contre les attaques du dehors ! Il était à même de constater ces heureux effets; il en recevait souvent les consolantes confidences et la certitude de l'utilité de sa parole ne contribua pas peu à l'encourager dans son labeur.

Mais cela ne lui suffisait pas encore. Ils étaient sans doute nombreux, ceux qui venaient l'entendre, et sur qui sa parole tombait comme la bienfaisante rosée du ciel. Mais c'était l'infime portion de son troupeau, celle qui était déjà gagnée à la cause de Jésus-Christ. Mais que de brebis hors du bercail! Le pasteur ne se consolait pas de cette désertion; il ne pouvait pas s'y résigner. Comment atteindre cette masse compacte d'indifférents et d'hostiles? S'il avait pu les amener au pied de sa chaire, il aurait discuté les raisons de leur indifférence ou de leur haine. Il aurait pu s'expliquer avec eux et peut-être triompher de leur apathie et de leurs préjugés. Mais comment faire parvenir jusqu'à eux son appel et sa parole? « En dehors de l'église, leur dira-t-il, où vous ne venez plus, je ne puis vous rencontrer que sur la voie publique ou dans vos maisons. Nos mœurs et la police ne nous permettent pas, comme à Londres et en d'autres pays, de prêcher au coin des rues; et m'introduire dans vos demeures, quand j'en aurais le loisir et le pouvoir, serait m'exposer infailliblement à rendre ma visite et ma parole importunes. »

Ces difficultés sont de tous les temps et de tous les lieux : elles marquent les limites de la parole du prêtre et son impuissance. Elle est enfermée entre les quatre murs de nos églises, et elle retentit bien rare-

ment au-delà. M. Cognat voulut étendre plus loin
l'action de la sienne. « Puisque mes paroissiens ne
veulent pas venir à moi, dit-il, c'est moi qui dois
aller à eux. » Et il conçut l'idée originale et ingénieuse
de leur écrire. Il leur adressa une série de lettres sur
les principales erreurs du temps, qui étaient, comme
il le dit avec autant d'esprit que de modestie, de vrais
« prônes à domiciles. »

C'était la première fois qu'un curé s'avisait de recourir à ce moyen d'enseignement, mais il était bien
dans l'esprit et les usages de l'Église. C'est ce que fit
remarquer M. Cognat. « Sans parler des épîtres des
apôtres et de leurs premiers disciples aux fidèles des
Églises naissantes, dit-il pour justifier son dessein,
le pape, vicaire de Jésus-Christ, docteur infaillible de
l'Église universelle, l'instruit par ses lettres ency-
cliques ; les évêques, établis par le Saint Esprit pour
gouverner leurs diocèses, prêchent par la parole
écrite de leurs lettres pastorales. Pourquoi les curés,
préposés par l'évêque à l'administration spirituelle des
paroisses, n'emploieraient-ils pas le même mode de
prédication ? » Et pour qu'on ne se méprît pas sur la
portée de son acte et sur ses intentions, il se hâte de
marquer la différence qui existe entre ses lettres et
celles du pape et des évêques :

« Sans doute, la lettre d'un curé n'a pas l'autorité
d'un mandement épiscopal ni, à plus forte raison,
d'une encyclique pontificale. On m'accordera cependant qu'elle peut être l'une des formes de l'enseigne-

ment pastoral et se distinguer par là d'une œuvre purement littéraire et scientifique. »

Dans sa première lettre, M. Cognat explique spirituellement à ses paroissiens les raisons qui lui imposent le devoir de les instruire malgré eux. Vous connaissez tous, leur dit-il, le maire et la mairie ; mais combien parmi vous fréquentent l'église et connaissent leur curé ? Cependant vous lui appartenez comme il vous appartient par deux titres authentiques : votre baptême et sa mission. Il doit vous parler et vous devez l'entendre : ces deux obligations sont corrélatives et se commandent. Et vous avez beau renoncer à votre droit, il ne peut, lui, renoncer à son devoir, qui est de prêcher la parole de Dieu à temps et à contre temps. C'est ce qu'ont fait les apôtres, c'est ce que font encore tous les jours les missionnaires, c'est ce que doit faire aussi un curé.

Après ces explications préliminaires, il entre dans son sujet et pousse une vigoureuse attaque contre la libre-pensée. Il montre que la liberté de penser, telle qu'on l'entend aujourd'hui est en théorie une absurdité, et en pratique un leurre.

Elle est en théorie une absurdité, car la fin de la raison humaine est la vérité, non la liberté.

Elle est en pratique une impossibilité, parce que tout homme, quel qu'il soit, est toujours un disciple de quelqu'un.

D'où il faut conclure que, « puisque l'enseignement est nécessaire à la vie intellectuelle et morale de l'humanité, il doit y avoir ici-bas des maîtres, ayant *mission* de donner cet enseignement ; car s'il est des vérités que l'homme peut ignorer ou méconnaître sans grand inconvénient, il en est d'autres dont la connaissance certaine lui est absolument indispensable. Telles sont les vérités qui se rapportent directement à sa destinée, qui l'éclairent sur son origine, sa nature, sa fin dernière. Il est nécessaire qu'il sache ce qu'il est, d'où il vient, où il va, quel chemin il doit suivre. Or, des maîtres sans mission, n'ayant d'autre autorité que leur propre raison, n'ont jamais pu et ne pourront jamais faire à ces questions capitales une réponse claire, certaine et uniforme. Il faut donc que l'homme, sous peine d'être fatalement condamné au doute, à l'ignorance ou à l'erreur sur les vérités qui sont sa vie même, ait d'autres maîtres que ceux-là, des maîtres qui lui parlent avec autorité, au nom d'une raison plus haute que sa raison, c'est-à-dire au nom de Dieu. »

Tel est précisément le caractère des maîtres que l'Église catholique donne aux fidèles.

Cette lettre eut un succès retentissant ; elle plut par sa nouveauté ; elle se répandit à profusion dans la paroisse. Elle se faisait remarquer par les qualités des autres écrits de M. Cognat, la netteté, la lucidité de l'exposition, la puissance du raisonnement, la beauté simple du style, non moins que la solidité et la sûreté de la doctrine. L'esprit même y brillait par endroits, ce qui est moins dans le genre de l'auteur. Elle franchit les limites de la paroisse ; elle provoqua partout la même admiration, et valut à son auteur les appréciations les plus élogieuses et les plus précieux encouragements. Les félicitations lui arrivèrent de tous côtés, et plusieurs évêques mêlèrent leurs voix à ce concert de louanges. « Votre lettre est vraiment excellente, lui écrivait Mgr Dupanloup dans sa brièveté épistolaire. Je n'ai pas d'autre mot à en dire. »

« Je viens de lire votre lettre, lui écrivait à son tour Sa Grandeur Mgr Foulon, alors évêque de Nancy, j'allais dire votre mandement; j'en ai été fort content. C'est intéressant, c'est utile, c'est bien dit. Vous avez trouvé le genre de style qui convient. J'espère que cette première aux *Corinthiens* sera suivie de plusieurs autres : qui sait? Vous aurez peut-être la gloire d'avoir inauguré un genre nouveau de prédication. Toutefois je ne conseillerai pas à tout le monde de vous suivre dans cette voie où il faut être très fort et très mesuré pour réussir; or vous êtes l'un et l'autre, et vous le pouvez. »

Ces approbations stimulèrent le zèle de M. Cognat; elles le confirmèrent de plus en plus dans son dessein d'évangéliser sa paroisse par ce mode nouveau de prédication. Il fit paraître successivement, mais à de longs intervalles, six autres lettres qui eurent le même succès. Les deux illustres prélats, dont je viens de citer les lettres, furent encore les premiers à le féliciter, à l'apparition des suivantes.

« J'ai reçu votre pastorale, lui écrivait Mgr Dupanloup, et je la trouve parfaite. » — « Vos *Lettres d'un curé à ses paroissiens* me plaisent beaucoup, lui écrivait encore Mgr de Nancy... Comme MM. les curés de Paris auraient bonne grâce à faire comme vous ! Notre parole n'arrive qu'à l'imperceptible minorité de nos ouailles ; si nous voulons être écoutés, il faut leur écrire. Continuez donc ainsi : au reste vous êtes admirablement servi dans cette entreprise par la netteté vigoureuse de votre esprit et la clarté absolue de votre formule. Nous revenons au temps apostolique : faisons des épîtres comme les apôtres, et tâchons de nous faire lire par les païens et les juifs de notre temps. »

Après avoir montré dans sa première lettre que la liberté de penser, telle qu'elle est entendue et prônée de nos jours, est un non sens, parce que, quoi qu'on fasse et de quelque intelligence que l'on soit doué, on est toujours le disciple de quelqu'un, il s'applique dans les lettres suivantes, à décréditer l'incrédulité par l'exposition de ses causes habituelles, qui sont l'ignorance des vérités religieuses, leur travestissement par la mauvaise foi et par le parti pris, et les passions du cœur ; à réfuter la prétendue opposition de la foi et de la science ; à faire justice des calomnies répandues contre l'Église, sa doctrine et ses ministres ; à montrer l'importance sociale et civilisatrice de la religion catholique et de sa sublime morale ; à combattre enfin les efforts tentés en France, pour la déchristianiser par la législation et par l'enseignement de la jeunesse.

Par le choix des sujets traités, ces lettres, on le voit, répondaient admirablement aux besoins du moment.

M. Cognat suivait les adversaires sur leur propre terrain, et s'efforçait de ruiner leurs sophismes et de prémunir les fidèles contre leurs funestes atteintes. Il démasquait avec courage les projets impies qu'ils préparaient dans l'ombre et qu'ils dissimulaient sous les apparences inoffensives d'un texte de loi. Il dévoilait les conséquences effroyables qu'entraînerait, pour notre patrie, cette guerre sacrilège, entreprise contre Dieu et son Église et qui se signalait par les plus criminels attentats contre l'âme de l'enfance.

En lisant ces belles épîtres, on se prend à regretter que les occupations écrasantes de M. Cognat ne lui aient pas permis d'en adresser un plus grand nombre à ses paroissiens. On aurait eu là une réfutation complète des erreurs actuelles en même temps qu'une apologie de l'Église et de son influence légitime dans les sociétés modernes. Sans doute ces erreurs ne sont pas nouvelles; l'esprit du mal est limité dans ses inventions; elles n'ont de nouveau que la forme qu'elles revêtent, et les circonstances, qui les font renaître. Mais n'est-il pas nécessaire de les combattre sous la forme même où elles se reproduisent? M. Cognat excellait à cette œuvre; car ses armes étaient de bonne trempe. Voilà pourquoi il eût été à désirer qu'il en fît plus souvent usage. Quoi qu'il en soit, ce recueil est un monument précieux du zèle pastoral de M. Cognat. Il est une preuve de la vigilante ardeur qu'il déployait à défendre son troupeau contre les surprises du loup rôdant autour de la bergerie. Qui pourra dire le bien que ces lettres ont fait? Que de préjugés ont été dissipés! que d'erreurs détruites! que d'âmes hésitantes ont été fixées dans leur foi! Qui sait même si plusieurs n'ont pas été ramenées à Dieu par d'aussi fortifiantes lectures?

Il est vrai que sur ce dernier point M. Cognat ne se faisait pas d'illusion. Il ne s'aveuglait pas sur le résultat de ses lettres. Il se rendait bien compte qu'elles seraient plus utiles aux âmes fidèles qu'à ceux à qui il les destinait spécialement. Il était à craindre que ceux qui ne venaient pas l'entendre à l'église et qu'il visait particulièrement, ne se soucieraient pas davantage de le lire. Il laisse échapper cette douloureuse confidence de son cœur : « Je ne sache pas de tâche plus difficile dans le ministère des âmes, que de décider à l'étude et à l'examen impartial des questions religieuses un homme ignorant ou imbu de préjugés contre la religion. Non seulement il ne cherche pas, mais il semble parfois éviter systématiquement les occasions de s'éclairer qui s'offrent d'elles-mêmes à lui. Je prends pour exemple ces lettres mêmes, je les écris pour provoquer l'attention sur des problèmes qui sont et seront, quoi qu'on dise ou quoi qu'on fasse, les premiers et les plus importants, que puisse se poser la raison humaine. Est-ce que ceux d'entre vous à qui je les adresse plus particulièrement, mes chers paroissiens, feront l'effort de les lire, et, après les avoir lues, de réfléchir sur un si grave sujet? je l'espère de quelques-uns; c'est assez de cet espoir pour me déterminer à écrire.

» Mais je n'ai pas l'illusion de croire que je serai plus heureux en vous écrivant que ne le fut saint Paul en prêchant devant l'Aréopage.

« Les Athéniens, est-il dit dans les Actes (ch. xvii), ayant entendu l'Apôtre parler de la résurrection des morts, quelques-uns s'en moquèrent, et les autres dirent : « Nous vous entendrons une autre fois sur ce « sujet. »

» A part la conversion de l'aréopagite saint Denys, d'une femme nommée Damaris et de quelques autres que ne nomme pas l'historien sacré, le persiflage et l'indifférence furent le résultat le plus net de la parole du plus éloquent des apôtres. Et cependant, il disait des choses nouvelles, et ses auditeurs étaient des Athéniens, des hommes cultivés, curieux de nouveautés, passionnés pour la science, le progrès et les lumières : en un mot, de vrais Parisiens. »

Après avoir constaté ce fait, il en recherche et en donne la cause.

« Le désir de savoir, de connaître la vérité est assurément naturel à l'homme. Physiquement et moralement il n'est pas à l'aise dans les ténèbres, et l'un des moyens de l'attirer à soi est de lui promettre la lumière. C'est à quoi ne manquent jamais les docteurs de tout ordre et de toute provenance, qui cherchent aujourd'hui à s'emparer du peuple et à s'en servir.

» Mais, qui ne le sait par sa propre expérience et par celle des autres ? l'amour de l'homme pour la vérité souffre des exceptions et se tourne quelquefois en aversion contre la lumière. Il y a, en effet, lumière et lumière, vérité et vérité. Il y a une vérité spéculative, qui est une jouissance pour l'esprit, sans être un embarras pour le cœur ni une gêne pour la volonté ; et il y a une vérité pratique, dont le rayon, semblable à un glaive, pénètre jusqu'au plus intime de l'âme, une vérité qui impose à la conscience des jugements inflexibles, au cœur des sacrifices douloureux, à la volonté un frein gênant, à la vie une direction droite. Cette vérité-là, si lumineuse qu'elle paraisse à l'esprit, n'est pas naturellement aimée, elle est naturellement haïe. On la fuit donc, et si on la rencontre malgré soi, on s'en débarrasse par la négation, la moquerie et le dédain. Or, c'est là précisément le caractère de la vérité chrétienne. »

Ces considérations, qui ne sont pas neuves, que Malebranche avait déjà exprimées, et que les moralistes chrétiens ont répétées souvent après lui, étaient de nature à briser la plume de M. Cognat, s'il avait fait dépendre son devoir du résultat probable de ses efforts. Mais il n'écoutait que la voix de sa conscience, et sa conscience lui criait de tout tenter pour éclairer les âmes infidèles, ou du moins, pour provoquer en elles le désir de s'éclairer, et de s'affranchir du joug des préjugés antichrétiens et des erreurs de l'impiété. Certes, ce n'est pas sa faute, si les libres-penseurs de sa paroisse ont fermé l'oreille à ses enseignements, s'ils les ont accueillis avec indifférence ou dédain ; il a rempli la tâche, qu'il s'était imposée, avec une supériorité de raison et de talent, bien propres à forcer leur attention. Les *Lettres d'un curé à ses paroissiens* sont de vrais chefs-d'œuvre par l'ensemble des qualités les plus rares. M. Cognat y a mis tout son esprit et tout son cœur; il y a en elles du moraliste, du polémiste, du philosophe, du théologien. L'écrivain surtout s'y montre accompli. C'est merveille de voir avec quelle habileté l'auteur a su se mettre à la portée de la moyenne des intelligences. Cela tenait à sa méthode, qui était excellente.

Voici comment il procédait. Il se renseignait jour par jour de l'état de l'opinion; il lisait attentivement les feuilles publiques; il en détachait les faits qui accusaient une tendance anti-religieuse, et les discours, les articles de journaux qui s'en inspiraient. Il tâchait de se rendre compte de l'impression que produisaient sur l'esprit public ces élucubrations malsaines de la presse impie. Puis il les résumait, les condensait dans une formule générale, qui devenait le fond d'une de ses lettres. Telle est, par exemple, l'origine de la lettre sur la *Religion et la Science*.

La commission du Congrès international d'étudiants avait affirmé, dans un manifeste adressé *aux étudiants des deux mondes*, qu'il y a contradiction entre la science et la religion : « Nous sommes en pleine période de lutte, y disait-on; depuis des siècles, un duel à mort est engagé entre les Églises et la Révolution, entre les ténèbres et la lumière, entre la science et la foi. Des deux sociétés en présence, la société civile et la société religieuse, il faut que l'une ou l'autre périsse, et périsse bientôt.

» Rallions-nous donc tous, et prenons enfin une vigoureuse offensive.

» Nos adversaires ont leur Syllabus. Ayons aussi le nôtre : l'affirmation de la science, de la révolution, de la justice, etc. » — Il rattache ces manifestations ridicules des étudiants à d'autres faits plus significatifs et qui en indiquent toute la portée. « Ce serait une erreur, dit-il, de laisser passer comme insignifiantes ces manifestations d'impiété, parce qu'elles proviennent d'étudiants plus versés dans la pratique de l'estaminet que dans l'étude des sciences. Il y a là plus qu'un accident isolé ; j'y vois, pour mon compte, un signe du temps, le symptôme d'un état intellectuel et moral qui s'étend et s'aggrave chaque jour. Ces pauvres jeunes gens, qui veulent se réunir en congrès pour décréter le blasphème en dogme obligatoire, ne sont pas des inventeurs. Ils ont des maîtres et des complices plus âgés qu'eux, dans les assemblées délibérantes, dans les sociétés secrètes, dans les revues et les journaux quotidiens. Un fait trop peu remarqué suffirait lui seul à prouver les effrayants progrès de l'athéisme et du matérialisme en France depuis 1871. On sait que les radicaux, très nombreux dans les loges de la franc-maçonnerie française, avaient demandé, depuis quelque temps, que le nom du *grand architecte de l'univers* et la reconnaissance du principe de l'immortalité de l'âme fussent effacés des statuts. Or, il y a quelques mois, des journaux annonçaient avec enthousiasme que cette demande avait été accueillie avec une écrasante majorité, et l'un de ces journaux ajoutait : « La franc-maçonnerie, délivrée de ses entraves déistes et spiritualistes, poursuivra plus rapidement et plus fructueusement sa glorieuse mission d'émancipation morale et intellectuelle. »

Une fois que le mal était signalé, il établissait la doctrine chrétienne, par la réfutation parallèle des erreurs formulées contre elle.

Telle est la marche qu'il a suivie dans ses sept lettres. Elles répondaient donc aux préoccupations des esprits et aux périls de l'heure présente. Ainsi M. Cognat se portait sur tous les points où la religion était attaquée ; il visait surtout à défendre la foi de ses paroissiens ; mais il a fait en même temps œuvre d'apologiste, et ses lettres acquéraient par là même une portée plus générale. Elles le rangèrent au nombre des plus vaillants et des plus éclairés défenseurs de l'Église.

Voilà ce que M. Cognat a entrepris pour le bien spirituel de ses ouailles. C'est par cet ensemble d'œuvres de zèle qu'il a soulevé sa paroisse et qu'il y a créé ce mouvement religieux considérable qui est allé toujours en s'accentuant d'année en année, à tel point que Notre-Dame des Champs est devenue un des centres les plus pieux de la capitale. Ce magnifique résultat est le plus bel éloge de M. Cognat, comme il a été sa plus douce consolation. Il montre aussi ce que peut faire la piété du prêtre, quand elle peut mettre au service

de la cause de Dieu et des âmes les dons de l'intelligence et du cœur, de la foi la plus vive et de la science
la plus compétente.

L'œuvre, commencée par la parole et par la plume,
s'achevait au confessionnal. C'est là, dans ce lieu
de purification des âmes, que se résolvent victorieusement les difficultés, qui les tiennent éloignées de
Dieu. C'est ce que M. Cognat fait entendre, en rappor-
tant un trait de la vie du curé d'Ars : «... Lorsqu'un
libre-penseur, dit-il, se présentait à lui pour discuter
religion, il lui montrait invariablement un prie-Dieu
en lui disant : Mettez-vous à genoux là, et confessez-
vous. Vous m'exposerez vos objections ensuite.

» Ordinairement la première opération rendait inutile la seconde. » Telle a été la pratique de tous les
grands convertisseurs : on sait que le P. de Ravignan
n'avait pas d'autre méthode. M. Cognat avait dû commencer par la seconde pour amener à la première, sur
laquelle il comptait pour triompher des dernières ré-
sistances de l'esprit.

M. l'abbé Cognat a été un grand ouvrier du
confessionnal. Qu'a été sa direction spirituelle ? C'est
chose assez malaisée à dire. Mais on peut le conjecturer
de sa piété éclairée, de son ferme bon sens, de son expérience des âmes, et de son intelligence des voies de
Dieu. Toutefois il serait trop délicat de le tenter. Tout
ce qu'on peut dire, sans crainte de se tromper, c'est
qu'il a apporté dans ce ministère des trésors de tendresse sacerdotale et de paternelle bonté, et qu'il met-

tait en œuvre toutes les ressources de son esprit et de son cœur, pour relever les âmes de leurs chutes, les maintenir dans le devoir ou les faire grandir dans l'amour de Dieu, et les incliner avec une résignation chrétienne sous la main qui les frappait et voulait les éprouver au creuset de la douleur. Combien d'entre elles étaient sur le point de murmurer contre la divine Providence, auxquelles il a révélé et fait comprendre la portée surnaturelle de cette invitation de N.S.J.C : « Venez à moi, vous qui souffrez et succombez sous le poids de la tribulation et je vous réconforterai. » Dieu connaît le nombre de ces âmes ; elles seront la couronne de son serviteur dans le ciel, comme elles ont été, par la docilité à suivre ses conseils, une de ses plus grandes joies sur la terre. C'est un bonheur pour le prêtre de sentir que Dieu veut bien bénir son ministère pour être l'instrument de ses miséricordes et le canal de ses bienfaits.

CHAPITRE X

Nous avons vu, dans le chapitre précédent, avec
quelle vigilance M. l'abbé Cognat observait l'ennemi et
surveillait ses mouvements, pour porter l'effort de la
défense sur le point où se produisait l'attaque. Il venait
de publier la septième et dernière *lettre d'un Curé à ses
paroissiens,* lorsqu'une circonstance particulière lui remit les armes ou plutôt la plume à la main. M. Renan,
que tentent toutes les gloires, avait ambitionné celle
des auteurs de mémoires, et il avait écrit une sorte
d'autobiographie sous le titre de *Souvenirs d'enfance
et de jeunesse.* Elle parut d'abord en articles dans la
Revue des Deux-Mondes. Ces articles firent sensation,
parce que, dans ce travail comme dans ceux qui
l'avaient précédé, M. Renan poursuivait sa campagne

contre les idées chrétiennes. Ils avaient même cela de
singulier que leur auteur voulait prouver, par son
exemple et au profit de son apostasie, que la science
est incompatible avec la foi, que ces mots *science et
foi* expriment des entités absolument contradictoires
et que lui, en particulier, avait cessé de croire du jour
où il avait abordé l'étude scientifique de l'Écriture
sainte.

Assurément, pour les hommes réfléchis, le cas de
M. Renan était une preuve bien insuffisante de ce qu'il
avançait, et ne pouvait nullement tirer à conséquence,
d'autant plus qu'on pouvait y opposer de nombreux
exemples contraires. Et même, ce n'était pas la partie
la moins embarrassante de la thèse de l'auteur que d'expliquer la coexistence du savoir le plus éminent et de
la foi la plus vive dans la personne de deux de ses anciens professeurs, M. Pinault et M. Le Hir. Du reste il
était facile à tout lecteur attentif d'apercevoir, dans le
tissu du style fuyant et vague de M. Renan, les nombreux défauts de la maille. N'avait-il pas pris lui-
même le soin de se réfuter par ses perpétuelles contradictions? Comment pouvait-il espérer faire admettre
qu'il avait perdu la foi par l'étude scientifique de
l'Écriture sainte, après avoir avoué que son professeur
de philosophie, M. Gothofray, avait déchiré le voile
de sa propre incrédulité, et qu'il ne s'était point trompé,
en lui lançant à la face cette foudroyante apostrophe :
« Vous n'êtes plus chrétien ! » De plus, les doctrines
philosophiques qu'il déclare avoir embrassées à Issy,

sont absolument exclusives de toute révélation. Ainsi, semblable à l'animal fabuleux, dont il parle, lequel se mangeait les pattes, M. Renan se réfutait lui-même ; et, par suite, son livre devenait aussi inoffensif pour les esprits habitués à l'analyse des idées que sa thèse était insoutenable. Mais ces esprits sont en petit nombre ; les autres pouvaient se laisser induire en erreur. Voilà pourquoi l'œuvre de M. Renan appelait une réplique et cette réplique ne se fit pas attendre.

Plus que personne, M. l'abbé Cognat avait qualité pour entreprendre ce travail. D'abord, comme on le sait, il a été intimement mêlé à la vie de M. Renan ; il a été son condisciple au petit et au grand séminaire, son plus cher ami, le confident de son cœur, de ses pensées, particulièrement à ce moment décisif de la crise qui s'est dénouée pour lui par l'apostasie. Il était donc mieux renseigné que personne sur des faits dont il avait été le témoin. Cela est bien de nature déjà à donner quelque crédit aux fins de non-recevoir qu'il devait opposer aux affirmations de l'auteur des *Souvenirs d'enfance et de jeunesse*.

Mais M. Cognat avait encore par devers lui des arguments plus forts à faire valoir contre M. Renan : c'était le témoignage de M. Renan lui-même. Pendant que son ami était sur le point de rompre définitivement avec la foi qui avait nourri son enfance et bercé les rêves de sa jeunesse, M. Cognat, nous l'avons vu, était retenu loin de Paris par une maladie grave. M. Renan, en proie aux plus poignantes angoisses, éprouvait le

besoin, si naturel à l'homme en de telles circonstances, d'ouvrir son cœur à quelqu'un. Les deux amis
échangèrent plusieurs lettres, et, dans cette correspondance que M. Cognat avait conservée, M. Renan
révélait le triste et douloureux état de son âme : elle
était vide de toute foi ; l'abjuration était consommée.
Or ceci se passait bien avant l'époque où M. Renan
commença l'étude de la Bible. Son apostasie n'a donc
pas été, comme il le prétend, le résultat de ses études
exégétiques. Voilà ce qu'il fallait mettre dans tout son
jour, et M. Cognat avait la bonne fortune de pouvoir
l'établir par des documents authentiques. Cette cons-
tation était la ruine de la thèse de M. Renan. Aussi
M. Cognat n'hésita pas à la faire, quelque douleur qu'il
éprouvât de se mesurer avec son ancien condisciple,
qu'il n'avait cessé d'aimer, malgré l'abîme qui le séparait de lui depuis de longues années. Mais il crut que le
silence, dans un débat qui intéressait la foi et où il avait
le mot décisif à dire, eût été une forfaiture. Les félicitations d'évêques, d'amis et d'inconnus qui accueillirent
son travail, les considérations qui les motivaient, lui
prouvèrent l'opportunité de sa publication ; elle fut
un véritable soulagement pour la conscience catholique.

M. Cognat fit paraître d'abord son travail dans le
Correspondant ; il répondait aux articles de son adversaire au fur et à mesure que les publiait la *Revue
des Deux-Mondes*, dont les pages sont toujours hospi-
talières aux élucubrations rationalistes et impies.

Lorsque M. Renan eut terminé la série de ses articles, et qu'il lui plut de les réunir en volume, M. Cognat en fit autant des siens, sur les pressantes instances d'un grand nombre de lecteurs. Il avait retrouvé pour cette circonstance la plume du polémiste des meilleurs jours. Il enserra son adversaire dans l'étau d'une implacable dialectique ; il fit ressortir avec une impitoyable rigueur les multiples contradictions de ce caméléon insaisissable, et rétablit dans leur vérité les faits que l'auteur des *Souvenirs* avait altérés à plaisir pour les besoins de sa cause. Il rectifia avec une grande précision de souvenirs, les jugements fantaisistes que M. Renan avait portés sur ses anciens maîtres, sur M. l'abbé Dupanloup, sa religion complaisante et musquée et sur MM. Pinault, Gothofray et Le Hir. Il défendit ces hommes vénérables contre les appréciations erronées de leur irrévérencieux disciple, et opposa au portrait qu'il en traçait un portrait plus fidèle et plus véridique. Mais il s'appliqua surtout à dégager la thèse fondamentale que M. Renan avait à dessein noyée dans les digressions, les épisodes et les descriptions du récit ; et, quand il l'eut ainsi dépouillée de tout son appareil littéraire, il la réfuta, point par point, non pas seulement par des arguments de raison, mais par des faits qui n'admettaient pas la réplique. En somme, elle se réduisait à une question de date à résoudre. M. Renan prétendait que la foi avait été ruinée dans son âme par l'étude exégétique de la Bible. Pour ruiner cette assertion, il suffisait de démontrer que, bien avant qu'il eût abordé l'étude de l'Écriture sainte, il n'avait plus la foi. Et c'est précisément ce que M. Cognat fut à même d'établir de la façon la plus formelle par la production des pièces authentiques dont nous avons parlé.

Ce n'était pas la première fois que M. Cognat prenait à partie son ancien condisciple. Il s'était déjà mesuré avec lui dans l'*Ami de la Religion* et l'avait dépeint en traits aussi justes que saisissants (1). Mais nulle part il ne l'a jugé avec une plus grande hauteur de raison que dans son dernier ouvrage. Il l'a représenté tel que ses écrits le revèlent ; le portrait qu'il a tracé de lui est définitif. Il a montré l'inanité de ses prétentions et la vanité de sa science de mauvais aloi. De la pointe acérée de sa plume, il a percé l'outre gonflée, et il en a fait sortir ce qu'elle contenait : du vent. Mais, en même temps, sous les coups qu'il frappait, on sentait la main qui veut guérir. Il combattait pour défendre sa foi attaquée, non pour humilier un adversaire en qui il s'obstinait à voir un ami, et qu'il ne pouvait s'empêcher d'aimer malgré ses égarements. Que n'aurait-il pas fait pour gagner à Dieu cette belle intelligence, qui se dépensait à détruire la vérité dans les âmes ?

Ce livre fut le dernier service que la plume élégante et ferme de M. Cognat rendit à la cause de la religion. Il restera comme un des plus beaux monu-

(1) Polémique religieuse, *La Révolution dans la science*.

ments de sa foi et de son zèle sacerdotal, comme un modèle de polémique religieuse, où la haine de l'erreur s'allie dans une juste mesure à la charité pour les personnes, où la vérité cependant ne fait aucune concession aux considérations de l'amitié. M. Cognat s'y tint constamment dans la région des principes et des doctrines ; il ne descendit dans la vie de M. Renan qu'autant que cela fut nécessaire pour éclairer le débat, et il le fit toujours avec courtoisie et discrétion.

La notoriété, dont jouissait depuis longtemps M. Cognat, et qu'il s'était acquise par ses écrits, l'avait, à plusieurs reprises, désigné pour l'épiscopat. Nul doute que par sa piété, son intelligence et son savoir il ne fût digne de ce haut rang, et n'y eût fait bonne figure. Mais il ne montra jamais beaucoup d'empressement à seconder les vues qu'on avait sur lui : il était entièrement exempt de cette sorte d'ambition, qui se croit égale à toutes les situations, et voit beaucoup plus l'honneur dans les charges que la responsabilité. Cependant, vers la fin de l'année 1887, sa candidature fut de nouveau posée, et puissamment appuyée. Le siège de Belley étant devenu vacant par la démission de Mgr Soubiranne, une fraction importante du clergé de ce diocèse manifesta le désir de l'avoir à sa tête, et fit d'actives démarches pour l'obtenir. M. Cognat ne l'ignorait pas ; mais il voulut y rester entièrement étranger ; il ne se prêtait que mollement à ce projet. Une lettre, que lui écrivit en cette circonstance un vénérable prélat, lui fournit l'occasion d'exprimer ses sentiments à cet égard. Sa réponse mérite d'être citée, parce qu'en même temps qu'elle fait ressortir la dignité de son caractère et la droiture de ses intentions, elle est une leçon de désintéressement à l'adresse des ambitieux en quête d'un évêché, s'il en existe.

« Plusieurs personnes, écrivit-il à ce prélat, ont eu et m'ont manifesté la même pensée et la même bienveillance que vous avez la bonté de me témoigner. Le chapitre et le clergé de Belley me désirent, et je sais que le général X..., diocésain de Belley, fait ou doit faire des démarches en leur nom.

» Quant à moi, s'il s'agissait d'un autre diocèse que de celui de Belley, je dirais très nettement, je ne puis ni ne peux encourir une responsabilité si redoutable. Peut-être la connaissance que j'ai du clergé et du diocèse de Belley, la confiance et l'affection qu'on m'y témoigne, sont-elles des indices d'un appel de Dieu, et d'un dévouement qu'il demande à mes dernières années de sacerdoce.

» J'ai donc pris la résolution de me tenir dans un état d'indifférence, de ne rien dire, de ne rien faire pour ou contre, et de laisser agir la divine Providence.

» Je devais, très cher Seigneur, cette révélation de mon âme à la confiance, à l'intérêt et à l'amitié que vous me témoignez, et dont je vous suis profondément reconnaissant. »

Les derniers mois de la vie de M. Cognat furent illuminés d'un vif rayon de joie. Au commencement de l'année 1888, le monde catholique était convoqué à une grande fête de famille.

Le Souverain Pontife, Léon XIII, glorieusement régnant, avait atteint le cinquantième anniversaire de son ordination sacerdotale et se préparait à célébrer ses noces d'or. Il convia les fidèles du monde entier à unir leurs prières aux siennes pour remercier Dieu de l'avoir appelé à l'honneur du sacerdoce et attirer de nouvelles bénédictions sur lui et sur l'Église, dont il était le chef suprême. On sait avec quel enthousiasme les fidèles répondirent à son appel. Ils accoururent en grand nombre à Rome, et apportèrent à Léon XIII les témoignages de leur filiale vénération. M. Cognat voulut y représenter lui-même sa paroisse, et se joignit à la troupe des pèlerins français. Je n'entreprendrai pas de décrire les douces et profondes émotions que produisit en son âme la ville éternelle, et plus encore le spectacle grandiose de la messe pontificale célébrée dans la basilique de Saint-Pierre, devant une assistance de plus de cinquante mille personnes de toute langue, de tout rang et de toute nation. A son retour il parlait avec ravissement de ce qu'il avait vu et entendu. Cette vision a enchanté ses derniers jours. Il en fit le récit à ses paroissiens, le 5 février, fête de la Purification, dans un discours qui mériterait d'être cité tout entier, mais dont nous ne pourrons donner que des passages :

« Je suis heureux de vous voir aujourd'hui réunis ici en grand nombre. Sans doute vous y êtes venus pour la fête que célèbre l'Église, mais aussi attirés par une curiosité, un désir bien légitime d'entendre le récit de ce qu'il m'a été donné de voir et de ressentir à Rome durant le pèlerinage que j'y ai fait pour vous et pour moi. Je me sens impuissant à vous retracer toutes ces grandes choses, à vous peindre le tableau saisissant de ces fêtes splendides. Rome, comme on l'a dit souvent, est une ville où, des hauteurs de la coupole de Saint-Pierre jusqu'aux profondeurs des catacombes, tout est jouissance et enseignement. Je suis obligé de choisir ce que je devrai vous raconter : je m'arrêterai surtout à cette grande journée du 1er janvier, sur laquelle l'Église aura à écrire les pages les plus belles et les plus émouvantes de son histoire si féconde en grands événements.

» Vous savez quel était le but de cette fête du 1er janvier. En 1837, sous le Pontificat de Grégoire XVI, un jeune prêtre célébrait sa première messe dans l'humble chapelle de Saint-André ; il avait pour assistants sa noble famille et quelques pieux amis. Or cinquante ans s'étaient écoulés depuis cette première messe et Laurent Joachim Vincent Pecci était devenu le pape que nous vénérons tous sous le nom de Léon XIII. Il devait célébrer, comme tout prêtre, le cinquantième anniversaire de son ordination, et cette fête, qui aurait dû être un événement personnel, une fête intime, ce jubilé sacerdotal est devenu une fête catholique. L'univers catholique était bien là, en effet, représenté dans la basilique de Saint-Pierre.

» Dès le matin les cloches de quatre cents annexes firent entendre leur joyeux carillon. A partir de ce moment une foule immense se dirigea vers la cathé-drale ; avant huit heures, quarante mille personnes s'y trouvaient réunies ; elles y étaient venues de tous les pays. Il y avait des hommes de toute condition ayant conservé la foi en Jésus-Christ, et pleins de vénération pour son représentant. La foule était émue, haletante : elle attendait avec impatience l'arrivée du Souverain Pontife. Vers neuf heures et demie les gardes-nobles entourèrent la Confession de Saint-Pierre et l'autel où devait se célébrer la messe pontificale. A partir de ce moment tous les regards furent fixés sur la chapelle du Saint-Sacrement par où devait sortir Léon XIII. Quelques instants après, entouré de ses gardes, le Souverain Pontife, porté sur la Sedia gestatoria, fit son entrée dans la basilique, où depuis dix-sept ans aucun office public n'avait été célébré. Lorsqu'il apparut, ému, pâle, le visage empreint d'une sérénité majestueuse, on crut voir une apparition céleste ; alors, de toutes les poitrines haletantes, s'élevèrent des acclamations immenses, qui remplirent tout l'édifice : des larmes inondèrent les visages ; les mains se levèrent pour témoigner du sentiment profond qui animait tous les cœurs. Il n'y avait dans ces acclamations rien qui ressemblât aux cris de la rue, aux agitations populaires. C'était bien véritablement l'hosanna de la foi à la vue de Jésus-Christ dans la personne de son représentant.

» Le Saint Père se dirigea vers l'autel où il devait célébrer le saint sacrifice de la messe. A ce moment la foule se recueillit ; autant le bruit avait été immense, autant le silence fut solennel. La foi se manifestait par une piété profonde. Cette messe, dite par le père commun des fidèles, était bien la messe catholique ; l'univers tout entier y était représenté. Après la messe un *Te Deum* fut chanté à Dieu par la foule enthousiaste ; c'était l'action de grâces, le cri de reconnaissance de l'Église catholique qui, quoique opprimée, se sentait alors si puissante et si forte.

» Léon XIII, après son action de grâce, quitta la mitre qu'il portait à l'autel et mit la tiare offerte par la ville de Paris, don auquel, M. F., vous avez contribué. A ce moment, nous, Français, curés de Paris, vos représentants, nous avons éprouvé un sentiment de fierté bien légitime. Léon XIII avait répondu à ce sentiment ; il s'était souvenu de cette parole dite déjà en diverses circonstances :

« La France est bien toujours la fille aînée de l'Église. »

» C'est donc revêtu de cette tiare que Léon XIII quitta l'autel, et remontant sur la Sedia, il s'avança au milieu de la foule pour donner la bénédiction apostolique. Il commença par réciter les prières préparatoires. Je n'ai jamais vu une expression de foi semblable à celle qui rayonnait sur son visage ; on voyait le sentiment profond de sa puissance. Après avoir récité les prières liturgiques, il éleva sur la foule un regard assuré et la bénit. En la bénissant ainsi, il était réellement et il se sentait bien lui-même l'instrument de Jésus-Christ ; c'était l'onction du cœur de Jésus-Christ qui s'épanchait dans les âmes. On ne peut se faire une idée de ce qu'il y avait d'émouvant à voir ces quarante mille têtes s'inclinant dans un profond respect sous la bénédiction apostolique. C'était un spectacle impossible à décrire. »

Il raconte ensuite les audiences accordées par le Saint Père aux pèlerins des différentes nations et en particulier celle où le Souverain Pontife reçut ceux de France. Mais ce qu'il ne dit pas, c'est le bonheur qu'il eut d'offrir à Léon XIII un don personnel. Quelque temps avant son départ pour Rome, une famille, qu'il avait obligée, profita d'une circonstance heureuse pour lui témoigner sa reconnaissance, et lui remit une somme assez ronde, avec la faculté d'en disposer à son gré. Sa première pensée fut de la déposer entre les mains du Souverain Pontife pour la faire retourner en bénédiction sur la famille de qui il l'avait reçue.

Après le récit de ces faits, il entra dans des considérations historiques sur le rôle et la puissance de l'Église à travers les siècles, et la montra triomphant de tous les complots tramés contre elle. Il en conclut qu'il fallait être plus que jamais ferme dans la foi et dans la confiance aux promesses de Jésus-Christ. (1)

(1) Nous devons ce discours à l'obligeance d'une personne qui a eu la bonne pensée de le recueillir par écrit. La reproduction est très exacte, si nous en croyons nos souvenirs. La forme en est imparfaite ; c'est un défaut inévitable dans toute improvisation.

Les amis de M. Cognat ne l'avaient pas vu, sans appréhension, entreprendre un aussi long voyage que celui de Paris à Rome. L'état de sa santé ne leur inspirait pas grande confiance. Ils tremblaient qu'il ne tombât malade. Il n'en fut rien heureusement. Il n'eut qu'une légère indisposition, qui fut suivie d'une amélioration sensible dans son état général. A son retour, il éprouvait un tel bien-être, qu'il se croyait entièrement guéri du mal qui le minait lentement. Cette illusion ne dura que quelques semaines. La maladie n'avait éprouvé un temps d'arrêt que pour précipiter sa marche et hâter le dénouement fatal. M. Cognat ne tarda pas à sentir plus que jamais le poids de l'âge et des fatigues. Ses forces physiques déclinaient visiblement ; mais son âme était plus haute et plus sereine, à mesure qu'elle approchait des horizons de l'autre vie. A ce point de vue le sermon qu'il prononça le jour de la Pentecôte, et le dernier qu'il ait adressé à ses paroissiens, fut très caractéristique. Il parla du Saint-Esprit, et de l'amour divin en lui-même et dans l'homme, comme si le céleste séjour, dont cet amour est toute la loi, s'entr'ouvrait déjà à ses yeux. Et quand il fit appel à la charité des fidèles pour ses écoles, il parla de son vieil âge et du déclin de ses forces, comme s'il avait le pressentiment de sa fin prochaine. Le fait est que la pensée de la mort lui était familière, à cette époque, et cette pensée lui paraissait réconfortante. « Vous ne sauriez croire, dit-il un jour à quelqu'un dans l'épanchement de l'amitié, combien cette pensée de la mort illumine tout autour de moi. » Sentiment bien digne d'une âme chrétienne et sacerdotale. Chose curieuse cependant ! M. Cognat, qui se complaisait ainsi à ces austères pensées, paraissait à certains moments redouter la mort. Tout ce qui lui en rappelait l'image, ou plutôt tout ce qui le concernait personnellement dans cette éventualité plus ou moins éloignée mais certaine, l'émotionnait vivement. Il y a là une contradiction, que n'explique que trop la faiblesse de l'humaine nature, laquelle nous fait passer, à notre insu, par des états d'âme successifs souvent contraires. Par la partie supérieure de son être, M. Cognat pensait, comme Platon, que « la mort est la philosophie de la vie » et il goûtait l'âpre saveur de ses leçons ; mais quand cette terrible visiteuse s'annonçait et faisait mine de se présenter, il ne pouvait se défendre d'éprouver un frisson. Toutefois la raison réprimait bien vite ce premier mouvement instinctif, et c'est alors que M. Cognat souriait à la mort, et que la mort lui paraissait projeter les plus vives clartés sur les réalités des choses de ce monde et de l'autre.

Au reste, quelque tenace que soit en nous le sentiment de la vie, il ne pouvait se faire illusion sur la gravité de son état. La maladie, dont il souffrait depuis plusieurs années, semblait avoir disparu ; mais en se retirant, elle avait laissé le germe de la mort. Elle avait tellement affaibli, épuisé sa constitution, autrefois si robuste, qu'il n'était plus que l'ombre de lui-même. Il éprouvait de fréquents évanouissements. Dans le mois qui précéda la catastrophe finale, il avait éprouvé deux faiblesses, analogues à celle qui l'emporta. C'étaient là des avertissements, dont il tenait compte sans doute pour épurer de plus en plus son âme et la préparer à paraître devant son juge, mais dont il ne fit pas bénéficier son corps. Il ne voulut prendre aucun repos ; il vaqua à ses occupations habituelles, comme s'il jouissait de la plus florissante santé. Il mettait une sorte de coquetterie à passer pour plus vaillant qu'il n'était. Pendant la retraite de la première communion, dont il tenait à présider les principaux exercices, il eut, un soir, après son dîner, une crise terrible, à laquelle il pensa succomber. Deux de ses vicaires étaient en ce moment auprès de lui. Ils jugèrent le cas assez grave pour lui recommander avec instance de se ménager plus qu'il ne faisait, et de prendre un mois de repos à la campagne, tâchant de le persuader que les fatigues des exercices de la retraite et des cérémonies de la première communion étaient au-dessus de ses forces. Ils n'obtinrent de lui que d'insignifiantes concessions, soit qu'il présumât trop de ses forces, soit plutôt qu'il voulût aller jusqu'à leur complet épuisement. Il répondait du reste aux conseils de ce genre par les paroles de l'Apôtre : *Impendam et superimpendar ipse pro animabus vestris* (1).

Ces fatigues excessives achevèrent de ruiner le peu de santé qui lui restait. Il éprouvait à chaque instant

______

(1) II Corinth., XII, 15. « Je dépenserai tout, je me dépenserai moi-même pour vos âmes. »

des malaises ; il n'avait pas de goût aux aliments, et des sueurs froides perlaient souvent sur son visage. C'étaient les symptômes d'une fin prochaine. M. Cognat semblait le comprendre ou du moins le sentait, sans vouloir peut-être se l'avouer. Il avait peur d'être seul.

Il y eut cependant un jour où, dans cette défaillance progressive de ses forces, il éprouva je ne sais quels sentiments de joie douce et pénétrante, qui se reflétèrent sur son visage et donnèrent à sa physionomie un caractère particulier. Elle laissait voir, sous la fatigue des traits, l'épanouissement d'une âme que Dieu possède et à qui il donne un avant-goût des délices du ciel. Ce jour fut le samedi 26 mai 1887, le dernier qu'il passa sur la terre.

Le matin il présida la réunion des enfants de Marie, association qu'il avait créée et qui lui était particulièrement chère. Il leur adressa une pieuse allocution, toute vibrante, comme son sermon de la Pentecôte, de l'amour de Dieu. Il leur découvrit les grandeurs de la vie de Marie, vie intérieure, humble et cachée, et en tira des considérations très élevées sur l'esprit de Dieu et sur l'esprit du monde, engageant son jeune auditoire à s'attacher au premier et à fuir le second. Il s'exalta de sa propre parole ; la douceur des chants, l'atmosphère pieuse qu'il respirait dans cette réunion, émurent profondément son âme, et il éprouva un sentiment d'indéfinissable bonheur. C'est la confidence qu'il fit, dans le courant de la journée, à une personne, qui

s'étonnait de l'expression de sa physionomie. « Oh !
voyez-vous, dit-il, je me suis cru vraiment au ciel ce
matin pendant ma messe, et je suis encore sous cette
délicieuse impression. »

Après la messe il se rendit, comme il avait l'habitude
de le faire le samedi, à son confessionnal, et il y sé-
journa jusqu'à onze heures. Lorsqu'il eut déjeuné,
son corps se ressentit de la sérénité de son âme ; il lui
paraissait moins lourd à traîner. Il en profita pour
faire la promenade, qui lui était recommandée par son
médecin, et pour rendre quelques visites. Il assista
aussi à la réunion d'une société, où il avait quelques
intérêts, et alla voir une malade.

Cependant il y avait foule à son confessionnal ; on
était surpris de ne pas l'y rencontrer, comme à l'ordinaire. On venait le demander à son domicile : une vague inquiétude, une sorte de pressentiment d'un malheur obscur hantait les esprits. L'étonnement n'était
pas moins grand au presbytère qu'à l'église. On ne
pouvait s'expliquer son absence. On allait du presbytère à l'église, de l'église au presbytère, demandant
M. le curé, lorsque vers cinq heures on le vit arriver,
appuyé sur le bras d'un passant, et marchant d'un pas
mal assuré. Sa pâleur était extrême ; son visage portait
l'expression d'une suprême douleur. Que s'était-il
passé? Après avoir terminé ses affaires et ses visites,
il se rendait à l'église, où il se savait attendu, par le
boulevard Montparnasse, lorsqu'à la hauteur de la rue
Vavin, il se sentit subitement défaillir ; ses genoux se

dérobèrent sous lui. Comprit-il qu'il était frappé à mort? Tout porte à le croire. En tout cas, il songea d'abord au moyen de rentrer chez lui. Ses jambes lui refusant le service, il avisa un passant, dont le visage lui paraissait sympathique ; il lui expliqua en deux mots son état, et le pria de l'aider à gagner son domicile. L'étranger, voyant la décomposition de sa figure, jugea le cas très grave, et eut la pensée de le faire asseoir sur un des bancs du boulevard. Mais M. Cognat insista pour rentrer au plus vite chez lui ; il s'y traîna péniblement, avec l'aide de son charitable compagnon. En même temps on portait à l'église la nouvelle de l'accident, et un vicaire accourut en toute hâte. Il arriva au presbytère au moment où M. Cognat en franchissait le seuil. Celui-ci ne fut pas plutôt dans son cabinet de travail, qu'il s'affaissa épuisé et sans forces sur son canapé. Là il vit clairement que c'était fait de lui. « Mon ami, dit-il aussitôt à son vicaire, vite, donnez-moi l'absolution. Mais, monsieur le curé, repartit le vicaire hésitant, vous... » Vite, vous dis-je... — Ce furent ses dernières paroles. Il se recueillit sous l'absolution du prêtre ; il la reçut, les mains jointes, avec l'expression d'une piété angélique et les sentiments de la foi la plus vive. Pendant cette scène rapide et silencieuse, les membres du clergé paroissial accourus au premier signal, entouraient leur curé mourant. En effet, dès que la formule de l'absolution fut achevée, il laissa tomber sa tête en arrière, et perdit en même temps connaissance. On eut le temps de lui donner une onction ; à la seconde il rendit le dernier soupir et son âme à Dieu.

Ainsi mourut, à l'âge de soixante-sept ans, dans la pleine activité de son ministère, l'homme de bien, le prêtre éminent et dévoué, dont nous venons de retracer la vie. Si nous la contemplons dans son ensemble, nous voyons qu'elle a réalisé dans la mesure des forces humaines, l'idéal qu'il s'était formé dès le séminaire. La seule pensée, qui lui ait rendu lourd et pesant le fardeau de son diaconat, ç'a été la crainte de « passer stérile et sans vertu sur cette terre. » Ce qu'il demanda à Dieu, avec la plus grande ardeur, au jour de son ordination, ce fut de ne pas permettre que le fardeau du sacerdoce ,qui lui était imposé, fût un fardeau inutile. « Je ne vois pas, disait-il, de malheur comparable à celui d'être inutile à votre gloire, ô mon Dieu, quand on a entre les mains la vie et la mort. » Ces paroles renfermaient un programme. Il s'est efforcé de le remplir ; ç'a été là l'œuvre de toute sa vie. Aussi proclame-t-elle qu'il n'a pas été inférieur à la mission de son sacerdoce, et qu'il n'a pas été un ouvrier inutile à la gloire de Dieu. C'est pour elle qu'il a vécu, travaillé, combattu ; c'est elle qui a été le mobile de toutes ses actions, comme elle en sera la magnifique récompense, si toutefois, comme nous aimons à l'espérer, elle n'est pas déjà son partage.

Par une coïncidence curieuse, qui n'est peut-être pas fortuite, le jour même où M. Cognat paraissait devant Dieu, M. Renan, dont la foi, fermée du côté du ciel, s'était tournée vers les honneurs et les joies de la terre, recevait une des plus hautes distinctions, où aspire l'ambition humaine : il était nommé grand officier de la Légion d'honneur. Plaise à Dieu que ce ne soit pas pour lui l'accomplissement de la sentence portée par Jésus-Christ contre les aveugles courtisans de la gloire de ce monde : « *Receperunt mercedem suam*, ils ont reçu leur récompense ! » M. Cognat n'a jamais désespéré de la conversion de son ancien condisciple et ami, malgré sa rupture complète avec les croyances religieuses de son enfance, malgré la protestation anticipée de l'homme mûr, sain d'esprit et de corps, contre la défaillance possible du vieillard. Quelle joie c'eût été pour lui, s'il avait vu se réaliser ce vœu de son cœur ! Il est mort sans avoir eu cette consolation, emportant dans la tombe la plus amère et la plus cuisante des douleurs. Espérons du moins que l'avenir ne démentira pas une confiance que rien n'a pu décourager, et que le négateur obstiné du miracle sera délivré, fût-ce au prix d'un miracle, de sa cécité spirituelle.

La nouvelle de la mort de M. Cognat se répandit promptement au dehors ; elle produisit dans la paroisse l'effet d'un coup de foudre ; elle y prit les proportions d'un gros événement. Un immense sanglot sortit de toutes les poitrines ; des larmes coulèrent de tous les yeux. C'est alors qu'on vit la place que cet homme de bien occupait dans le cœur des fidèles, et que l'on put mesurer l'étendue de la perte qu'on faisait en le perdant. On peut le dire, les regrets furent unanimes et profonds ; sa mort fut véritablement un deuil de famille ; chacun pleurait en lui ou un ami, ou un guide éclairé, ou un protecteur : tous pleuraient un père.

La grande chaleur qu'il fit cette année vers la fin du mois de mai ne permit pas d'exposer, selon l'usage, le corps de M. Cognat à la vue des fidèles. Il était à craindre que l'air de l'appartement, absorbé par le trop grand nombre des visiteurs, et vicié par la respiration de tant de poitrines, ne hâtât la décomposition. On dut interdire la porte du presbytère au public. Ce fut un chagrin de plus pour les paroissiens, de ne pouvoir venir prier devant les restes de leur pasteur. C'eût été une consolation pour eux de le voir encore une fois sur son lit de mort. Pour adoucir leurs regrets, on fit disposer une chapelle ardente dans la crypte de l'église, et on y déposa le cercueil un jour avant les funérailles. Le concours des fidèles fut considérable pendant toute la journée. Leur attitude était celle du recueillement, de la tristesse et de la prière. Quelques-uns approchaient du cercueil des objets de piété, particulièrement des chapelets, comme pour en tirer, par ce contact, une suprême bénédiction. D'autres songeaient plus à invoquer le défunt qu'à prier pour lui, persuadés qu'il n'avait plus besoin de leurs prières et que Dieu avait reçu dans sa gloire son « bon et fidèle serviteur ». Depuis longtemps Paris n'avait été témoin d'une telle explosion de la douleur et de la vénération publiques à la mort d'un de ses curés.

Les funérailles répondirent, par leur magnificence,

aux sentiments des paroissiens. Elles furent un triomphe plus encore qu'un service funèbre. Le conseil de fabrique en prit spontanément les frais à sa charge. L'église fut toute tendue de noir; la chaire et la stalle curiale, recouvertes d'un immense crêpe, rappelant plus particulièrement celui qu'on pleurait, semblaient ajouter à la tristesse imposante du deuil! Le vaisseau de Notre-Dame des Champs, malgré ses vastes dimensions, fut trop étroit pour recevoir dans son enceinte la nombreuse assistance. La foule de ceux qui ne purent pénétrer déborda, comme un flot immense, sur le parvis et sur les côtés extérieurs. On avait obtenu l'autorisation de conduire le corps de la crypte à l'église à travers les rues avoisinantes. Le cercueil disparaissait sous les fleurs et les couronnes. Le deuil était conduit par la sœur et quelques parents du défunt. Les cordons du poêle étaient tenus par deux membres de la fabrique et deux ecclésiastiques. Le cortège s'avança lentement entre deux haies formées par les élèves de l'école paroissiale, descendit la rue Stanislas, suivit une partie de la rue Notre-Dame des Champs, remonta la rue de Montparnasse et s'arrêta sur le parvis. Le corps fut déposé sous un dais somptueux, qu'on avait dressé dans le chœur. La cérémonie eut lieu au milieu du plus profond recueillement; le silence ne fut interrompu que par le chant des prières liturgiques. Tout le monde était sous l'impression du coup douloureux que la mort avait frappé. On sentait qu'une existence féconde pour le

bien venait de s'éteindre et, en présence de cette ovation spontanée des fidèles, proclamant les hautes vertus du défunt, on se demandait s'il fallait prier pour le
repos de son âme ou implorer son intercession.

Le clergé de Paris s'associa à la douleur des paroissiens. Un grand nombre d e curés, d'ecclésiastiques, de
religieux de tous ordres vinrent rendre leurs derniers
devoirs à la dépouille mortelle de M. Cognat, et payer
à sa mémoire le tribut de leurs regrets et de leurs
prières. L'absoute fut donnée par Mgr d'Hulst, qui
représentait l'archevêque de Paris, et pour qui M. Cognat avait toujours eu une particulière estime et une
vive affection. Après la cérémonie, on déposa le corps
dans le caveau de l'église. Pendant plusieurs jours,
la chapelle des morts, où est creusé le caveau, devint
un véritable lieu de pèlerinage pour les paroissiens.

Enfin quelques jours après l'imposante cérémonie
des funérailles, les restes de M. Cognat furent trans-
portés à Montréal, qu'il avait désigné pour le lieu de
sa sépulture. C'est là qu'il repose dans la paix du
Seigneur, entre son père et sa mère, sous un modeste
monument, loin des bruits du monde, et à l'ombre du
clocher qui abrita sa jeunesse. Les survivants de sa
famille veilleront sur sa tombe, et de loin comme de
près, l'innombrable légion de ceux qu'il a consolés,
soutenus, aimés ou ramenés à Dieu, garderont dans
leur cœur, avec l'empreinte de son image, le souvenir
de ses bienfaits.

La paroisse de Notre-Dame des Champs eut une

place privilégiée dans les dispositions testamentaires de son pasteur. Il ne légua à sa famille que le produit de ses propres œuvres. Il voulut que ce qui venait de l'autel retournât à l'autel, et il prit les mesures nécessaires pour assurer l'exécution de ses volontés dernières.

Nous ne saurions mieux clore le récit de cette vie qu'en citant les paroles graves et solennelles qui ouvrent son testament. Elles sont empreintes des sentiments de foi, de piété et de charité, qui ont été la règle constante de sa conduite, et que nous avons essayé de mettre dans tout leur jour. Elles montrent qu'il n'a conservé aucune aigreur des luttes auxquelles il a été mêlé, que les plus vives oppositions d'idées n'ont pas eu de retentissement dans son cœur, et n'ont pu en bannir la bienveillance et la bonté. Voici ces paroles :

« Moi, Joséph-Édouard Cognat, prêtre, curé de Notre-Dame des Champs à Paris, jouissant pleinement de mes facultés physiques et morales, déclare consigner ici par écrit mes dernières volontés.

» Je veux mourir dans la foi et la communion de l'Église catholique, apostolique et romaine.

» Je recommande mon âme à Dieu et je la mets sous la protection de la Très Sainte Vierge Marie sous l'invocation de Notre-Dame des Champs et de saint Joseph, saint Édouard, saint Léger, mes patrons.

» Je pardonne du fond du cœur à tous et à chacun de ceux qui auraient pu m'offenser et me faire tort soit dans ma réputation, soit dans mes biens, comme je désire que Dieu me pardonne, par les mérites de Jésus-Christ, mon Sauveur, mes propres fautes.

» Je demande également pardon du fond de mon âme à tous ceux que j'aurais eu le malheur d'offenser ou de scandaliser et je prie tous ceux qui ont eu la charité de m'accorder leur estime, leur affection et leur assistance, de recevoir mes suprêmes remerciements et de me continuer, par leurs prières, leur bienveillance après ma mort. »

FIN

TABLE DES MATIÈRES

CHAPITRE III

CHAPITRE IV

CHAPITRE V

CHAPITRE IX

CHAPITRE X

ÉMILE COLIN — IMPRIMERIE DE LAGNY